日本人の思惟方法

〈普及版〉

中村 元

春秋社

普及版まえがき

第二次大戦中の昭和十八年四月、中村元先生は東京帝国大学助教授に就任された。それまで大学院で、仏教からその源流であるヴェーダーンタ哲学に没入されていた中村先生に、それを跳躍台にしてさらに大きく羽ばたく契機が待っていたのである。

哲学の伊藤吉之助東大教授の主宰する共同研究「諸民族の思惟方法の比較研究」に参加し、「ゲートルをつけたまま学士会館や哲学研究室で論議を」重ねられることになった。

中村先生は特に「言語形式および論理学にあらわれたインド人の思惟方法」「仏教思想の受容形態を通じてみたシナ民族および日本民族の思惟方法」という課題を分担研究されることになった。この共同研究は、敗戦と共に消滅したが、中村先生だけは追究を続け、昭和二十三年に『東洋人の思惟方法』全二巻として出版された。

この画期的な研究は、学界の若手の研究者に大きな衝撃を与え、書評でも大きく取り上げられた。しかし学問と言えば、文献研究か、教義の解説のことだと思っていた先輩教授の批判は厳しいものがあった。

しかし学界のセクショナリズムを超えて、若い研究者たちの支持と推薦によって、とくにアメリカの学者の注目をひくことになり、昭和二十六年、アメリカのスタンフォード大学から客員教授として招聘され、一躍世界の中村として羽ばたかれることになったのである。その後、日本のユネスコ国内委員会で取り上げられ、昭和三十五年に英訳が刊行され、諸外国の学者の注目を浴びた。

やがて、『東洋人の思惟方法』は、英語版も日本語版も「年の移るにつれて筆者とともに成長」し続け、最終的には全面的に加筆増補されて、『中村元選集〔決定版〕』（春秋社）全四十巻中の、第一巻（昭和六十三年）から第四巻（平成元年）を構成することとなった。この決定版全四巻に従って内容を手短に紹介しよう。

世界は一つであることが痛感される時代ではあるが、それと相並んで各民族固有の生活様式と思惟方法が、各個人を律して有力に働いていることが分かる。東洋の各民族に伝統的な思惟方法の特徴を問題にするが、当面の対象をインド、シナ（＝漢民族）、チベット、日本の四民族とする（最終的に韓国も対象とされた）。これらの民族においては論理的自覚がみられ、他の多数の東洋の諸民族は、上記の民族のいずれかと同一の思惟方法をとっていたと考えられるからである。

まず、第一巻『インド人の思惟方法』において、普遍の重視、否定的性格、個物および特殊の無視などが挙げられている。第二巻『シナ人の思惟方法』において、具象的知覚の重視、抽象的思惟の未発達、個別性の強調、尚古的保守性などが指摘されている。第三巻『日本人の思惟方法』において、与えられた現実の容認、人間結合組織を重視する傾向、非合理主義的傾向などが指摘されている。第四巻『チベット人・韓国人の思惟方法』おいて、チベット人については、個人存在の意識——人格的結合の意識の希薄、人間における絶対者の発見、などが挙げられている。韓国人については、人間結合の重視、個人崇拝、呪術信仰などが指摘されている。

中村先生は、一九一二(大正元)年十一月二十八日、松江市殿町に誕生された。二〇一二年の今年は、中村先生のご生誕一〇〇年の記念すべき年である。中村先生が一九七〇年に創立された財団法人東方研究会(現在、公益財団法人中村元東方研究所)では、これを機に、松江に中村元記念館を創設するなど、さまざまな記念の事業を展開することになった。その記念事業の一環として企画されたのが、日本各地で中村先生にまつわるブックフェアなどを行うことである。『東洋人の思惟方法』は、前述したように、『中村元選集〔決定版〕』全四十巻のうちの第一巻から第四巻を構成している。この際、『日本人の思惟方法』のみを選集から抜き出して独立させ、一般読者には必ずしも必要ではない註などを省き、普及版とし、入手しやすく、読みやすい形で提供することになった。もし註が必要になれば、いつでも元の『中村元選集〔決定版〕』をご覧いただけるようになっている。

今日のようにグローバル化した地球社会においては、世界の諸民族と否応なく密接に接触せざるを得ない状況におかれている。とくに隣接している東洋の諸民族と密接な関係を保ち、共存共栄をはからざるを得ない状況にある。このようなときに、かつての日本人が懐いたような、東洋の諸民族のうちで日本民族がとくに優れているという思い上がりは払拭されなければならない。

本書は、日本人の思惟方法が東洋人の思惟方法一般のうちでどのような特徴を有するものであるかを、客観的に教えてくれる他に類例がない、得がたい一冊である。日本人とは何かを考えるうえで、本書は不可欠のものであろう。本書が一人でも多くの読者の許に届くことを願っている。

二〇一二年八月吉日

公益財団法人中村元東方研究所理事長　前田專學

はしがき

ここに提示する『日本人の思惟方法』は「東洋人の思惟方法」という一連の述作のうちの一篇である。

本書の綱格は、ほぼ旧版のままである。しかしその内容においてはいくたの増補加筆を行ない、ことに比較考察という点で、新しいものが加わっている。

この書においては、日本に見られる現象を手がかりとして考察したのであるが、さらに日本人の思惟方法を学問的に解明するためには広い視野にたって考察することが必要であり、諸外国における類似の現象をも合わせて視野のなかにとり入れる必要がある。日本に特徴的と思われるものが、案外外国にも認められることがある。だから、諸外国における類似の現象をできるだけ取りだして、それらと対比することによってはじめて純日本的な特徴をえぐりだすことができるであろう。

「東洋人の思惟方法」の英訳（日本ユネスコ国内委員会刊）をもとにしてホノルルの東西センターでセミナーを行なったときに、日本人の思惟方法に関して諸国の学者が種々の意見を提示した。

それらは適宜それぞれの個所におさめておいた。

この書における日本人の思惟方法の考察は、諸時代に通じる特徴的なものを取りだすことを主眼とした。したがって時代の変化にともなう思惟方法の変遷ということには深く力を注がなかった。変遷の問題を詳細に比較の方法によって検討するためには、当然ユーラシア大陸における思惟方法の変遷と対比的に行なわねばならない。これは、本選集（『中村元選集〔決定版〕』）の別巻『世界思想史』および『日本の思想』において論ずることにする。そこでは日本人の思惟方法が歴史的に論ぜられるはずである。

一九八八年十一月二十八日

著者

目　次

第三章　人間結合組織を重視する傾向――117

結語

凡例

一　引用符については、『 』は原文そのままの引用、あるいは直訳、あるいは書名。「 」は取意訳の場合、あるいは強調の場合に用いることにした。

二　漢文の引用については、原文で引用しなければならぬ場合のほかは、つとめて原文に忠実な邦訳を試みた。それはかならずしも従来の漢文読み下しのしかたによらなかった場合がある。漢文を原文のままで引用することは、思想の理解という点では学問以前の立場であり、たといまちがっていても、それを邦語に訳出して理解しようと努力するところに、はじめて学問への踏み出しが成立するのではなかろうか。

三　難解な語に対しては、カッコ内に説明を加え、読みかたのわかりにくい語にはふりがなを付けた。

日本人の思惟方法〈普及版〉

――諸文化現象、ことに仏教の受容形態にあらわれた思惟方法の特徴

第一章　序

もろもろの文化現象、ことに外国文化の受容形態を手がかりとして日本人の思惟方法の特徴を検討しようとする場合に、まず第一に注目すべきことは、過去の日本の抽象的な思想形態は主として漢字を手段として用いることによって表現されていたということである。日本人は決して日本語を捨てなかったけれども、抽象的な概念を表現するためには、ほとんど例外なく漢字を用いている。日本人の思想形態におよぼした漢字の支配的影響は圧倒的であった。日本人が仏教ないしインド思想の影響を受けたのも、漢文の経典を通じてである。

いま漢文の影響のあとを回顧してみるに、漢字漢文の伝わったのは非常に古い時代のことであるが、推古朝のころまでは、日本民族のうちのある一部のものが主としてこれを用いたので、一般の言語におよぼした影響は、はなはだしくなかったと考えられる。しかし推古朝以来シナと直接に交通し、隋唐の文物制度を輸入するにおよんで、漢語を学び漢文を読むものが多くなったために、支配階級の人々の日常会話に漢語をまじえることも少なくなかったであろう、と想像される。初期においては漢語が国語のうちにあらわれるのは、たいてい名詞の類にかぎられていたようであるが、平安朝においては、「切《せち》に」「優に」「掲焉《けちえん》に」「具す」「念ず」など副詞・動詞などにまで用いられ、さらに「しふねし」「さうぞく」のように、語尾を活用させてさえ用いられるにいたった。以後も、この傾向はますますはなはだしく、仏教、ことに院政・鎌倉時代に起こった平民仏教によって、僧侶の口から、漢語が庶民のあいだに伝わり、無学な人々も漢語を用いるにいたったのであろうと思われる。江戸時代においては、漢語が口語に用いられることが、前代よりもいくぶん多くなったらしいが、明治以後、教育の進歩とともにますます多くなっていった。西洋の新事物を輸入するにあたって、その名称として新たに作った漢語が多く、これもさかんに口語に用いられるようになった。

過去の日本の知識人、仏教の学僧や儒学者は、主として漢文をもって著作していた。邦文による思想的著作は、ようやく鎌倉時代からあらわれはじめたにすぎない。近世になっても、富永仲基や三浦梅園のような独創的な思想家でさえも、多く漢文で著作をのこしている。ほとんど国民的宗教としての地位を独占してきた日本仏教でさえも、『およそ仏教学中に於ける日本仏教の地位を順観すれば、そは支那仏教の一支流の発展たるに過ぎぬ』（島地大等『日本仏教教学史』）というひとつの性格のあることが専門学者によって認められている。過去の多くの仏教徒は、日本仏教もシナ仏教と一体であり、日本の各宗派はシナのそれの継続的発展であると考えていた。

たとえば永延二年（九八八）正月十五日に、慧心僧都源信は、自著『往生要集』を商人らに託してシナに送り、宋国に流通させようとした。その目的は『たとひ誹謗の者あるも、たとひ讃歎の者あるも、併せて、我とともに、極楽に往生するの縁を結ばん』ということにあったのである。かれのこの挙は、たとい一時的であったにもせよ、シナの仏教界にひとつの波紋を投じたのであった。このようなことが例外的現象であるほど、日本仏教がシナ仏教におよぼした影響はほとんど絶無に近かったのである。日本の仏教はシナ仏教の支配的影響のもとに成立した。日本の仏教徒の主観的意識においては、シナの仏教との一体的連続のうちにあると考えていたのである。

ところで過去の日本において、シナ文化の圧倒的支配が行なわれていたのはなぜであろうか。それはシナ文化が優越していて、他方日本文化が劣っていたので、日本人がシナ文化を盲目的に模倣したのだと解してよいのであろうか。

人類の過去の歴史を見るに、文化程度の低い民族がかならずしも程度の高い文化を全面的に受容するとはかぎらない。異質的な文化の受容が行なわれるためには、すでにその当該民族のうちに受容を可能ならしめるに足る基盤が用意されていなければならない。われわれは、経済上の生産様式の類似、あるいは社会構成の類似ということとはべつに、思惟方法の点に関しても、日本人がシナ思想を容易に採り入れて消化することのできた基盤を見いだしうる。思惟方法の面に関して若干の共通な基盤が成立しえたのは、シナと日本とでは相い似た風土における社会生活が著しく類似していたためであったとも考えられる。両国における思惟形態の類似という事実を、すでに徳川時代の儒学者松宮観山が指摘している。『顧ふに唐国壌地はなはだ遠からず。俗風もまた粗《ほぼ》相似たり。このゆへに儒道の神道と暗合するもの多し。』（松宮観山『三教要論』、『日本儒林叢書』解説部第二所収）この場合、シナと日本とが「俗風」が似ているということは、インドのそれとは異なっているということを意味しているのである。国学者たちはシナと日本とにおける思惟方法ないし思惟形態の相違を強調するが、しかしより広い世界的場面から見るならば、むしろ類似のほうが著しいのである。

しかし、シナ思想の支配的影響はこのように圧倒的であったにもかかわらず、シナ思想は決してそのままのかたちで日本に移入されたわけではない。なるほど、道教も日本の文化に影響をおよぼしたことが近年研究されて明らかになった。たとえば、日本の庚申信仰の内容は道教に由来するものであり、それがまた日本民族の文化のパターンに移し入れられ、日本の民間信仰になったと考えられる。しかしながら、アメリカの学者は次のように解する。『日本人はシナ文明の大部分を徐々に取り入れたが、しかし抑揚のある詩、官吏の国家試験、纏足、および若干のシナ的特徴あるものを断乎として拒否した。』(A. L. Kroeber : Anthropology, New York : 1948.) シナ思想は決してシナ民族における場合と同様なしかたで日本民族の生活および思想を規定していたのではないのである。

また、『シナの文字や書法を取り入れるとともに、当然日本人はシナ人の思惟方法をも取り入れることになった。取り入れたもののうちには仏教とシナの中央集権政府の観念がある』(E. O. Reischauer and J. K. Fairbank : East Asia, The Great Tradition, Boston : 1960.) と解されているが、仏教思想も、決してシナにおけるものがそのまま摂取されたのではない。日本の仏教僧は相当に漢文が読めるはずではあるが、しかしそれを忠実に理解していないことがある。それについては二つの場合が考えられる。

一、言語上の読解能力の不足のために、漢文の原文を忠実に理解しえなかった場合。

二、漢文の原意を理解することはできたけれども、なんらかの動機にもとづいて曲解している場合。

まず第一の事情について考えよう。シナ語は日本語とはまったく性質・系統を異にする言語である。したがってシナ語の表現手段として特殊な発達をとげた繁雑なシナの文字を学びそれを知ることは、日本人にとっては特別に困難なしごとであったにちがいない。そのためには特別の努力を必要とした。王朝時代には、日本からシナに留学生が公に派遣されたのであるが、かれらとても、シナ語を完全に理解することはできなかったらしい。

　平安初期の留学僧として著名であるのは、いわゆる入唐《にっとう》八家（最澄・空海・円行・常暁・円仁・慧運・円珍・宗叡）と称する人々であった。これらの求法者は、留学前にシナ語を習得する便宜をもたず、かつ、留学期間もおおむね短期であったので、かれらはみずからシナ語で会話をかわすことができなかった。ただ筆談によっていた。したがって講筵に列するというよりも、文献・法具を蒐集して帰朝するということに、重点がおかれることとなった。最澄は、「訳語」すなわち通訳を随伴していたが、その他は、多くは、『筆札を善くし、華言に通ぜず。問うところあれば、尽くこれを以て対す』、『華言に通ぜず、書札を善くす。命じて牘《とく》を以て対せしむ』（『参天台五台山記』）というように、筆談によってなされていたもののようである。こういうわけで、日本人にとっては、シナ思想はなかなか容易には理解されなかったと考えられる。

　また第二の場合として、日本人がわざわざ漢文を読みちがえていることがある。これはとくに重視されるべき思想史的現象である。シナ人の書き記した漢文を、原意のとおりに受けとらないで、それにきわめて勝手な解釈を施している。すなわち漢文に厳密な文法がないので、その点を利用して、自己の思想の発表に都合のよいように、自己の思想を読みこんで、恣意的な解釈を行なったのである。

たとえば仏教徒の場合についてみよう。なるほど『南都北嶺のゆゆしき学生《しょう》たち』(『歎異鈔』)は漢文の読み書きが正確であった。正確であったということは、シナ的な思惟方法にそのまま従っていたのである。ところが仏教を日本の一般民衆のあいだにひろめた宗教家たちは決してそうではなかった。とくに日本的特徴が認められるといわれている仏教家ほど、ますます漢文に対して無理な解釈を施している。たとえば親鸞はかならずしも漢文を原意のとおりには読まなかった。このことは、浄土真宗の伝統的教学をまもる正統派の学者自身がはっきりと認めている事実である。道元も漢文の文脈を無視した解釈を行なっている。このような恣意的な解釈は、二宮尊徳など、民衆とともに活動した学者にはしばしば認められる。のみならず、漢文に対する恣意的解釈は、学問のある学匠でさえも故意にこれを行ない、しかも明らかに漢文の原意に反した解釈が朝廷によって公に是認称讃され採用された事実さえもある。応和の宗論のごときはその適例である。漢文は決して原意のとおりに理解されなかった。

ところで漢文についてこのような勝手な解釈が成立したのはなぜであろうか？　その理由を考えてみると、単にこれらの宗教家・学者たちが漢文の素養がなかったからであるといってかたづけることはできない。漢文の素養のある学者でもなお曲解を行なっている。またこれらの日本人が特定の思想的立場を固守していたからであるとのみも断定できない。曲解をあえてしなければならぬほど思想的にたいして重要あるいは必要な個所ではない場合にも、なお無理な誤読を行なっていることがある。このような場合には、おそらく日本人としての心理的な思惟の進行過程が、漢文の言語形式にぴったりとそぐわない点があったからであると考えられる。

じっさい、漢文を正確に理解し、漢文をもって著作することのできた仏教僧や儒学者も存在したけれども、しかしかれらの思惟方法ないし思想形態が、シナ人のそれと著しく異なっている場合が少なくない。どのような点にその相違があらわれ、またなにゆえにその相違が成立したか。この問題をわれわれは以下において検討しようと思うのである。

また漢文の文章が十分に正しく読解されなかったこともあるほどであるから、漢文を通じてなされるところの仏教思想と儒教思想の受容が、ときにはその本来のありかたとは異なったありかたにおいて行なわれる可能性のあったことはいうまでもない。とくに仏教の場合には、日本にきてから、著しい変容をとげた。仏教者自身の主観的意識においては、日本の各宗派の教学はそれぞれインドおよびシナの仏教の正脈を伝えているはずなのである。しかしながら実際においては、日本の仏教思想は、インドおよびシナのそれとは異なった独自の変容を示している。その変容は、はたして日本の一般の学者が好んで考えるように発展と解してよいかどうか、はなはだ疑問である。ある場合にはむしろ退化とみなしたほうがよいかもしれない。「仏教は日本にきてはじめて釈尊の真意を顕彰した」などという日本の仏教徒の一般的見解が、はたして真実を伝えているであろうか。かれらのひとりよがりの独断でないといいうるであろうか。

われわれはこの点についても、とくに厳密な検討を加えたいと思う。

第二章　与えられた現実の容認

一　現象界における絶対者の把捉

日本人の思惟方法のうち、かなり基本的なものとして目立つのは、生きるために与えられている環境世界ないし客観的諸条件をそのまま肯定してしまうことである。諸事象の存する現象世界をそのまま絶対者と見なし、現象をはなれた境地に絶対者を認めようとする立場を拒否するにいたる傾きがある。このような思惟方法にもとづいて成立した思惟形態は、明治以後の哲学者によって「現象即実在論」と呼ばれ、一時、世に喧伝されたが、その淵源はきわめて古いものである。

古代日本人の神観の特徴は、ひろく諸物に霊性の存在することを信じるとともに、人間神以外の神々をも人格化し、さらに祖神化して意識し、ひいては神々の本体として人間神を認めようとするのである。神社の起源も、このような思惟方法にもとづくものである。それはすなわち祭祀を行なうために神霊を一定の場所に鎮めることに定めたことに起源を発するのである。そのもっとも簡単な原始的な形態は、山・川などの自然物につき、または森林・樹木・自然石の類に、神霊の降下を仰いで祭祀することであった。古代において普通に行なわれたのは、この種の形式であって、神籬《ひもろぎ》といい、磐境《しき》という原義もここにあるのである。今日でもなお、そのすがたをとどめている神社がある。

このような思惟方法は、その後神道の歴史を一貫して今日にいたっている。『いづくにか神の宿らぬ影ならん。嶺も尾上も松杉も、山河海村野田、残る方なく神のます。御蔭をうけて隔てなき、宮人多き往来哉。』（謡曲『大社《おおやしろ》』）出雲大社神道の神主千家尊澄は、万有神教的な見解をもって神道の神をたたえた。

『神まさぬ方はあらじな荒汐の
汐の八百重も荒山中も』（『風教百首講説』）

仏教哲学もこのような思惟方法にもとづいて受容され、消化された。まずシナに伝わった唯識説には種々の系統があるが、日本人が究極の空の理法を強調する正観の唯識を受容せず、もっぱら現象面を強調する（道理世俗の立場にたつ）護法の唯識説のみを受容し研究したということも、日本人一般の思惟方法となんらかの連関があるのではなかろうか。

また日本の天台学は決してシナのそれと同一ではない。日本の中古天台の学者のつくり上げた教学体系は、大陸の仏教の術語を用いながらも、著しく異なった独自のものである。それは「本覚法門」と呼ばれるものであるが、現象界の諸相がそのまま仏それ自身にほかならぬと主張するのである。「本覚」ということばは、インドでつくられたという『大乗起信論』(漢訳)のなかにあるが、それは現象界の諸相を超えたところに存する究極のさとりの意味であったが、いまや日本ではそれが現象世界のうちに引きずり下ろされた。こういうわけで、日本天台の特徴は「理」よりも「事」を重視した点にあるが、それはこのような思惟方法にもとづくのである。日本天台の学者は、シナ天台の原典の文句にかならずしもそのまま準拠しなかった。このような「現象即実在論」的立場にたって、原典に相当無理な解釈を施している。

日本天台の思想の発展であるところの日蓮宗が、またこのような思想を強調していることは、当然である。日蓮は『法華経』の第一六章(寿量品)において釈尊の真趣意が説かれているということを主張していう。『今爾前迹門《にぜんしゃくもん》(=法華経の前半)にして十方を浄土と号して、此土《このど》を穢《え》土と説かれしを、(寿量品においては)打ち返して此土は本土なり、十方の浄土は垂迹の穢土となる。』(『開目鈔』下)シナ以来の天台がなお「理行」の立場にたっていたのに対して、日蓮は「事行」を強調した(「事観唱題」)ということを、日蓮宗では説いている。

現象世界のうちに絶対者を認めようとする思惟方法は、禅宗の受容にあたってもまた顕著にはたらいている。たとえば、道元の思想が日本天台思想の影響を受けているのではないかということは、つとに専門学者に注目されながら、まだ十分に研究されていない。前掲のような思惟方法の特徴のあらわれている一、二を指摘してみよう。シナへ来たクマーラジーヴァ（鳩摩《くま》羅什《らじゅう》）は、サンスクリット語のdharmatāなどという語を「諸法実相」と訳した。それは、われわれの経験する諸現象の真実のすがた、という意味である。だから「諸法」と「実相」とは異なった概念であるのみならず、両者のあいだには矛盾対立が予想されている。ところが天台学においては、「諸法は実相なり」という解釈を成立させて、いわゆる現象即実在論の立場にたったのであるが、道元はむしろ逆に「実相は諸法なり」ということを強調する。すなわち人々の求めている真理なるものは、じつはわれわれの経験する現実世界そのものにほかならない。『実相は諸法なり。諸法は如是相なり、如是性なり、如是身なり、如是心なり、如是世界なり、如是雲雨なり、如是行住坐臥なり、如是憂喜動静なり、如是拄杖払子なり、如是拈華破顔なり、如是嗣法授記なり、如是参学弁道なり、如是松操竹節なり』（『正法眼蔵』諸法実相）などという。「諸法は実相なり」というときには、述語のほうが外延がひろいから、実相はなお諸法以外の側面を含むかのような感を与える。しかるに「実相は諸法なり」という表現においては、もはやわれわれに隠されているものはなにも存在しないのである。だからかれにあっては、生死輪廻の流転のすがたがすなわち絶対の境地にほかならない。現象世界の無常なるすがたがそのまま絶対的意義を有するのである。『無常者仏性也。……草木叢林の無常なる、すなはち仏性なり、人物身心の無常なる、これ仏性なり、国土山河の無常なる、これ仏性なるによつてなり。』（『正法眼蔵』仏性）『生死は、すなはち仏の御いのちなり』（同、生死）といい、『この山河大地みな仏性海なり』（同、仏性）と教えている。

道元は『法華経』のうちにも、このような思想を読みとっている。

詠法華経

『渓の響《ひびき》嶺に鳴猿たえだえに
ただ此経をとくと社《こそ》きけ
此《この》経の心を得れば世《よの》中の
うりかふ声も法をとくかに
峯の色渓の響もみなながら
我《わ》が釈迦牟尼の声と姿と』（『傘松道詠』）

これらは蘇東坡の『渓声便《チ》是《レ》広長舌、山色豈《ニ》非《ズヤ》二清浄身《ニ》一、夜来八万四千偈、他日如何挙《ンガ》二示《セン》人《ニ》一』という詩と相い通ずるものである。このような思惟方法は日本の禅宗においては一般的となっている。無住法師も『山河大地なにものか実相にあらざらん』（『沙石集』一〇上）という。

さて、道元は、このような立場にたって、仏典の文句に対しても、その原意とは著しく異なった解釈を施している。『大般涅槃経』にもとづく『欲レ知ニ仏性義一、当レ観ニ時節因縁一、時節若至、仏性現前』という文の本来の意味は、「仏性の意義を知ろうと欲するものは、すべからく時節因縁を観じて時のいたるのをまつべきである。時節がもしもいたったならば、仏性がおのずから現前するであろう」ということである。したがって仏性は可能的・潜在的なものと解されているのである。ところが道元は、これに対してきわめて無理な解釈を加える。かれは右の文のうちの「時節因縁を観ず」という語を「時節の因縁をもて観ず」と読み、「若至」を「既至」（すでに至る）と改めて、次のように解する――仏性とは時間のことである。だから仏性を知ろうと欲するものは、われわれにあらわれている時間がなんであるか、ということを知ればよい。時はすでに到来せるものであるがゆえに、仏性はこれを未来に求むべきものでなくて、現在われわれのいるところに仏性が現前している――と（『正法眼蔵』仏性）。

だから道元はインドの一部の大乗仏教徒の主張した唯心論的立場を離脱しようとつとめている。『華厳経』に『三界所有唯是一心』とある（『八十華厳』第三七巻、十地品）。それのサンスクリット原文には『この三界に属するものは、すべて唯心である（cittamātram idaṃ yad idaṃ traidhātukam）。また如来によって区別して説かれたこれらの十二の有支（＝十二因縁）なるものもまた、すべて実に一心に依れるものである（ekacittasamāśrita）』（近藤隆晃刊行『梵文大方広仏華厳経十地品』）とある。ところが道元は、「三界唯一心」という語の解釈を改めている。かれは「三界唯心」とは『三界はすなはち心といふに非ず』といいきっている。そうしてこの句を『この三界は所見のごとくなり』（『正法眼蔵』三界唯心）という意味であると解する。またある場合には、心と対象とは相互に不離依存の関係において成立しているのであって、一方が主で他方が従であるという意味でもない、両者のうちいずれかをより根底的なものと考えてはならぬ、という意味に改めて解釈している。『いはゆる正伝しきたれる心といふは、一心一切法、一切法一心なり』（同、即心是仏）といい、さらに『万法にあらぬ唯心はなく、唯心にあらぬ万法はなし』（永平寺所蔵本『正法眼蔵』仏向上事）と説いている。

そうして道元はシナの禅宗の思想に対しても批判的立場にたっている。道元はシナの禅に対しても、自分の特定の立場からみて、選びとっているのである。

薬山（シナの禅僧）の語に『有時高高峯頂立、有時深深海底行、有時三頭八臂、有時丈六八尺、有時拄杖払子、有時露柱灯籠、有時張三李四、有時大地虚空』とあるが、この文章における「有時」とは「ある時」と読むべきであり、「あるときには高峯の頂に、あるときには深海底にあらわれる云々」という意味であるが、道元は「有＝時」といふきわめて無理な解釈を施し、『いはゆる有時は、時すでにこれ有なり。有はみな時なり』（『正法眼蔵』有時）という。そうしてこのような解釈を手がかりとして、かれ独特の時間論の哲学を展開している。かれによれば、じつに時々刻々に変遷する時間の不断の連続そのものが、すなわちそのまま存在者であるというのである。

かれは、真実の実在者は静的なものではなくて、動的なものであるということを、極力主張する。『心は疎動し、性は恬静なりと道取するは、外道の見なり。性は澄湛にして相は遷移すると道取するは、外道の見なり』（同、説心説性）といい、また『性といひぬれば、水も流通すべからず、樹も栄枯なかるべしと学するは、外道なり。釈迦牟尼仏道、如是相、如是性、しかあれば開華葉落これ如是性なり。しかあるに愚人おもはくは、法性界には開華葉落あるべからず、と』（同、法性）と説いている。そうしてかれは、シナの偉大なる禅匠・大慧禅師宗杲が、心も性もともに不生であると説いたのを排斥して、かれのことを『心はひとへに慮知念覚なりとしりて……、性は澄湛寂静なるとのみ妄計』（同、説心説性）するものであると批評している。ここに静止的なシナ的思惟と、動的な日本的思惟との顕著な対立が示されている。

のみならず道元は、『維摩経』の作者の立場をも排斥している。『維摩経』は、シナ・日本でとくに重視尊重された経典であるが、そこで称揚されている維摩という主人公の沈黙の意義を、かれはきわめて低く評価しているのである。

『維摩いまだこれらの光明功徳みえざることは、不出家のゆゑなり。維摩もし出家せば、これらの功徳あるべきなり。当時唐朝宋朝の禅師等、これらの宗旨に達せず、みだりに維摩を挙して、作得是とおもひ、道得是といふ。これらのともがら、あはれむべし、言教をしらず、仏法にくらし。あるひはまたあまつさへは維摩と釈尊と、その道ひとしとおもひいへるおほし。これらまたいまだ仏法をしらず、祖道をしらず、維摩をもしらずはからざるなり。かれらいはく、維摩黙然無言して諸菩薩にしめす。これ如来の無言為人にひとしといふ。これおほきに仏法をしらず、学道の力量なしといふべし。……如来の一黙と維摩の一黙と、相似の比論にすらおよぶべからず。』

彼によると、単なる沈黙、単なる否定的表現は、究極的な意義を有するものではない。

『邪人おほくおもはく、言説動容はこれ仮法なり、寂黙凝然はこれ真実なり、かくのごとくいふ、また仏法にあらず。梵天・自在天等の経教を伝聞せるともがらの所計なり。』（同、三十七品菩提分法）

ここではインド哲学一般の否定的・静止的性格が排斥されているのである。したがってわれわれは、道元の説いた仏教は、インドの仏教徒一般あるいはシナの禅宗一般の強調したところとは、やや内容を異にしているといわねばならない。

与えられたこの現象世界のうちに安住するという思惟方法は、近代の宗派神道にもあらわれている。たとえば金光教祖は『生きても死んでも、天と地とはわが住家と思へよ』（比屋根安定『日本宗教史』）と教えている。道元がシナの禅宗を批判し、禅の思想を変容、あるいは特定の説を強調したのとちょうど同じしかたにおいて、伊藤仁斎はシナ儒学を批判し、それを変容している。仁斎は、天地を一大活動作用の展開とみなし、ただ発展あるのみと考えて、死なるものを否定した。

『易に曰く「天地之大徳曰ㇾ生」と、言ふこころは、生々して已まざるは、即ち天地の道なり。故に天地の道は生ありて死なく、聚ありて散なし。死は即ち生の終り、散は即ち聚の尽くるなり。天地の道、生に一なるが故なり。父祖身没すと雖も、しかも其精神は之れを子孫に伝へ、子孫又之れを其の子孫に伝へ、生々断えず無窮に至るときは、之れを死せずと謂つて可なり。』（『語孟字義』巻上、三丁）

かれによると、現実の世界は、活動作用そのものであり、活動していることが善なのである。

『凡そ天地の間は皆一理のみ、動ありて静なく、善ありて悪なし。蓋し静とは、動の止、悪とは善の変、善とは生の類、悪とは死の類、両者相対して並び生ずるにあらず、皆生に一なるが故なり。』（『童子問』巻中、三九丁）

荻生徂徠は伊藤仁斎の好敵手であったが、仁斎の活動主義を極力称讃し『千歳の卓識』と評している。かれも宋学の静止的性格を非難し排斥した。日本の多くの儒学者は、たとい程・朱の説を奉ずるものでも、理気二元論をとらなかった。日本的色彩を有する儒学者は、みな唯気論者であった。かれらはみな宋儒の寂静主義を排斥している。

これと関連してとくに中世の日本においては、草木にも精神があり、さとりを開いて救われることもできるという思想が一般に行なわれていた。すなわち、「非情」（＝精神をもたない自然界の物体）も成仏するという思想は、天台の諸法実相の観念にもとづいて成立したものであるが、日本においては、とくに強調された。日本天台においては重要な研究課題であり、日蓮宗にも継承され、日蓮は、『法華経』が草木成仏をも説いているということのうちに、『法華経』の優越性を認めようとしている。日本の仏書においてはしばしば『一仏成道して、法界を観見せば、草木国土、悉く皆な成仏す』という詩句がのせられている。このような見解は謡曲のうちにしばしばあらわれ、当時の社会的・宗教的通念となっていた。『かかる貴き上人の御法の声は、草木までも、成仏の縁ある結縁なり。……衆生称念必得往生の功力に引かれて草木までも仏果に至る。……朽木の柳の精、御法の教なかりせば、非情無心の草木の台に到る事あらじ』（『遊行柳』）。謡曲の『胡蝶』は法華妙典の功力によって虫の成仏することをいい、『杜若』『西行桜』『藤』『芭蕉』は草木成仏をいい、『殺生石』はもともと仏たりうる性質はあるのであるが、衣鉢を授けることによって石を成仏させるのである。近世になっても浄瑠璃『三十三間堂棟由来』においては、浄土真宗の信仰に関連させて、柳の木が成仏するということを主題としている。『末世に栄える本願寺、あみだの血脈退転なく、後五百年の末法有縁、草木国土皆成仏。』（常盤大定『日本仏教の研究』）

日本の中古天台の口伝法門においては、草木成仏の思想をさらに一歩進めて「草木不成仏」を説くにいたった。その説によると、ありとあらゆるものが、いかなる修証（修行やさとり）をも借りることなく、そのまま仏である。草木のみならず山河大地一切がそのまま本有本覚（本来存するさとり）の如来なのであり、仏という別のものになるのではない。だから不成仏なのである。

日蓮の思想のうちにも、われらはすでに救われていると解する傾向が見られる。『法華経』の寿量品には、釈尊が自分のことを打ち明けた（顕本）ことばとして、『我実成仏已来』等と説かれているのであるが、日蓮はこれを一転して、『我とは法界の衆生なり』と解する。すなわち釈尊みずからの第一人称を「我等衆生」の第一人称に改めて解釈している（『御義口伝抄』巻下）。『法華経』原文によれば、「釈尊が成仏した」のであるが、日蓮によれば「われら衆生がすでに成仏した」のである。〔この場合『御義口伝抄』が日蓮の真意を伝えているかどうかは問題とならない。とにかくこのような解釈を日本人が考え出したのである。〕

ここにおいて現実肯定の思想が行きつくところまで行きついたということができるであろう。草木にまで精神性を認めるという思想は、インド仏教にもすでにあらわれている。のみならずインドの哲学諸学派がこのような見解を採用している。しかしインドの多くの哲学思想によると、生きとし生けるものは明知（vidyā）によって解脱しうるのであって、草木が草木のままで成仏するという思想は説かれていないようである。

以上に指摘したような日本人一般の観念は、自然科学的知識の普及した今日においても、なお有力にはたらいているように思われる。たとえば日本人は一般に「お水」「お茶」というように種々の事物に「御」という敬称をつける。事物につねに敬語を付して日常会話をしている民族は、おそらくほかにはないであろう。ところが日本人たちのあいだにあっては、さほど奇異な感じを与えない。これを単なる敬称とみなすことは困難である。むしろ、いかなる事物にも神聖性と存在意義を認めようとする思惟方法がはたらいているのであると考えられる。西洋人の批評によると、日本人にとっては"Everything is Buddha"なのである。

現象界における絶対的意義を認めようとする思惟方法は、発生的・歴史的にみるならば、日本人が自然を愛好する態度にもとづいて起こったものではないかと考えられる。

日本人は一般に山川草木を愛し、自然にあこがれた。日本人の衣服の模様には花鳥草木を描き、料理にも季節のものを用い、原形をすっかり破壊するほどには調理せず、できるかぎり自然のままのかたちを尊重する。住居についてみても、床の間には生花や盆栽をおき、欄間にも多く花鳥を刻み、襖にも多くは簡素な花鳥を描き、庭にも小さな山水を築く。文芸も自然に対するあたたかな愛と密接に結びついている。『枕草子』は最初に季節を概論して、それから四季折々の風光と人事とを叙していく。随筆にはこのような種類のものが非常に多い。こころみに、日本の歌集のなかから「自然」を詠じたものを除いたならば、あとにどれだけが残るであろうか。俳句も自然界の風物から切り離しては考えられない。

以上は一般日本人の所感を紹介したのであるが、この見解が国際的に通用するかどうかは問題である。韓国の知識人は、この傾向を批判して、生花や盆栽は、日本人の残酷性を象徴するものだという。生花は生きた花を鋏で切ってしまう。盆栽は、のびるはずの植物を矮小化してしまう、と。そういう批評を考慮すると、日本人は自然の象徴化を愛好するといえば、まちがいないであろう。

自然愛好の詩は、インドの出家修行者によっても作られた。しかしインド人の場合には人間的な愛着・煩悩・束縛からのがれ去ったところの場所としての自然が楽しまれ、讃嘆されているのである。だからそこにおいては、自然は人間に対する否定的なものとして対立しているのである。

『前にも後にも他の人がいないならば、それは、林の中に独り住む者には非常に気持の良いことである。

さあ、わたしは独りで森へ行こう。——そこは、ブッダが称讃され、独り住み努め励む修行者には気持の良いところである。

美しく花咲く涼しの森に、清涼なる山窟のなかで、わたしは四肢に水をそそいで洗い浄め、独りそぞろ歩きをしよう。涼しい風が吹いて芳しい香りをもたらすときに、わたしは山の頂きに坐して無明を破り砕こう。ギリッバジャ〔山〕で、山窟に住み、花に覆われた涼しい林の中で、いまや、わたしは、解脱の幸せを喜び、楽しんでくらそう。』（『テーラ・ガーター』五三七・五三八・五四〇・五四四・五四五）

ところが日本人の場合にあっては、出家した人でも、人間と一体である自然に対して愛着をもち、その愛着を心ゆくままに楽しんでいるのである。身心の煩悩をのがれようとして樹下石上に坐して修行していても、花の下にあれば、いつしか花を楽しみ花を喜ぶ人になってしまう。

『木のもとをすみかとすればおのづから
花見る人になりぬべきかな』（花山天皇――『栄華物語』みはてぬ夢）

人間の欲情に対してきびしい態度をとったことでは鉄石のようであった道元も、自然に対してはやさしい愛着をもち、捨てがたい情を示している。

『春風にほころびにけり桃の花
枝葉にのこるうたがひもなし』
『また見んとおもひし時の秋だにも
今宵の月にねられやはする』

日本人は感覚的な自然世界の美を尊重し、そこに絶対の世界の顕現を認めようとする。

『あだにちる花見るだにも有るものを

宝のうゑ木思《おも》ひこそやれ』（花山法皇――『続古今集』釈教歌）

今を盛りと咲きにおっている美しい花を極楽世界をかざる宝樹と見なしたい、というのである。ここには、自然世界を呪わしいもの、陰惨なものと見なす見解は少しも存在しない。道元はいう、『一塵のなかに大千〔世界〕の経巻あり。一塵のなかに無量の諸仏まします。一草一木ともに身心なり』（『正法眼蔵』発無上心）。

ただ自然愛好ということは、日本人の場合には、そこに、小さいものの愛好、優美なるものの尊重などの諸傾向がからみあってあらわれていると思われる。たとえば同じ自然を愛するにしても、日本人が個々の花鳥草木を愛するのに対して、イギリス人は、海や田舎のひろびろとした眺望、家畜では犬や猫を楽しむといわれているが、このような区別は、そこに由来しているのであろうと思われる。

動物に対してもやさしい思いやりをもつということは、古来日本人のあいだに著しい伝統的な心情であるが、やはり小さな愛らしい生きものにむかって集約的に表現されている。たとえば、

『山鳥のほろ〳〵と鳴く声聞けば
　父かとぞ思ふ母かとぞ思ふ』　行基

「山鳥」をもち出したところに日本的性格が認められる。これに反して、おのれに刃向かってくる飢えた虎に一身をなげすてて与える、というような空想的な物語は、インドや南方アジアの諸民族のあいだではさかんに愛好され、多くの人々が語っているが、日本人の詩的情操には、どうもよりつきがたいのである。――生きものに対する慈悲の思想の表明であるという点では共通であるにもかかわらず。

さらに、かならずしも小さなものにかぎらないで、一般の動物をも人間と同様のものと見なす考えかたは、日本人のあいだで顕著である。アメリカ新大陸では、自分の家に飼っている鳥獣を平気で殺して食べてしまうが、日本人はそれを嫌う。もっとも進んでいる医学者たちでさえも、実験のために殺した動物のために慰霊祭を行なう。西洋にはこういう習俗は存在しない。

外国文化の受容ということでことに興味深いのは、釈尊の涅槃図の変遷である。インドの古い仏典によると、釈尊が亡くなったときに集まってきて嘆き悲しむのは、人間と神々だけである。ところが中央アジアにきて敦煌の涅槃像を見ると、かなり鳥獣が参加している。ところが日本へくると鳥獣の数も多くなり（たとえば高野山の涅槃図）、讃岐の法然寺の涅槃像では動物の像が非常に大きくなった。そうして涅槃図には通例猫はいないとされているが、法然寺の、彫像による表現では猫までもいるのである。

日本人は昔から自然美の愛好者であった。ときには壮大な風景を詠じていることもある。しかし日本人はその壮大な光景をなお小さな縮図のうちに収めようとする。たとえば、

『田子の浦ゆ打出でて見れば真白にぞ
ふじの高嶺に雪はふりける』（『万葉集』巻三）。

『和歌の浦に潮満ちくれば潟を無み
葦辺をさしてたづ鳴き渡る』（同、巻六）

すなわち自然を、こじんまりとした視界に映じた自然として楽しんでいるのである。次の歌においては、いっそう顕著である。

『我が苑《その》に梅の花散る久方の
天より雪の流れ来るかも』（同、巻五）

『我宿の梅の下枝《しずえ》に遊びつつ
鶯鳴くも散らまく惜しみ』（同、巻五）

この点で日本人の自然愛好は、シナ人が山水を愛する態度とも異なっている。そのもっともよい例のひとつとして、次の場合をあげることができるであろう。道元の和歌に、

『春は花夏ほととぎす秋は月

冬雪さえて冷《すず》しかりける』

とあるが、これはシナの『無門関』(一九)の次の頌と、いわんとする趣意は一致している。

『春有㆓百花㆒秋有㆑月　夏有㆓涼風㆒冬有㆑雪

若無㆔閑事挂㆓心頭㆒　便是人間好時節』

ただ「涼風」を「ほととぎす」と改めただけであるが、受ける感じがまるで違ってくる。涼風は可感覚的であるのにもかかわらず、無限定的で茫漠たる感じを与えるのに対して、そのかわりに「ほととぎす」を置くと、同じく可感覚的なものでありながら、こじんまりとした愛らしい印象を与える。

このような日本的特徴は、道元の場合よりも、良寛の場合にはいっそう顕著である。かれの辞世に、

『かたみとてなに残すらむ春は花

夏時鳥秋はもみぢば』

とあるが、「月」よりも「もみぢば」のほうが、距離的にははるかにわれわれに身近なものである。ここにわれわれは、自然愛好という点ではシナ人も日本人も共通でありながら、茫漠としたとりとめのない、あるいはわれわれから若干の隔たりのある表象内容を愛好するシナ人の思惟方法と、単純な小さくまとまった表象内容を愛好する日本人のそれとの相違を認めるこ

とができる。

自然の風景を小さな縮図のなかに表現するということは、日本人の庭園のつくりのうちに典型的に表現されている。これは同じ東洋人でもインド人の場合とは非常に相違している。インド人も自然を愛好し、好んで庭園（udyāna, ārāma）を建設するが、しかしそこでは幾何学的な型にしたがって美しい草木や井泉をそなえるだけであって、自然の山水の風景を小さく模倣しロマンチックに表現する』ということは行なわない。

日本人の自然愛好はとくに季節感と結びついている。日本人は、人に会えば挨拶のときに「お暑うございます」「お寒うございます」という。ところが、日本人と同じような顔かたちをしているシナ人は、そうはいわないで、「ご飯を食べましたか?」という。インド人はどこで会っても「あなたに敬礼します」（namas te）というだけである。大陸の人々は気温の推移を無視しているのである。

季節感の重視は、文芸の領域にまでおよんでいる。俳句はかならず季節をよみこまねばならぬことになっている。こういう制約のある文芸形式は他の国には存在しないであろう。これは、日本の風土の気温や気象が絶えずはげしく変化し、人間がそれを敏感に受けとめるという事実と無関係ではないであろう。

日本人の自然愛好の態度は意外なところで残っている。内閣の統計数理研究所の調査によると「西洋の庭が好きか、日本の庭が好きか」という質問に対して約八〇パーセントの人々が日本の庭がよいと答えていた。この数字は若い人々や、都市の人々のあいだでも異ならなかった。日本の伝統がどんどん滅びていくのに、この伝統は消失しなかったのである。

ところが、やがて二十一世紀が近づこうとしている現在においては事情も極度に変化している。大部分の都市住民のあいだでは、経済的な理由のゆえに個人で庭をもつということが不可能になってきた。だが、それは外に出かけて行って自然を楽しもうという気持に、発散されているようである。

この自然愛好の態度は、近代都市の建設をさえも規定している。日本人が庭園のついた家に住んだために、大都市がだだっぴろく広がったものになったことは周知の事実である。

戦前の日本における邸宅建設について、韓国のある知識人は次のように批評した――日本人は個人の邸のなかに自然を模した庭園を作りたがる。その結果都市がだだっぴろいものになってしまった。ところが韓国では個人の邸園のうちにそのようなものを作らないで、そのかわりに周囲の丘陵を自然のままの状態に保存して、みなで自然を楽しむようにしてきた。もしも丘陵になにかを建てるとしても、寺院を建てる程度である。しかるに日本では、丘陵の上まで「開発」してしまう、と。現在までの事情についていうかぎり、この批評はあたっている。

日本も戦後は集団的なアパートが多く建てられるようになったが、それらはたいてい郊外の空気も眺望もよいところにつくられ、建物のあいだが相互に相当の距離をおき、自然のゆったりした感じを失わないようにつくられている。ニューヨークやロンドンで、人々がすきまのないほどぎっしり建てられたビルディングのなかのフラット（一区画）に住んでいるのとは根本的に異なっている。アジアでもカルカッタ、ボンベイ、ラングーン、シンガポールなどでは、やはりかなり多くの人々がフラットに住んでいて、その点ではニューヨーク、ロンドンと異ならない。〔かれらのあいだでは日照権という問題は起こらない。〕ところが日本人にとってはこういう生活は息がつまるようでたえられない。日本の土地の価格はインドはもちろん欧米よりもはるかに高い。それにもかかわらず、日本人はこういうぜいたくな建設法をとった。インドの荒漠たる景観を見なれている人々にはたえられることであっても、風光明媚な山水を見つけた日本人にはたえられない。風土にもとづく心性の特徴が近代建設のしかたをさえも規定しているのである。

〔二十世紀も終わりに近づくと、東京のような大都市では、大きなマンションがひしめき、そこに居住する人々も増加してきた。しかしまだニューヨークほどの状態には達していない。たとえば、三十八階に住んでいる人々というような例は、まだ東京では見あたらない。〕

それでは、日本人一般のあいだに、与えられた現象世界に即して絶対者を把捉するとか、あるいは自然を愛好するとかいう思惟方法の特徴があらわれたのは、なぜであろうか？　日本の風土は概して気候が温和で風光がうるわしい。湿潤な気候は、モンスーン地帯のなかでも、とくに草木を密生させ、しかもそれが人間にとって威圧的なものとはならず、むしろ人間に親和感を与える。日本の風光がうるわしいということは、かならずしも日本人の独断とかお国自慢ではなくて、日本へきた外国人あるいは日本へきたことはなくても日本の映画を鑑賞する外国人がひとしく発する評価のことばである。この風土においては、自然は人間に敵対するものでもなく、また威圧するものでもなく、むしろ親和感をもってわれわれを迎えるものと感じられた。そこで、その結果として、自然は人間にとって比較的に恵み深いものであると受けとられた。もちろん天災地変が多いということは日本の国土のひとつの大きな特徴であるが、それらは一時的な現象であり、毎日二十四時間を通じて人間に対している自然は、心理的には明らかに異なった印象を与える。そこで日本人は一般に自然を嫌わないで、むしろ愛好し、また自然を恐ろしいもの、威圧的なものとも考えないで、むしろ親しいものとみなした。したがって自然は人間に対立するものではなくて、むしろ人間と一体になるものと考えられた。こういう理由が潜在するのではないか、と思われる。

世界の諸宗教がややもすれば、現世を穢土とし、来世を清浄な楽土とし、永久に幸福な天国を理想としているのに、原始神道はどこまでも現世に価値を認める。『続日本紀』の宣命（八世紀）には、前世と来世との中間の状態を「中今《なかいま》」と表現して、いまの生活に力点が置かれている。

二　現世主義

民族の各自はみな神々の子孫と考えられている。また原始神道には、霊魂に関する深い反省が存在しなかった。死についても深い考察を行なわなかった。

古代日本人は霊魂を「タマ」と呼んでいた。人々のタマは肉体を離れて活動することのできるものであり、人々の事業の完成をたすける。タマに関する種々な観念は、じつは現世の事業についての活動の功用を明らかにしたものにすぎない。タマは死後にも残ってはたらきをなすが、生前のタマとなんら本質的に異なったものではなかった。

日本の神話では未来の世についてはなにごとも述べていない。なるほど、死んだのちには夜見の国にいくという思想はあった。それは地の下にあって暗いところであると考えられていた。死ねば、土の下に葬るから、どこの国でもハデス（Hades）という観念の存することは一致している。そうしてその死を忌んでいたのは当然である。しかし古代日本人が死を恐れていたことは明らかに示されてはいない。死んでから先にどうなるかということについては少しも考えていないようである。神話全体が現世に愛着をもち、現在の世を重んじている。したがって因果応報というような形而上学的な観念も存在しなかった。かれらは、死を汚れと見なして、生のみを楽しんでいたのである。

もちろん現世主義的ということだけについていうならば、シナの宗教は、儒教でも道教でも現世主義だといいうるであろう。禅宗でもその影響を受けている。ただ日本の原始宗教の場合にはそれにアニミズムだとかシャーマニズムだとか人間結合組織を重視する思惟傾向だとかが加わって、種々多様な色彩を示しているのである。

しかし人間がひとたび哲学的あるいは形而上学的な疑問を懐くならば、このような安易な信仰に、そのまま信頼し安心しているという状態を、いつまでもつづけることはできなかった。人々はなにかしらもっと奥深い人間の真実のすがたに触れたいと願うようになった。このような精神的要求に応じて、仏教が滔々《とうとう》と入ってきたのである。このような反省については、どうしても仏教のような高度に発達した宗教にたよらざるをえなかったのである。

仏教が日本に入ってきた場合に、日本人のうちに、それを排斥する人々とそれを遵奉する人々との別があったことは当然であろう。まず第一に、仏教を排斥した人々のあいだには、明

らかに現世謳歌的な傾向があらわれている。大伴旅人の歌に、

『この世にし　楽しくあらば　来む世には
　虫にも鳥にもわれはなりなむ』

とあるが、これは仏教の輪廻転生説を嘲弄したものである。次の歌は明らかに仏教の無常説に対する反抗である。

『生ける者つひにも死ぬる者にあれば
　今《こ》の世なる間は楽しくをあらな』

かれは享楽生活を謳歌し讃美し、まじめな厳粛な道徳的生活を嘲笑している。

『賢《さか》しみと物言ふよりは酒飲みて
　酔ひ泣きするし勝《まさ》りたるらし』

『あな醜くさかしらをすと酒飲まぬ
　人をよく見ば猿にかも似む』

『黙居《もだお》りて賢しらをするは酒飲みて
　酔ひ泣きするになほ如かずけり』

ただ外来の文化体系としての仏教に対して、旧来の日本文化はあまりにも微弱であったので、それに抗すべくもなかった。

ところで、仏教が移入されてひろまるとともに、日本従来の現世主義的な思惟傾向は消失してしまったのであろうか。堰を切られて氾濫した河水のように、仏教は短い時期のあいだに、日本のすみずみにまでひろまった。しかしながら日本人一般の現世主義的傾向を完全に改めることはできなかった。むしろ日本人は、大陸から受容した仏教を、現世中心的なものに変容していってしまったのである。

仏教の伝来および伝播とともに、日本人は死後のことを考えるようになったけれども、その仏教さえも、むしろ現世的なものとして受容されている。奈良時代・平安時代を通じての仏教は、ほとんどすべて現世利益をめざしたものであり、祈祷呪術の類が主であった。〔このことは、のちに第五章の「シャーマニズムの問題」のところで論じることにする。〕

仏教が国家権力の支援を受けて発展した場合の、表徴としての代表的建造物は、インドではストゥーパ（stūpa）であり、日本では奈良の大仏であるといいうるであろう。ストゥーパとは偉人または聖者の遺骨を納めた大きな塚のことである。インドの造形美術は死の表徴としての仏ストゥーパに集中され、日本の造形美術は生き生きとした生ける理想的人間の表徴としての仏像のうちに集約的に表現されている。インド人が死を通路として人間の真実に迫ろうとするのに対して、日本人は理想的な生のすがたを直観的に表現して、そこに人間の真実を具現しようとする。

日本人の現世中心的な思惟方法は、仏教の教理をさえも変容させている。インドの多くの仏教徒の見解によると、生きとし生けるものは、無限に輪廻の過程を繰り返すのであり、現世の生涯はその無限の循環過程のうちのきわめて短かな一時期にすぎない。釈尊といえども、過去の無数の生涯においていくたの善行を積んだので、その果報としてこの世で修行を行ない、仏となることができた。その修行も、凡夫は一生涯のあいだになしとげることができない。いくたの生涯にわたって修行をつづけなければならない、というのである。インドの仏教徒がすべてこのように考えていたわけではなかったが、インドの一般民衆の見解は右のごとくであった。ところが仏教が現世中心的なシナ人によって変容させられ、それが日本に入るとともに、著しく現世中心的な色彩を濃厚にしてきた。日本仏教の多くの宗派は、凡夫といえども現世にさといりを開いて覚者（＝仏）となりうるものである（即身成仏）ということを強調する。

伝教大師最澄が仏教内の諸説に対して下した批評分類によると、小乗仏教は数えきれぬほど長時期の幾生涯にもわたる修行を説くから、まわりみち（迂廻）の教えである。また大乗仏教のうちのあるものも、同様に長い生涯を経て修行すべきこと（歴劫《りゃくこう》）を説くから、やはりいまの日本人には役にたたぬ。一般の大乗仏教は凡夫がまっすぐに仏となりうる道（直道）を教えるけれども、この思想をもっともよく徹底させているのは、『法華経』の教説である（大直道）。最澄は「即身成仏」という語を用いている。このような思想は、仏教に古くからあるものであるが、この語を用いたのは、最澄が最初であるらしい。ただし即身成仏を説いたとはいえ、現世主義は最澄にあっては、まだ不徹底であったが、のちの日本の天台学者はさらにそれを現世主義の方向に徹底させている。シナ天台においては、実際問題としては現世成仏を許さなかった。たといそれを認めたとしても、一般には、多くの生涯にわたっての修行の結果であるとして、円教の初住の位において仏となることができると説くのである。ところが、最澄が天台宗を日本に移入してから、一百年をも経過しないうちに、天台の学匠・安然は、現生において成仏しうるのはもちろん、一生のみの修行で成仏しうる、この身ながら仏となることをも許される、と説いている。

『初めに善知識に従ひ、或は経巻に従つて煩悩即菩提なりと聞くに、煩悩を転ぜずして名字の仏智を成じ、生死即涅槃なりと聞くに、生死の果転じて名字の仏身を成ず。故に菩提と名づけ、また作仏と言ふ。もし身〔が仏と〕作《な》らずんば、心も亦作《な》らず。心すでに仏と作《な》らば、身も亦随つて作《な》るべし。』（『即身成仏義私記』〔天台宗叢書、安然撰集〕第二）

現世主義は日本真言宗の開祖・空海においても明瞭に表明されている。空海の説によると、世間も衆生もすべて地・水・火・風・空・識という六つの構成要素よりなるものであるが、それは絶対の真理（法界）を本性としていて、たがいに無礙渉入の関係にある。衆生と仏とは平等であり、本性においては同一のものである。この道理を観察して、手に印契《いんげい》を結び、口に真言を誦し、心を統一するならば、衆生の身・口・意の三業が、そのまま絶対の仏の三業と合一するというのである。かれはとくに『即身成仏義』という書を著わした。かれは『父母の生みたる身のままにて大なる覚りの位を証する』（竜樹作と伝えられる『菩提心論』の語である）という密教の教説を主張している。ついにその末流では、生きながらミイラとなるという修行を成立させた。

日本天台の発展でありまた密教の影響を受けているところの日蓮の教学が、即身成仏を強調したことは、いうまでもない。『即身成仏と申す法門は、世流布の学者は皆一大事とたしなみ申す事にて候ぞ。就中予が門弟は万事をさしおきて、此の一事に心を留むべきなり。建長五年より今弘安三年に至るまで二十七年の間、在在処処にして申宣べたる法門繁多なりと雖も、所詮は只此の一途なり。』（『妙一女御返事』）『至心に南無妙法蓮華経と唱ふれば、久遠本地の諸法無作の法身の如来等は、皆我等が一身に来り集まり給ふ。是の故に慇懃《おんごん》の行者は分段の身を捨てても即身成仏、捨てずしても即身成仏なり。』（『授職灌頂口伝鈔』）

教理上のこのような見解に対応して、民間信仰も現世主義に基礎づけられている。たとえば地蔵菩薩の信仰が平安時代以後さかんになったが、それも一般の日本人が、凡夫を凡夫の身そのままで救いとる大慈悲にすがろうとしたためである。

『地蔵薩捶は慈悲深重の故に、浄土にも居し給はず。有縁尽ざる故に、入滅をも唱へ給は

ず、ただ悪趣を以てすみかとし、専ら罪人を以て友とす。』（『沙石集』二上）

そこで問題が起こる。日本においては浄土教が非常にさかんに行なわれたではないか、日蓮宗でさえもそれに引きずられて「霊山浄土」という語を用いているではないか、と。しかし日本の浄土教はかならずしも現世超越的なものではなかった。

平安時代の浄土教は、ややもすれば現実の生活をまったく無価値なものとし、遁世を第一条件とする傾向もないわけではなかったが、法然の場合には、現実を肯定する方向にむかっている。ある武士が、浄土教の信者でありながら、しかも武士として戦争に従事しなければならぬということに矛盾を感じて、法然に心の煩悶を訴えたところ、法然は次のように答えた。『弥陀の本願は機の善悪をいはず、行の多少を論ぜず。身の浄不浄をえらばず、時処諸縁をきらはざれば、死の縁によるべからず。罪人は罪人ながら、名号を唱へて往生す。これ本願の不思議なり。弓箭の家に生れたる人、たとひ軍陣にたゝかひ、命を失ふとも、念仏せば本願に乗じ、来迎に預からん事、ゆめゆめ疑ふべからず』（『法然上人行状画図』第二六巻）と。また浄土真宗においては、平生業成《へいぜいごうじょう》（平生に往生の業が完成する）の立場にたつて、現世の生活のうちに絶対的意義を実現しようとする。往相に対する還相《げんそう》（かえるすがた）を重んずるのである。したがってこのような立場にたつて、経典の語句に対してもかなり無理な解釈を施している。

浄土教が現世における積極的活動を意義づけ基礎づけようとするものであるということは、

のちに論じることにしてここでは省略する。ただし、インド浄土教によると、現世の世界は汚濁にまみれた穢土であり、とうていわれわれ凡夫はここで仏道を修行することはできないから、来世にはよりよき世界である極楽浄土に生まれて、そこで阿弥陀仏のもとで仏法を聴聞し修行して、ついに涅槃を得ようと願うのである。ところが、日本の浄土教、ことに真宗によると、極楽浄土に生まれることと涅槃を得ることは同一のことがらである（往生即涅槃）。だから日本の浄土教にあっては、穢土である現世の地位が、インドの浄土教徒の考えていた極楽浄土に近い地位にまで高められたと批評してよいのではなかろうか。これも日本民族の現世主義的傾向にもとづくと考えねばならないであろう。もちろん日本の浄土教には一概に現世主義とのみはいいえないものがあり、現世逃避的なものとして、封建社会における一般民衆をして、なにごとも前世の因果とあきらめて忍従を覚悟させる傾向のあったことを否定することはできない。しかし現世逃避的な性格は、インドやシナの浄土教ほどには有力でなく、近世に入るとともに、しだいに弱まったということはいいうるであろう。

現世的な即身成仏の思想は、また日本の禅宗においても顕著である。道元は、さとりを開くということは、心がさとるのではなくて、身体がさとることである、と端的に主張している。

『道を得ることは心を以て得るか、身を以て得るか。教家《きょうけ》等にも身心一如と云て、身を以て得るとは云へども、猶ほ一如の故にと云ふ。しかあれば正く身《み》の得ることはたしかならず。今我が家は身心ともに得るなり。其の中に心を以て仏法を計校《けきょう》する間は、万劫千生《まんごうせんしょう》得べからず、心を放下《ほうげ》して知見解会《げえ》を捨る時得るなり。見色明心聞声悟道《けんしきみょうしんもんしょうごどう》の如きも、猶ほ身の得るなり。然あれば心の念慮知見を一向《いっこう》に捨て只管打坐《しかんたざ》すれば道は親しみ得なり。然あれば道を得ることは正しく身を以て得るなり。是に依て坐を専らにすべしと覚へて勧むるなり。』（『正法眼蔵随聞記』第二巻）

身をもってさとる、ということのうちに、道元はもろもろの他の教説に対する禅の独自性を認めたのである。

これに対比されるべきものとして、日蓮は「法華経を単に心のなかで読むだけではなくて、色読身読すべし」ということを主張している。のちに指摘するように、日本仏教には実践的・活動的傾向が強いが、それはこの点と連関をもっているようである。

〔身体でもってさとるという見解は、一般の日本人によっても無意識のうちに理解されている。相手の健康を気づかって問うときに、「お達者ですか?」という。これは年輩の人々、あるいは地方の人々に多い表現であって、今日一般には「お元気ですか?」というところであろう。ところで「達者」とは、真理に到達した者、さとった人、大局を見通している人、という意味で仏典にも用いられている。ところが一般日本人の理解によると、真理を体得するということは、身体が健全であってはじめて可能である。だから「達者」とは、身体が健康であるという意味に転化してしまった。」

インド大乗仏教の末期においては、仏性（覚者となりうる可能性）は常住であり、変化することがない（「仏性常住、無有《う》変易《やく》」）ということが主張された。ところが道元は、その主張に連関をもたせながらも、それとは、やや異なった見解を表明している。かれによると、現象世界の無常遷流のすがたが、そのまま仏性であるというのである。『草木叢林の無常なる、すなはち仏性なり。人物身心の無常なる、これ仏性なり。国土山河の無常なる、これ仏性なるによりてなり。阿耨多羅三藐三菩提《あのくたらさんみゃくさんぼだい》（最上のさとり）、これ仏性なるがゆえに無常なり。大般涅槃、これ無常なるがゆえに仏性なり。』（『正法眼蔵』仏性）

禅宗の現世的性格は、その後の日本の禅人にもあらわれている。たとえば、鈴木正三道人は、一般在俗信者に次のように教えている。『総而後世を願ふと云ふは、死して後のことに非ず、現に今苦を離れて大安楽に至ること也。然るにその苦は何より起ると思ふや。只此身をかわゆがる念より起る也。此の身さへなくんば、何か苦なるべき。故に此の身を離れたるを成仏とす。』（『驢鞍橋』下、七二）かれの弟子・恵中も、仏教は現実の世の中に役に立つものでなければならぬという。『仏法は後世を助くるのみにして今日の用に立つ儀無しと思へり。故に諸檀那も後世を思ふばかりにて、今日の我が心に眼を着て悪を制し苦を抜く事を知る人無し。これ大なる錯なり。』（『草庵雑記』中、二六）

　また神道はもともと現世主義的であるから、中世の神道理論がその術語を主として仏教から取り入れているにもかかわらず、その摂取のしかたを見るに、仏教の現世超越的な側面を捨てて、仏典の一隅に付言されている現世中心的な側面のみを取り入れている。中世における伊勢大神宮の神学を完成した神道五部書のひとつである『宝基本記』（『国史大系』第七巻所収、『神道五部書』）においては、人間のうちに至誠正直の至徳を完成したならば、『天下和順、日月清明にして、風雨は時を以てし、国富み民安し』という状態になり、さらに進んでは兵戈《ひょうか》も無用となる、とさえもいう。ところでこの文は『大無量寿経』下において『仏の遊履するところの国邑《おう》丘聚は〔教〕化を蒙らずといふことなし。天下《てんげ》和順し日月清明《にちがつしょうみょう》なり。風雨は時をもつてして災厲おこらず。国ゆたかに民やすくして兵戈《ひょうか》をもちゐることなし。徳を崇《あが》め仁《にん》を興《おこ》して務めて礼譲を修む』とあるのに準拠している。そもそも『大無量寿経』は極楽浄土と無量寿仏の誓願とを教えているものであり、その教説は、現世を超越することによって現世の実践を意義づけようとするのである。ところが、日本の仏教家は、前掲の文は「護国」を説いている文であるとして重視し、そうして神道家は浄土経典のうちで現世的な教説のみを選びとったのである。

　したがって日本仏教で強調した即身成仏の思想は、容易に神道と結合することができた。

　『千早振神の社は我身にて
　出入の息は外宮内宮』（『彦山修験最秘印信口決集』上）

そうして近世に入るとともに、現世主義はしだいに濃厚となってきた。徳川時代初期の商人の思想にも現世主義的、反宗教的な傾向がすでにあらわれている。『五十に及候迄、後生願ひ候事無用に候。……後生たてにて日を暮らし夜を明し、家を打捨て寺詣りこんたもとを頸かけ面目に仕候事、一段見苦く候。……先〔ず〕今生にては今生の外聞失はぬ分別第一に候』(「博多商人島井宗室遺言」)。現世主義的傾向が、日本近世においては、著しく顕著となり、唯物論をさえも生み出したことは、とくにとりたてていう必要もないであろう。

インドの輪廻思想も受容されたけれども、ある場合には、それが現世肯定的なものに変化している。その一例として、有名な楠正成の最後について考えてみよう。

『正成座上に居つゝ、舎弟の正季に向つて、「抑最後の一念に依つて、善悪の生を引くといへり。九界の間になにか御辺の願ひなる」と問ひければ、正季からくと打笑ひて、「七生まで唯同じ人間に生れて、朝敵を滅ぼさばやとこそ存じ候へ」と申しければ、正成よに嬉しげなる気色にて、「罪業深き悪念なれども、我も斯様に思ふなり。いざさらば同じく生を替へて、此の本懐を達せん」と契つて、兄弟共に刺し違へて、同じ枕に伏しにけり。』(『太平記』第一六巻)

インド人の一般的見解によると、現世からの離脱が望ましいのである。ところが、ここでは輪廻思想を受容しながら現世に生まれかわることが欲せられている。シナにおける忠の観念は、儒教思想にもとづいてこの一生だけの忠であった。諸葛孔明の『後出師表』には『臣鞠躬して尽瘁し、死して後に已まん』という。ところが楠正成は「七度生まれかわって忠義を尽したい」という。ここに「七生報国」の思想が成立し、後代の国家主義者によって強調された。

　また鎌倉時代に律宗の中興者として有名な忍性菩薩良観は、癩病院を設けたりなどして、病人の救護につとめた社会事業家である。かれは、奈良の西大寺にいたとき、一癩病人をあわれみ、背負って聚落に行き、欲する物をもらってやるということを繰り返していた。この病人はその慈悲行に深く感謝し、臨終に『われ必ずまた此の間《かん》に生れ、師の役となって師の徳に酬ひん。而して面に一瘡を留めて信《しるし》とせんのみ』といった。はたしてのちに、また忍性の徒のうちに、顔に瘡のある者があらわれ、給侍につとめていた。世人はかれをかの癩病人の生まれかわりだと呼んだ、という物語がある（『元亨釈書』第一三巻）。インド仏教徒の死生観によると、衆生は業の力によって六道に輪廻するのであるが、ここでは凡夫が誓願を立ててこの世界に生まれかわることが認められているのである。

　日本人は仏教の渡来する以前から現世中心的・楽天主義的であった。このような人生観がその後にも長く残っているために、現世を穢土・不浄と見なす思想は、日本人のうちに十分に根をおろすことができなかった。だから仏教で説く「不浄観」も、そのままでは日本人に採用されなかった。

身体の不浄であることを観ずるということは、小乗仏教の修行者がまず第一に行ずべきことである。ここでは身体を、悪の根源、道を行ずるための妨げとみているのである。ところが道元はこの解釈を改めた。かれによると、観ずるということは、日常生活の実践のうえに具現されていなければならぬ。『いわゆる観得は毎日の行履掃地掃牀なり。』(『正法眼蔵』三十七品菩提分法) それをこそ「身の不浄を観ずること」であると考えねばならぬ。しかもその場合には、けがれときよさとの対立を超越していることになる。『浄穢の比論にあらず。』だからインド仏教で強調した不浄観は、日本人一般には迎えられなかった。『不浄観の如き、是れ竺土の俗が然るなり。此の方に在つては則ち人肯ぜず』(『出定後語』雑第二五) と富永仲基は批評している。

厭世観も日本でははっきりしたかたちではあらわれなかった。仏教が移入されて、『万葉集』のなかにも、仏教思想の影響を受けた歌が若干採録されているが、それは無常、はかなさの詠嘆である。たとえば、

『世の中を何に譬へむ朝開き
漕ぎ往にし船の跡無きごとし』

そこには原始仏教やジャイナ教の聖典に見られるような死の恐怖は存在しない。こころみにジャイナ教徒の厭世の告白を聞いてみよう。

『生きものは生きものを苦しむ。見よ！　世間における大なる恐怖を。生きものはじつに苦しみ多し。人間は愛欲に執著せり。かれらは無力なるもろき身体もて破滅におもむく。』(Āyāraṅga herausgegeben von W. Schubring, S. 27, l. 28f.)

『大なる恐怖なり、苦なり、とわれは説く。生きものは諸方の至るところにおいておののく。』(ibid. I, 1, 6, 2〈S. 5, l. 8〉.)

こういう深刻な叫びは、日本人のあいだからはあらわれなかった。道元のごときは、厭世ということ自体に反対している。

『この生死は、すなはち仏の御いのちなり、これをいとひすてんとすれば、すなはち仏の御いのちをうしなはんとするなり。これにとどまりて、生死に著すれば、これも仏の御いのちをうしなふなり。』(『正法眼蔵』生死)

日本では仏教思想を表明している歌は、数えきれぬほど多く作られたが、一部の人々の場合以外にはそこには深刻な厭世の意識はさほど認められない。また苦・無我・空というような理法を、まともに堂々と正面きって表明しているような哲学詩にとぼしい。

また西洋人の懐くような厭世観とも異なっている。西洋でいう厭世とは、この世の生存が厭になることである。日本人の場合には社会的な煩わしい束縛・拘束をうるさく思い、それから離脱しようと思うだけである。ゆえに人間社会から遠ざかって花鳥風月に近づけば、それだけで厭世観的な思いはなくなるのである。西行法師は、世を遁れたとはいうものの、一生行脚の生活を送って花月を楽しんでいる。鴨長明は世の中をあじきなく思っても、庵室にひとり閉じこもって自然を楽しんで満足している。深草の元政上人や、近くは太田垣蓮月でも、世の中に立ち交わるのは好まなくても、自然そのものは楽しんでいた。だから厭世観は直ちに自然への愛着となってあらわれる。

『世の中も常にしあらねば宿にある
　桜の花のちれる頃かも』（『万葉集』巻八）
『現せみは数なき身なり山河の
　さやけき見つつ道をたづねな』（同、巻二〇）

のみならず、かれらは隠遁の生活に入りながら、なおひと恋しい心情を懐き、人間性への思慕を捨てない。西行は隠遁行脚の生活にひたり、閑寂を楽しみながらも、捨てた人生に愛着をもっている。

『厭ふ世も月澄む秋になりぬれば
　長らへずばと思ふなるかな』
『なにごとにつけてか世をばいとふべき
　憂かりし人ぞけふはうれしき』

芭蕉の漂泊行脚の生活も、人なつっこい情を内にたたえている。『あら物ぐさの翁や、日ごろは人の訪《とい》来るもうるさく、人にもまみえじ、人をまねかじと、あまたたび心に誓ふなれど、月の夜、雪のあしたのみ、友のしたはるるもわりなしや。』（「閑居箴」）さらに『徒然草』の兼好法師にいたっては、世俗の事物に対して根強い愛着をもっている。このような心情が単に過去の一部の文人のみにかぎられていたのではないということは、少しくわれわれ自身を反省してみるならば、容易に気づかれるであろう。

三　人間の自然の性情の容認

われわれはすでに、現象界または現実的なるものにおいて絶対者を把捉しようとする思惟方法が、一般日本人のうちに存在していることを指摘した。ところで、いっさいの与えられた現実的自然のうちで、もっとも人間に直接的なものは、人間的自然である。そこでまた人間の自然の性情をきわめて尊重するという傾向があらわれてくる。

日本人は、外的・客観的な自然界に対してそのあるがままの意義を認めようとしたのと同様に、人間の自然の欲望や感情をもそのままに承認し、しいてそれを抑制したり、あるいはそれと戦おうとする努力をしない傾向がある。

上代の歌において、もっとも著しく表現の主題とされているものは、恋愛である。上代日本人の恋はきわめて官能的であって、しかも、ほがらかである。かれらは恋愛において人生の真の意義を認めた。そうして一般にかれらの感情の表現のしかたは率直でほがらかで、他からの束縛に強いられたあとがない。

このような傾向は、その後、時代により階級により著しく差異を見せているが、なお相当顕著に残っている。たとえば、日本の歌集をとってみても、恋歌が占めている割合が非常に多い。これはインド民族、あるいはシナ民族の場合とは著しく相違しているようである。ここにシナ人の場合とは異なる日本人の思惟のひとつの特徴が認められるということを、本居宣長が主張している。『詩〔経〕に、みずからの恋の詩のなきは、かの国人のくせにて、ただうはべをかざりて、ををしく見せて、まことの心の、めめしきをば、いひいでず、つつみかくしたる物にこそ有けれ、皇国の歌の、恋のおほきぞまことに性情をのぶる道には、有ける。』（『玉かつま』一〇）これに対して、インドには恋愛の歌が非常に多い。しかしながらインド人一般は、それにもかかわらず、恋愛の情熱を滅しつくした境地に、究極の絶対的意義を認めていた。ここにわれわれは、東洋の他の文明諸民族の場合とは異なった独特の日本的性格を認めることができる。

この傾向は、外来文化の受容のしかたを、どのように規定したであろうか？

儒教の倫理説には、もともと禁欲的な傾向があり、日本の儒者にもそれが継承されていたが、しかしなお儒者によっては、人間の自然の性情を認めようとした。たとえば、荻生徂徠や堀景山は、源氏物語や、伊勢物語などを愛読していた。そうして徂徠は、このような文芸作品はそれ自身として価値のあるものであり、その内容に非道徳的な題材があるからとて作品としての価値を否定することはできぬ、と主張した。かれは、詩は自然の情を表現しているものであるから、シナの道学者のように詩に倫理的意義を寓して解釈してはならぬと説く。この点でかれらは国学者の態度と同様である。すなわち、かれは、「五経」のうちの『書経』は『先王の大訓・大法』を述べているものである、ということを認めたうえで、『詩経』について次のようにいう。

『詩は則ちこれに異る。諷詠の辞にして、猶ほ後世の詩のごとし。孔子これを删りしは、辞に取りしのみ。学者これを学するも、亦以て辞を修するのみ。故に孔子曰く、「詩を学ばずんば、以て言ふこと無し」と。後世廼ち書を読むの法を以て詩を読み、これを勧善懲悪の説なりと謂ふ。故に其の鄭衛の淫奔の詩に至つて窮す。且つ其の伝ふるところの義理の訓へは、僅僅として掬するに盈たず。果して〔もし〕其の〔後世の儒家の〕説のごとくんば、聖人なんぞ亦別に訓戒の書を作らずして、この迂遠の計を以てせんや。故に皆詩を知らざる者の説なり。詩の序の如きは、則ち古人一時其の意を以て詩を解するの言なり。

……後儒事を解せず、折して大小の序を為る。笑ふべきの甚しきなり。大底詩の言たる、上は廟堂より、下は委巷に至り、以て諸侯の邦に及ぶ。貴賤男女、賢愚美悪、何ぞあらざる所あらんや。世変邦俗、人情物態、得て観るべし。其の辞婉柔にして情に近く、諷詠、感じ易し。而して其事皆零砕猥雑、自然に矜持の心を生ぜず、是を以て君子、以て宵人を知るべく、丈夫、以て婦人を知るべく、朝廷、以て民間を知るべく、盛世、以て衰俗を知るべき者、こゝに在り。』（『弁道』）

太宰春台は、自然にあらわれる人間の感情を実情として、『実情とは好悪・苦楽・憂喜の類を云〔う〕』と定義して、

『……人に此情なき者有らず。大人小人、貴者賤者、少も異ること無し。又父母妻子恩愛の情も、貴賤異らず。此等の情は、皆人の天性の誠より出で、少も偽無き者なる故に是を実情と云……』（『経済録』第一巻）

という。かれは純然たる自然主義にたっている。

『天性にてなす事は何事も表裏なく、内外洞徹して一致せる者なり。天性とは人々の生れつきたる本性なり。何事も教を待たず、習に因らず、勉強を用ひず、無心無念にて天然自然にてなす事は、皆天性のしわざなり。是れを名づけて誠といふ。中庸の旨なり。』（『聖学問答』巻下）

ただ現実の世界には行為に関して一定の制約がある。それを守りさえすればよい。心の中ではなにを思ってもかまわない。

『聖人の道には、他の婦女を見て心に美女なりと思ひ、其色を悦んでも、身に非礼を行はざれば、礼を守る君子とす。以レ礼制レ心とは是れをいふなり。』（同）

これは明らかに、日本における、儒教の変容である。『詩経』の恋愛詩をそれとして解釈することを好まず、政治的・道徳的教訓を寓した詩として解釈したところのシナ古来の儒教の伝統的思惟態度は、ここでは、まったく捨て去られている。かれは昂然と言い放っている。『学んでむしろ諸子百家曲芸の士と為るも、道学先生と為るを願はず。』（学則第七条）

結婚した夫婦のあいだの道徳については、シナの儒教では「夫婦別あり」といって、夫婦のあいだの階位的次序の区別を強調した。ところが、日本の儒者、たとえば中江藤樹は、むしろ夫婦の和合すべきことのほうを説いている。『夫は義に、妻は順にして、夫婦よく、和合するを別の道といふ。』（『翁問答』上巻之本）

また平田篤胤はシナ思想一般を排斥したが、彼は『中庸』の教えは自然主義を説いたものと解し、そのかぎりにおいてそれを採用している。

『誰も〳〵、生れながらにして、神と君と親とは尊く、妻子のかはゆいといふことは、人の教へを借りんでも、見事に知つて居る。人の道に関すること、言ひもて行けば多端のやうなれども、実は之から割り出したやうなもので、……「中庸」に「天の命、これを性といひ、性に率ふ、之を道といひ、道を修む、之を教といふ」とある。此の意は、人間に生れると、生れながらにして、仁義礼智といふやうな真の情が自ら具はつてゐる、……之を人の性といふ。……(これを)それなりに偽らず曲らず行くを、人間の真の道といふ。またその生れ得たる道を邪心の出ぬやうに修し斉へて、近く例へやうならば、御国人《みくにびと》はおのづからに武く正しく直く生れつく、之を大和心とも御国魂ともいふでござる。……真の道と云ものは、此《か》やうに安らかな物で(あるから)、返すくも生《なま》さかしらな真似《まね》や、心法ぢやの、悟道ぢやのと云やうな仏臭く、しやら臭いことはさらりと止て、どうぞ此の大和心・御国魂をば枉《まげ》ず忘れず、修し斉へて、直く正しく清《きよ》く善《うるわ》しい大和心に磨き上げたい物でござる。』(『古道大意』下)

さて以上に指摘した自然主義的な傾向は、また仏教の受容形態をも規定している。近世仏教者のうちで民衆に仏教をひろめたという点できわめて功績の多い慈雲尊者飲光《おんこう》は、かれの諸種の仮名法語のなかで、道徳とは人間の自然の本性に従うことである、ということを説いている。

ただし、慈雲尊者の場合には、人間が低い欲望や感情を制する方面に、人間の自然の本性を認めたのであるが、こういう意味の自然主義は、一般日本人のあいだでは現実の有力な実践的指導原理とはならなかった。むしろ反対に人間の欲望や感情を充足させるという意味の自然主義のほうが、ややもすれば日本の仏教を支配することとなった。

まず日本にもインドやシナのように二百五十戒をたもつ律宗が伝えられたが、それは一般にひろまらなかった。律宗の戒律は、インドの苦行者のそれにくらべれば、決して厳酷なものではないけれども、人間の性向や本能に対して、あまりにも禁止的箇条の多い律宗の修行（つまり原始仏教教団の修行にほぼ同じ）は、日本人一般にはうけいれられなかったのである。〔これらの修行は、スリランカ、ビルマ、タイ、カンボジアでは今日なお厳守されている。〕

インドの原始仏教ないし伝統的保守的仏教においては、修行者は人間の喜怒哀楽の感情を消滅するのが、その理想であると考えられていた。釈尊がなくなったときに、その愛弟子であるアーナンダが涙を流して悲しんだのは、修行未熟のゆえであると非難された。ところが仏教が日本にはいると、日本的特徴の顕著な、情にもろい日蓮は、感情をおさえなかった。

『うれしきにも涙、つらきにも涙也。……現在の大難を思ひつづくるにも涙、未来の成仏を思ふて喜ぶにも涙せきあへず。鳥と虫とは、なけども、涙落ちず。日蓮はなかねども涙ひまなし。』（文永一〇年五月の『諸法実相抄』）

日本人一般はむしろ日蓮のこの人柄に共感するのである。

人間の感情を肯定する日本の仏教は、ややもすれば、享楽的な方面に流れる傾向があった。たとえば、平安時代の修法は、当時の貴族にとっては、現世の快楽のためのものであった。『春のおとどのお前、とり分けて梅の香もみすの内の匂に吹きまがひて、生ける仏の御国とおぼゆ』（『源氏物語』）という実感を出していた。かれらにとっては、現世の法会は、そのまま極楽浄土であった。たとえば、宇治の平等院は、まさにそれにかなうものであった。しょせんは『声尊き人々に経など読ませて夜一夜あそび給ふ』（『栄華物語』）のにすぎなかった。

このような傾向の行きつくところとして、戒律破棄の現象があらわれるのである。

『唐竜興寺の鑑真和尚……毘尼《びに》（＝戒律）の正法をひろめ、如法の受戒を始め行ぜしかども、時うつり儀すたれて、中古より只《ただ》名ばかり受戒というて、諸国より上りあつまりて、戒壇はしりめぐりたるばかりにて、大小の戒相も知らず、犯制の行儀も弁へず、わづかに臈次をかぞへ、空しく供養をうくる僧宝になりはてて、持斎持律の人跡たえぬ。』（『沙石集』三下）

戒律の破棄ということは、とくに浄土教徒のあいだでさかんであった。『専修（念仏のみを修行する人）曰く、囲碁・双六は専修に乖かず。女犯、肉食は往生を妨げず。末世の持戒は市中の虎なり。恐るべし、悪むべし。もし人罪を怖れ、悪を憚らば、これ仏を憑まざるの人なりと。』（『興福寺奏状』）法然の説く浄土教は、持戒と破戒との区別を無視している。そうして、ただ念仏の行のみを強調している。『魚くふもの往生をせんには、鵜ぞせんずる。魚くはぬものせんには、猿ぞせんずる。くふにもよらず、くはぬにもよらず、ただ念仏申《もうす》もの往生はする。』（『法然上人行状画図』第二一巻）

戒律を守らぬという点では、日本の浄土教は実践的にはシナの浄土教とはまったく異なったものになってしまっているということを、すでに日蓮が鋭く指摘している。

『善導和尚の観念法門に云く、「酒肉五辛、誓て発願して手に捉らざれ、口に喫はざれ。若し此の語に違せば、即ち身口倶《とも》に悪瘡著かんと願ぜよ」。此文の意は、念仏申さん男女、尼法師は、酒を飲まざれ、魚鳥を食はざれ、其外韮《にら》、薤《ひる》等の五つの辛く臭き物を食はざれ。是を持たざらん念仏者は、今生には悪瘡身に出で、後生には無間《むげん》〔地獄〕に堕すべしと云々。然るに念仏申す男女、尼法師此誡めを顧みず、恣に酒を飲み魚鳥を食ふ事、剣を飲む譬にあらずや。』（『聖愚問答鈔』）

また戒律無視の傾向は、禅宗にもあらわれていたらしい。『野守鏡《のもりのかがみ》』（藤原有房著、一二九四年。『群書類従』第二巻）のうちには当時の禅宗を非難して次のようにいう。『得法の人、……酒肉・五辛等を食せしことを例にひきて、いまだいたらざるともがら是をはばからず。』

そうして明治維新以後には、仏教各宗とも、ほとんどすべて戒律を捨て去ってしまったことは、周知の事実である。だから浄土教徒にとっては、ただお念仏を唱えさえすればよい、また日蓮信者にとっては、ただお題目を唱えさえすればよい、また一部の人々にとっては、なんらかの経典を読誦し、陀羅尼を諷誦しさえすればよい、ということになったのである。

戒律破棄の例として一番顕著な、またありふれたものは、飲酒であろう。インドの仏教徒は、酒を飲むということを宗教的には非常に大きな罪過と考えていた。だから「不飲酒」ということは、五戒のひとつとされ、出家修行者はもちろんのこと、一般在俗信者といえどもこれを厳守しなければならぬのである。不飲酒の戒は、インドでは原始仏教の時代から大乗仏教にいたるまでよく遵守された。〔ただし堕落した後期の密教の場合は例外である。〕シナでもなおよくこの不飲酒戒が守られていた。ところが日本にくるとともに、それが破れてしまった。法然は『酒のむは罪にて候か』という質問に対して『まことには、のむべくもなけれども、この世のならひ』と答えている（『法然上人行状画図』第二二巻）。親鸞も日蓮も、かならずしも飲酒を、悪と思っていない。日蓮は『ただ女房と酒打ち飲みて、南無妙法蓮華経と唱へ給へ』と教えている（『四条金吾殿御返事』）。修験道では、

と書いたものを酒のなかに入れると、悪い酒も良い酒に転化してしまうと教えている。

『神も知る神も普く聞しめせ　みもすそ河の清水の酒』（『修験深秘行法符呪集』第七）

今日多くの仏教諸宗派では、記念の法要の際には、たいてい酒をもって人々をもてなすことが通例となっている。

飲酒とならんで男女間の性の関係が、日本では仏教のうちに位置を占めることがあった。すでに日本の文芸作品について認められるところであるが、『源氏物語』などにおいては、淫蕩な場面や、不倫な人間関係が描かれていることが多いが、それすら美しさを失わぬものと認められている。これが日本の文芸のひとつの伝統となっていて、儒教の倫理観とは截然と対立している。仏教の場合にも上述の傾向が認められる。インド仏教の末期においては、仏教の一部では風俗を乱すような儀式も行なわれたが、シナの仏教においては、そのようなことはほとんど行なわれなかった。密教も純粋化してシナに伝えられ、それが弘法大師によって日本に伝えられた。弘法大師空海に由来する日本真言の行者は、もっぱら清浄な修行の毎日を送っていた。ところが平安朝末期になると、立川流の邪義のようなものがあらわれた。それは男女陰陽の道を即身成仏の秘儀とみなすものである。このような乱倫非行の秘儀は、鎌倉時代初期から中期にかけても諸地方で行なわれていたようである。末期のインド密教には頽廃的現象が認められるが、シナの密教ではそれが浄化されてこのような傾向はきわめてわずかしか認められなかったにもかかわらず、日本でまた復活したのである。たとい民衆のきわめて一部にこのような傾向があったのだとしても、このような特徴の差異をまったく無視することはできないであろう。

立川流と同様な傾向は、浄土教のほうにもあらわれている。肥後に行なわれた相続開会《かいえ》の一念義と称するものがそれである。その教説は次のごとくであった。『されば、一念といふは、人二たりが心を一つにすると読むなり。されば男女二人寄り合ひて、我も人も二人が心よからん時に、一度に只一声南無阿弥陀仏と申すを一念義と申すなり。されば寡にて一人あらんずる人は、この一念の行ひは有るまじければ、往生はすまじきとて、一人ある人々が二人に成り合へり。』(『念仏名義集』中)

のみならず、清僧であった日蓮でさえも次のようにいう。『境智而二にして、而も境知不二の内証なり。是等は由々しき大事の法門なり。煩悩即菩提、生死即涅槃といふも是れなり。正しく男女交会の時、南無妙法蓮華経と唱ふる処を、煩悩即菩提、生死即涅槃といふなり。』(『四条金吾殿御返事』)これは、日蓮がまじめな教義書のうちに説いているのではなくて、ある武士に対する手紙の文句の一節である。こういう説きかたが日本人には適合していると、日蓮は考えたのであろう。

今日にいたるまで、愛欲を成就する民間信仰の対象として聖天や愛染明王がさかんに信仰されている。聖天すなわち歓喜天はインドのガネーシャ神が仏教の密教のうちに採用されて転化したものであるが、現在インドに残っているこの神の多くの像は、決して卑猥ではない。象面の男女両神が相い抱擁している像を崇拝するという宗教習俗は、わずかに日本とチベットで行なわれている程度であろう。

このようにして仏教の根本思想を示す文句が、著しく異なった意味に解されることがある。近松門左衛門は相愛の男女の心中の道行の最後を叙するにあたって、情死の美しさを歌い、『この世も名残り夜も名残り……残る一つが今生の鐘の響の聞きをさめ、寂滅為楽とひびくなり』（近松『曽根崎心中』）という。「心中」とは日本独特の現象であり、double suicide とか Selbstmord eines Liebespaares という西洋語ではその情緒を表現することは不可能であるが、ともかく、「寂滅為楽」（vyupaśamaḥ sukham）が、インドやシナでは世俗的な煩悩の否定を意味していたのに、いまや日本では現世的な性愛の純粋化の極致を示すものとして用いられている。徳川時代の諸種の文芸作品においては、仏教の神聖なるべき諸種の観念を示すことばが、淫乱遊蕩の場面を示す隠語として用いられている。宗教の神聖性をこのようなかたちで侮辱することは、インドにもシナにもあらわれなかった。おそらく日本独特の現象であろう。

こういうわけで、多くのインド人ならびに一般シナ人が、宗教の世界と肉欲の世界とを区別しようとするのに対して、日本人のあいだには、その両者を相即させようとする傾向が潜在していると考えられる。そうして、われわれはここに、さきに儒学の受容形態についても認められた特徴と同じものが、また仏教の受容についても指摘しうるということができる。

それと並んで考慮すべきことは、仏教や儒学が一般化したにもかかわらず、性についての原始信仰がどこかに残存していることである。田舎には道祖神の像が拝まれている。陽物信仰が残っていて、福島県や新潟県の大山神社は女性信者が陽石を献納している。出雲の旧家には藩侯の下賜した巨大な陽石がある。なかにはリンガとヨーニの組み合わせを庭においている寺もある。仏教や儒教の隆盛も、この原始信仰をぬぐい去ることはできなかった。

これは、儒学を守りつづけた漢民族あるいはピューリタンのニュー・イングランドなどとは異なるといえるであろう。しかしインドのヒンドゥー教、ことにシヴァ教徒のあいだにおけるほどにはおおっぴらではない。


戒律は、時代により、あるいは風土を異にするにしたがって、かならずしも昔の規定のとおりに遵守しがたいものであることは、すでにインドの伝統的保守的な仏教徒といえども気づいていた。『仏またもろもろの比丘に告ぐ、これはわが制せしところなりと雖も、余方（＝他の地方）において清浄とみなさざるものは、みな用ふべからず。わが制せしところに非ずと雖も、余方において必ず行ふべきものは、みな行はざるを得ず』（『五分律』第二三巻）と。しかし日本人のように、仏教の戒律をほとんど全面的に放棄してしまった民族は、東洋の他の国々には存在しないのである。この現象をわれわれはいかに解すべきであろうか。

われわれは、日本人が特殊な閉鎖的な人間結合組織を固持しようとする傾向の強いということを、のちに指摘するであろうが、それと戒律破棄とは一見矛盾するように思われるかもしれない。しかしこの両者は、かならずしも矛盾しない。戒律はかならずしも常識的な道徳と一致しない。肉食は、原始仏教では一定の条件のもとに認めたが、大乗仏教では多く禁じている。飲酒は、小乗仏教でも大乗仏教でもともにこれを禁じている。僧侶の結婚は、後期の密教における場合の他には認められなかった。これらは宗教的には重要な問題であるが、閉鎖的な人間結合組織の利害の維持という観点からみれば、どちらでもよいことなのである。戒律は守らぬが、閉鎖的な人間結合組織の利害問題に関しては献身的であるということは、あまねく日本の宗教者一般に認められる現象である。そうして、この態度があるために、日本人は自然の欲情を肯定し、また戒律を破棄しても、かならずしも道徳的秩序を捨て去ることにはならぬと考えているのである。

日本における指導精神の欠如を問題として、いま、人々は口を開けば、宗教家の腐敗堕落を云々する。しかしそれは宗教家のみが責任を負うべき事象ではなくて、過去からの日本人全体の思惟方法にもとづいて起こった事象なのである。われわれはこの点について深く省察しなければならない。

以上は主として宗教の領域について考察したのであるが、それにおけると同様な思惟方法の特徴が、他の領域についても認められるように思われる。

四　人間に対する愛情の強調

日本人の思惟方法の特徴として、与えられた現実を容認する傾向のあることを指摘しておいたが、それはとくに人間的な諸性情を容認し尊重することとなってあらわれる。われわれは、恋愛が仏教思想と結びつけて説かれていた事実をすでに指摘したが、そこでは性愛ないし恋愛が宗教的なものと矛盾しないものとして承認されているのである。

人間的自然を尊重する思惟方法は、さらにおのずから身体をそなえた現実の人間に対して愛情をもって対することになる。まず現実の身体の意義が尊重されるとともに、日本の仏教では、身体をいたわる思想が顕著となった。

『問、経に云く、身臂指を燃〔し〕て諸仏に供養せずんば菩薩にあらず〔と〕、この心いかん。答曰、枝葉根本の三種の無明をつくすを、身臂指を燃くにたとへたり。……この三種の無明をつくせば、即菩薩なり。……もし此色身をやいて諸仏を供養するといはば、いづれの仏か是をうけむ。』（『抜隊禅師法語』）

インドやシナの仏教徒のあいだで実際に行なわれていたことを、日本の仏教徒は否認してしまったのである。

日本人は他の人々に対する愛情をとくに強調する。熊沢蕃山は日本のことを「仁国」と呼んでいる（『集義和書』第一〇巻）。他人に対する愛情の純粋化されたものは、「慈悲」（サンスクリット語では maitrī, karuṇā）ということばで呼ばれる。この観念は仏教とともに日本に導き入れられたのであるが、日本の仏教ではとくに強調された。

まず日本の仏教においては、浄土教の占めている比率が非常に大きいが、浄土教は典型的に慈悲の宗教である。浄土教は凡夫や悪人を救いとる無量寿如来の慈悲を説くものである。浄土教の高僧のうちにはとくに温和な容貌の人が多い。

慈悲行の強調ということは、また他の諸宗派についても認められる。日本人は原始仏教以来の厳格な戒律の実践を「律宗」として受容した。それはむしろ隠遁的な修養法であった。ところが、のちに真言律宗が起こると、たとえば忍性（一二一七―一三〇三）は、悩める人々、病める人々を救済するために、いくたの社会活動を行なった。かれは、一生を他人への奉仕にすごした。かれはそのために、かれの師から『慈悲が過ぎた』（『興正菩薩教訓聴聞集』）とさえ批評されている。池や井戸を掘ったり、病人のための医薬・衣類を貯えたり、金銭を用意することは、古来の戒律には違反することであるが、かれはこの点を少しも顧みなかった。

シナ仏教においても慈悲の観念が重要な意義をもっていたことは、いうまでもない。ただしシナ民族の仏教として発展した禅宗では、慈悲の観念をさほど強調しなかったのではないかと思われる。その証拠には、『信心銘《しんじんめい》』『証道歌《しょうどうか》』『参同契《さんどうかい》』『宝鏡三昧《ほうきょうざんまい》』のような有名な聖典に「慈悲」という語が一度もあらわれてこない。さらにさかのぼって達摩大師の教説とされているものにも、いっこう認められない。おそらくシナの禅宗は、道教その他古来の伝統的なシナ思想の影響を受けて、隠遁的・諦観的となり、進んで慈悲行の実践につとめるということを閑却していたのではなかろうか。シナ禅宗史全般について検討してみたうえでないと断定的なことはいえないが、なんとなくこのような印象が与えられる。〔ただしこのことは、読誦されているテキストについてだけいわれうることで、シナの寺院では実際には救済協力の事業が行なわれていた。その遺構が現在でも残っている。〕

ところが禅宗が日本にはいると、他の諸宗派におけると同様に、慈悲行を強調するようになった。臨済禅を日本に導き入れた栄西は、慈悲の観念を表面に出している。かれは、禅宗が空《くう》を正しく理解しないで悪く執着したものではないか、という質問に対して、『外は律義もて非を防ぎ、内は慈悲もて他を利す。これを禅宗といふ』(『興禅護国論』巻中) と答え、禅の修行者の心得としては、『まさに大悲心を起し、……大菩薩の清浄なる妙戒を具し、広く衆生を度し一身のために独り解脱を求めず』(同上) と説いている。夢窓国師疎石や鈴木正三、至道無難などには、従来の禅宗の隠遁的・独善的態度に対して究極的な反撥の意図が認められ、人々に対する慈悲の徳を強調している。

道元にあっては、とくに「慈悲」ということばを表に掲げているわけではないが、古来のいくたの仏教説のなかから「人々に対してはやさしいことばをかけよ」（愛語）ということをとり出して教えている。

『愛語といふは、衆生を見るに、先づ慈愛の心を発し、顧愛の言語を施すなり、慈念衆生猶如赤子の懐ひを貯へて言語するは愛語なり。徳あるは讃むべし、徳なきは憐むべし、怨敵を降伏し、君子を和睦ならしむること愛語を根本とするなり、面《むか》ひて愛語を聞くは面を喜ばしめ、心を楽しくす、面《むか》はずして愛語を聞くは肝に銘じ魂に銘ず。愛語能く廻天の力あることを学すべきなり。』（『曹洞教会修証義』）

かれはそのほかに与えること（布施）、ためになる行ない（利行）、協力（同事）の徳をも強調しているが、その根底には清らかな愛情が流れているのである。

慈悲の精神は、単に仏教者が説いたというふうにとどまらず、神道のうちにもはいり、三種の神器のひとつと結びつけて考えられたのみならず、一般世人のあいだに普及し、武士の主要な徳のひとつと見なされてきた。

他人に対する愛情は、自分自身の独善的なひとりよがりからはあらわれ出てこない。われもひとも、ともに凡夫であるという謙虚な反省と相即するものである。このことは、すでに仏教が日本に移入された最初の時期に聖徳太子によって強調された。

『忿を絶ち、瞋をすてゝ、人の違ふを怒らざれ。人皆心有り、心各執ることあり。かれ是《よ》むずれば、則ちわれは非《あし》むずる。われ是《よ》むずればすなはちかれ非《あし》むずる。われ必ずしも聖に非ず、かれ必ずしも愚に非ず、ともに是れ凡夫のみ。是非の理《よきあしき》、たれか能く定むべき。相ともに賢愚なること、鐶《みみがね》の端なきがごとし。こゝを以て、かの人は瞋ると雖も、還ってわが失《あやまち》を恐れよ。われ独り得たりと雖も、衆に従ひて同じくおこなへ。』（『十七条憲法』第一〇条）

ここから、次に述べるような寛容宥和の精神があらわれ出てくるのである。

人間に対する愛情は、戦争に対する観念の相違をもたらす。日本では他の国々におけると同様に戦争はしばしば行なわれたが、戦争がすむと、勝利者はひとり自分たちの戦没者のみならず敵軍の戦没者の冥福を祈るということを行なうのがしばしばであった。これは平安時代の中頃の朱雀上皇のときから始まり、中世の封建時代を通じてあまねく行なわれ、徳川時代におよんでいる。日本にとっての民族戦争であった元寇のあとでも、元軍の戦死者の亡霊を慰めるために、筑前に高麗寺を建て、北条時宗は円覚寺に千体地蔵尊を安置して、敵味方の幽魂を弔った。これは仏教の「怨親平等《おんしんびょうどう》」の思想にもとづくのである。こういう宗教的行動は日露戦争のあとにおいても見られる。

敵をも味方をも、戦死者をともに弔う、というのは、日本におけるひとつの特徴的な伝統であった。例外は明治政府の建てた靖国神社である。これは官軍の戦没兵士のみをまつり、幕府方や敵軍の戦没兵士をまつることをしない。しかし怨親平等の精神を日本人がまったく忘れてしまったわけではない。東京の渋谷区神南にある二・二六事件の反乱軍指導者が処刑された場所は、この事件で死んだ人々すべての冥福を祈った観音像が建てられていて、いまも花が供えられている。

西洋の一般の思想によれば敵軍は抹殺さるべきである。だから敵の死者の冥福を祈るという思想はなかなか起こりにくい。西欧陣営でとくに進歩しているアメリカでも、南部諸州の人々は現在においてさえ国家（合衆国）の定めた戦没者追弔の日をまもらない。これは北軍が勝手にきめた日だからといって、それを無視し、南部諸州は別の日に南軍戦没者追弔を行なう。都会の街角に銃剣をもっている兵士の像を見いだすと、下の方に「南軍（Confederacy）のために戦って死んだ兵士の記念のために」としるしてある。南軍の戦死者追弔の日に、政治家たちは演説をぶつ――「われらの祖先の兵士たちがいまここに眠っている。腐敗しているワシントンの政治家たちから眼を離すな！」と。敵愾心はまだ消えていない。考えかたが根本的に相違している。

〔これに対比されうるものは、明治維新の際の戦争である。しかしそれから百年以上を経過している今日、薩長の方へ槍先をむけている会津軍の武士の像は現地に建てられていないであろうし、「腐敗せる薩長の政治家から眼を離すな!」という叫びをあげる人は、もう現地にはいないであろう。〕

これが宗教戦争の場合になると、西洋人との差はいっそう顕著である。島原の乱のあとで島津義久は敵味方の戦没者を弔うために、日向・大隅・薩摩・肥後の僧を一千人も集めて島原におもむき、およそ五十五メートルというとほうもなく高い卒都婆を建てて盛大な法会を開いた。天草の代官鈴木重成は戦乱のあとでその地に東向寺を創建し、戦乱のために没した教徒の冥福を祈るために法会を行なって、碑を建て、これを記念した。

これを西洋の場合と比べてみるがよい。十字軍の兵士たちはイスラーム教徒をただ残酷に虐殺しただけではなかったか。戦没イスラーム教徒の冥福を祈るというようなことを、当時のヨーロッパ人の誰が考えただろう。さらにヨーロッパ人たちのあいだでも、三十年戦争のときに、敵の戦没者の霊の冥福を祈るという考えは起こらなかった。宗教否定の共産主義諸国の記念碑は、ただ自国の戦死者をたたえているだけである。

敵も味方も仏の慈悲のもとにはすべて救われるというのは顕著に仏教的な思想である。〔西洋思想によれば、宗教戦争における敵は絶対に救われないのである。〕このような思想が、たとい部分的にもせよ、民族に根をおろしたということは、民族そのものの伝統的なありかたとも関係があるのではなかろうか。

日本において愛情が強調されているという傾向は、本来、日本民族に固有のものであるかどうかということについては、おおいに問題が存する。神道には愛の神がないということを、かつて、ある有名な仏教学者が主張したために、神道側に強い衝撃を与え、大きな問題となったことがある。その際に神道側から反証が提示されたが、反証としては薄弱なように見受けられた。しかし神道の儀礼には、古代ギリシアやユダヤに見られるような、生きものを犠牲に供して血を流そうという残酷な儀礼は行なわれなかった。和の精神は、古代日本の村落共同体においては、ある程度は実現されていたにちがいない。

この問題はなお研究を要するが、おそらく慈悲の精神なるものは仏教とともに日本にはいってきたものであり、日本人の心的態度一般に対して強い変革的な影響をおよぼしたのであろう。そうして、こういう点で日本人の民衆の思惟のうちには多分にヒューマニスティックなものが流れていると見なすことができるであろう。

人間に対する愛情は、日本人のあいだに古来存する美しい自然に対する愛着、花鳥風月に対する愛情と密接な関係があるように思われる。

〔なおここで問題となることは、かくも人間に対する思いやり、愛情を重んじる日本人が、先の世界大戦の際などに、なにゆえにある場合には非人道的な行為をも行なったか、ということであるが、これについては後に第三章第一一節「力による人間結合組織の擁護」でさらに考察することにしたい。〕

五　寛容宥和の精神

日本人は古来寛容の徳の著しい民族であるといわれている。古代日本において異民族間の闘争の行なわれたことは事実であろうが、考古学的遺品についてみるかぎり、かれらのあいだの武力闘争が激烈なものであったという証跡は認められない。古典の記載からみても、もろもろの異民族が服従したならば、日本人はこれに対して寛容な態度をとっている。戦争の物語は多数存するが、しかし征服された民衆が、全体として奴隷化されたという証拠は存在しない。捕虜でさえも、西洋におけるような意味の奴隷とはされていない。古代日本には奴隷経済なるものが存在したかどうかということが問題とされているが、古代日本の全人口のうちで奴婢の占めている割合がきわめて僅少であったから、古代日本においては奴隷の労働力がヨーロッパにおけるように大規模に生産に使用されるということは行なわれなかったらしい。

このような社会事象の特徴に当然関連する思惟形態としては、権力による支配服従の関係よりも、社会の各成員のあいだの親和感のほうが、表面的には著しくあらわれる。それは、日本の社会に古来権力による服従支配の関係がなかったというのではない。個人に対する社会的な制約・圧力の強かったという点では、日本は他の多くの国よりも強烈であったかもしれない。しかしそれにもかかわらず日本人の各自の主観的意識の面においては親和感・寛容の精神が著しくただよっている。この事実――ある場合には現実と思惟との乖離となってあらわれるものであるが――を、われわれは以下において問題としようと思うのである。

古代日本の社会は祭事的な統率組織であった。しかし同じく祭事的な統率組織であったユダヤ人の場合とは異なって、社会の意識面においては、共同体的な親和感が全体にわたってただよっている。ヤーヴェの神は、ねたみの神、復讐の神、正義の神であって愛の神ではない。ヤーヴェはそのひとり子を十字架につけるにおよんではじめて愛の神となった。しかるに古代日本の祭事において祭られる神々のあいだには、なごやかな親和感と愛情とが支配している。神々はたがいに他の神を『愛《うつく》しき』者と呼びかけている。神々は酒を『飲み酔いて、伏し寝』たり、あいともに『日八日夜八夜《ひやかよやよ》を遊びたりき』などと伝えられている。

日本人の寛容な精神は、罪ある者をも深刻に憎悪するということがない。日本には古来残酷な刑罰というものがほとんどなかった。磔刑は、日本では戦国時代になってはじめてあらわれるものであるから、おそらくキリスト教が伝来してのちに思いついたことであろうと推定されている。火刑も、雄略天皇のときに行なわれたらしいが、その後はたえて行なわれなかった。近世になってときどき行なわれたらしい。西洋中世においては、宗教的権威のもとに火刑が大規模に執行されたが、このようなことは、日本ではついぞ行なわれなかった。平安時代には、保元の乱のときにいたるまで約四百年に近い長い期間に死刑が行なわれなかった。これは仏教の影響であると考えられるが、死刑の行なわれなかった時代というものは、かつて他のどの国にもほとんど存在しなかったのである。

だから寛容の精神に富む日本人にとっては、永遠の罰ということは、まったく考えられないのである。徳川幕府のキリシタン圧迫のためにその教えを捨て去った「ころびイルマン」（背教者）なるハビヤン（本来は日本人）は、キリスト教で説く永劫の罰の観念を非難していう。――来世の賞罰については、もしもデウス（＝神）が慈悲の主であるならば、人間の罪を責めて罰を与えるよりも、みずからを責めねばならぬ、と。キリシタンの教義のうちで未来永劫の罰ということは、とくに日本人の腑に落ちなかったことなのである。「これはたしかにユダヤ教思想と仏教思想との対照になる要点である」といわれているが、またそれと同時に、日本人のあいだに古来存する宗教的通念のひとつの特徴を示すものであろう。

のみならず日本人にとっては一般に「永遠に救われぬ」という観念もなかなか理解しがたい

ものであった。唯識説の一種の系統である法相宗においては「五性各別」ということをいう。これは、人間のうちには、菩薩になるはずのもの、縁覚（独善的なさとりを開く人）になるはずのもの、声聞（小乗仏教の修行者）になるはずのもの、そのいずれとも定まっていないもの（不定種性）、絶対に救われないもの（無種性）という五種類の区別があるというのである。しかしこのような差別的観念は、一般の日本仏教徒によっては承認されなかった。そうして「一切衆《いっさいしゅ》生悉有仏性《じょうしつうぶっしょう》」（生きとし生けるものはすべて仏となりうる可能性がある）という見解があまねく採用されるようになった。

そこで次のような疑問が起こるかもしれない。日本人のあいだに寛容宥和の精神が著しいのは、仏教の影響によるものではないか。日本人だとて仏教渡来以前には残酷な行動にはしる傾向がないわけではなかった。武烈天皇や雄略天皇は凶暴にして残酷な天皇として記されているのではないか。平安時代に死刑が行なわれなかったのは、仏教の理想が政治のうえに具現されたためである。現在の日本においても、かつて廃仏棄釈の行なわれた地方には近親殺戮の犯罪が多く、これに反して仏教がさかんに行なわれている地方では、このような犯罪の件数が少ないという事実は統計の示すところではないか、と。これはたしかに疑いもない事実である。しかし他方では、日本人の民族性にも寛容宥和の態度があるために、仏教が急速に国民生活のうちに浸透したともいえるであろう。シナは仏教の影響を受けた歴史が日本よりも長いにもかかわらず、シナ民族全体として苛酷残忍な性情のあることは、文化史家の指摘するとおりである。またチベットは、表には仏教をかかげたいわゆるラマ教国であったにもかかわらず、長いあいだ残酷な刑罰が行なわれていた。だから、日本人の場合には、もともと寛容宥和の精神があるとともに、それが仏教の移入によって著しく強められたのであるが、近世にいたって世俗的権力の強大化、仏教信仰心の衰退とともに、それがまた弱められたということができるであろう。

このように日本人が寛容宥和の精神に富み、罪を憎む態度にとぼしいという傾向は、浄土教をも変容させている。『大無量寿経』に説かれている阿弥陀仏の第十八願に、阿弥陀仏はその大慈悲のゆえに念仏する一切の衆生を救いとるが、ただし、『唯だ五逆〔の罪を犯した者〕と正法を誹謗したものを除く』という制限（抑止文《おくしもん》）が付せられている。これについて、シナの善導は、このような大悪人でも、回心したならば、極楽浄土に往生することができるという意味に解した。ところが日本にくると、この制限の文章はしばしば問題とされるが、法然はこの制限を、実際問題としては、まったく無視している。『たゞこれは大悲本願の一切を摂する、なを十悪五逆をもらさず、称名念仏の余行（＝念仏以外の修行）にすぐれたる、すでに一念十念にあらはれたるむねを信ぜよと申すにてこそあれ。』（『往生大要抄』）『罪は、十悪五逆の者、なをむまる（＝浄土に生まれる）と信じて〔しかも〕少罪をもをかさじと思〔ふ〕べし。』（『法然上人行状画図』第二一巻）文句の表面に関するかぎり、法然は、『大無量寿経』を作製したインド人宗教家とは、正反対の立言をしているのである。このような思惟傾向を受けて、浄土真宗のいわゆる「悪人正機」（悪人こそ無量寿仏に救われる正当の資格あるものである）の説が成立したのである。悪人正機説は親鸞の真意ではないかもしれない。しかし、このような思想が一般に真宗の根本教義だとみなされたという思想史的事実は、これを否定することができない。

ところで、このような考えかたの行きつくところとして、悪人であろうとなんであろうと死ねばすべて救われるということになる。だから一般日本人は死人のことをよく「ほとけ」と称する。こういうわけで、いかなる悪人も死後には責任がないということになり、極悪人などが非凡な霊的存在と考えられ、殺人者や盗賊などの犯罪者の霊をまつるとか、その墓参者が絶えないとかいう奇妙な現象が起こる。

さて、このような寛容宥和の精神の成立しうる論理的根拠はいかなるものであろうか。すでに述べたように、現象界のすべてのものにその絶対的意義を認めようとする思惟方法によるならば、人間の現実世界におけるすべての思想に、いちおうはその存在意義を認めることになる。そうだとすると、それらはすべてに対して寛容・宥和の精神をもって対することになる。

このような思惟方法は仏教摂取の最初の時期から明らかにあらわれている。聖徳太子によれば、仏教の究極の趣意を説いたとみなされる『法華経』は、一大乗教を教えるものであり、

「万善同帰」を語るものである。万善同帰教とも称する。すなわち人間の実行するいかなる善も、すべて同じく絶対の境地に帰着するというのである。太子によれば、人間のあいだには本来聖人もなければ下愚もない。すべて本来同一の仏子である。聖徳太子は、世俗の道徳教を仏教の入門と見なした『法華経義疏』のなかに、外道邪教に言及してはいるが、それはインド伝来の表現法を用いたにすぎない。太子の外道邪教は老荘の学および儒学を意味していない。したがって太子の仏教は著しく包容的性格に富んだものであった。このような哲学的基礎づけを顧慮してこそ、「和を以て貴しと為す」という太子の道徳思想を理解しうるのである。この精神にもとづいてはじめて、日本は統一的な文化的国家として出発することができたのであった。

「和」の観念を重んずることは、そののち日本ではひとつの伝統となった。日本では年号に「和」の字がもっとも多く使われていて、「和銅」「承和」「応和」「寛和」「長和」「康和」「養和」「正和」「弘和」「天和」「明和」「享和」「昭和」がある。

〔ちなみに和を「ワ」と読むのは、呉音である。漢音では「クヮ」である。日本人が、仏典を読むときの呉音「ワ」で読み発音しているということは、無意識のうちに仏教的理解に従っているのだといえるであろう。〕

「和」は仏典ではしばしば結合することの意味に用いられていて、感官（根）と対象（境）と識別作用（識）が合することをいう。原語としては Saṃnipāta, tri-saṃsarga がある。ときには「温和な」という意味で、サンスクリット語の mārdava, チベット語の mñen pa の訳として用いられる。禅の語録では、他人の詩と同じ韻をふんで、応答の意を詠ずることの意に用いられ、聖徳太子十七条憲法では、人々の心がやわらいで協力することをいう。

〔近年になって中華人民共和国と日本とのあいだで文化交流が次第にさかんになり、直接に相互理解の道が開かれるようになったが、彼《か》の地の人々はいう──日本人はなにごとについても〈和〉ということをもち出す。中国人は、むしろけじめを立てることを強調する、と。「和」という文字は、もともと漢人のつくり出したものであるが、受けとりかたが非常に異なっているのである。〕

ところで和を表明する聖徳太子のこのような哲学的立場の自覚は「一大乗」または「純一大乗」という語をもって表明されているが、これはとくに『法華経』の哲学的立場に由来しているものであると考えられる。つづいて平安朝初期に伝教大師最澄が、『法華経』を根本経典として仰ぐ天台宗を移入して以来、『法華経』は日本仏教の根幹となっている。『日本国は一向に法華経の国なり』『日本国の一切衆生は、桓武皇帝より已来《このかた》四百余年、一向に法華経の機なり』（『教機時国鈔』）という日蓮の言は、かならずしも自分本位のいいかただとはいえない。日蓮宗はいうまでもなく、浄土教にも日本の禅宗にも天台学の影響の顕著であることを思うとき、この立場は多分の真理を含んでいる。歴代天皇の仏教に関する和歌をみても、『法華経』に関するものが圧倒的に多い。仏教内部のあらゆる修行にその存在意義を認めようとする『法華経』の思惟方法は、もろもろの思想に対してきわめて寛容であり、融合的立場をとっていた。

平安時代末期においては、一般民衆のうちには『法華経』受持の功徳によって、西方極楽往生を願っていたものもあった。

『法華を行ふ人は皆、忍辱鎧を身に着《き》つゝ、露の命を愛せずて、蓮《はちす》の上に昇るべし。』

（『梁塵秘抄』法華経勧持品）

浄土の蓮にのぼるというような思想は、『法華経』のうちには見あたらないが、これは当時の融合的信仰を示しているものである。

華厳宗の高弁（明恵上人）は、当時までの諸宗派のなかから、種々の信仰を寄せ集めていた。そのあいだにはなんら統一がなく、重点がない。かれの信仰内容はきわめて雑多なものであった。『この上人一尊の法を限らず、かの尊この尊を打替々々行じ給ひけり。』そうしたのはなぜであるか？　かれ自身の説明によると、『各々本習（もとから存する潜在力）に称ひて円乗（完全な実践法）に入る。本習不同なれば、円乗一にあらず』（『渓嵐拾葉集』）。かれは種々なる信仰に存在意義を認めていたのであった。

このような寛容宥和の立場のゆえに、日本の仏教には、諸宗派の連続的発展という現象が認められる。今日インドにはもはや仏教の伝統は存在しない。〔最近インドで復興しているのは、新しいかたちの仏教である。」シナにおいても浄土教と合一した禅宗のみが残り、仏教界がすべて一様化してしまって、往昔の諸宗派の伝統はほとんど消失してしまった。ところが日本においては、今日のシナにももはや見出しえないような昔からのいくたの宗派が存在している。

そうして日本においては諸宗派が残存し、宗派的・派閥的傾向が顕著であるにもかかわらず、多くの日本的な仏教家は、いずれも他の諸宗派を非難することを禁じている。一神教的・排他的傾向があるとさえいわれている浄土真宗においてさえ、蓮如《れんにょ》は『神社をかろしむることあるべからず』『諸宗・諸法を誹謗すべからず』（『御文章』三帖一〇）と、いましめている。鈴木正三は『石平《せきへい》家法』において『当庵に於ては世間の是非及び他門の長短を説くべからざる事』（石田元季『江戸時代文学考説』）と規定し、慈雲尊者の定めた『高貴寺規定』十三条のうちには『宗旨の是非高下を論弁すべからざる事』（常盤大定『日本仏教の研究』）とある。これは原始仏教以来の態度を受けているものであるといえようが、日本人は、宗派的・派閥的傾向がきわめて顕著であるにもかかわらず、他の見解を懐く人々と理論的に争おうとしないのである。もちろん社会的現実の問題としては、神仏習合は仏教を民族宗教的に受容して、従前の宗教との摩擦を少なくしようとした便宜策であり、また法然や蓮如が他宗の排斥をいましめたのは政治的顧慮にもとづくということもいいうるであろうが、しかしその意識形態においては、やはり寛容の精神が支配的であったといわねばならない。

これを西洋の場合と比べて見ればよい。西洋で同一の宗教的伝統のなかで異論や新しい運動が起こる場合にはつねに古いものに対して反抗する（プロテストする）という形で現われてくる。だから新教はプロテスタントなのである。ところが日本では、法然は古い伝統に決してプロテストしなかった。旧い仏教は「南都北嶺のゆゆしき学匠」の奉ずるものとして、それに敬意を払いながら、ただ自分は別の道をいくというだけなのである。さらに浄土真宗はけっきょく浄土宗とは別の教団を形成したわけであるが、親鸞は師の法然に対して絶対の帰依を表明し、法然を過去からの伝統を伝えた七高僧の一人として仰いでいる。また飛び出された側は、飛び出した異端者を憎悪排撃するのが世の常であるが、浄土宗では異端者であるはずの親鸞の存在意義を認めている。ここには近親憎悪は見られない。そうして一般日本人はこの寛容の態度を可としている。

過去の日本においても、もしも不寛容の例を見いだそうとするならば、すぐ考えられるのは日蓮宗であるが、これでさえもインドおよび日本の多数の神々を包容し、神道的要素や俗信を多分にとりいれている。浄土真宗は雑行（念仏以外のもろもろの実践）を禁じ、純粋の阿弥陀信仰に徹底するようでありながら、法主という人間の崇拝、またそれに関する庶物崇拝が行なわれている。

この寛容の態度がその後の日本仏教の包容的・宥和的性格を規定している。過去十数世紀にわたる日本における仏教の支配は、西洋におけるキリスト教のそれとはまったく性格を異にしていた。仏教は日本のもろもろの原始信仰に対してはきわめて寛容であった。仏教においては異教という観念が明白でなかった。仏教からみて異教的なもの、すなわち日本古来の民間信仰における神々は「権現」として仏教に宥和せられた。本地垂迹説のごときがそれである。すでに用明天皇は『仏法を信けたまひ、神道を尊《う》びたまふ』(『日本書紀』用明天皇の条)といわれている。ここでいう「神道」がなにを意味するかは、なお問題であるが、奈良時代にはすでに神仏習合思想があらわれていた。それによると、神は仏法を悦び仏教を擁護するものであるが、しかし神は衆生のひとつであり、人間と同じく迷界のなかの一存在であって、やはり煩悩を脱していないから、仏法によって解脱しようと求めるものであると解した。奈良時代にすでに神宮寺がつくられていた。神護景雲元年の宣命には、祥瑞の出現を、仏と日本の天地の神々とおよび歴代天皇の御霊との賜であると述べてある。

そののち平安時代にかけて、大きな神社で神宮寺を設けないものは少なかった。僧侶はそこで朝夕の読経をなし、神職とともに神前に奉仕した。神社の構造も伽藍に類したものとなった。たとえば石清水八幡宮は、僧行教によって勧請せられた社であるが、祭典は仏式の法会であり、社に仕えて一社の事務をつかさどるものは社僧が主であった。つねひごろは素饌を奉り、服法・仏具の類を献じて、その風儀は、すこぶる仏寺に類していた。その後には祇園・北野・熊野などの神社も同様となった。ここに宮寺の制が成立し、その祭神を精進神と呼んだ。

しかし、民衆のあいだにおける古来の神々に対する信仰は依然として根強いものがあったので、仏教者はそれと妥協せざるをえなかった。古来の神々の地位が高められ、平安朝初期からは、神々に菩薩号が付せられ、神前読経が行なわれた。神々は迷える衆生の地位から、さとりにむかう人、あるいは衆生済度をなす人の地位にまで高められたのである。最澄と空海とは努めて神社に近づき、これを尊奉するとともに、神威を仰いで自己の宗派の興隆を図ろうとした。最澄は近江の日枝山すなわち古くから大山咋命《おおやまくい》の鎮まれる神山を開いて延暦寺を建立したが、その際に大三輪の神を山に祀り、これを大比叡の神と称し、これに山王という名をおわせた。慈覚大師は赤山明神を創立した。空海は紀伊の丹生都比売《にうつひめ》社の神社によって金剛峯寺《こんごうぶじ》を創建したが、かれが高野山を開くにあたって丹生《にぶ》明神の力を借りたという伝説がきわめて古くから存する。丹生明神に対する信仰は、高野山真言宗ではなお力強く生きている。またかれは稲荷神社を東寺の鎮守としたという伝説もある。これらはいずれも、古来の神域を変じて仏教の霊地とし、ここに祀られてあった神社に仏教関係の新しい由緒を添えたのであるが、それは、神々に対する民衆の信仰心を利用して、寺院の境域あるいは荘園の安全を確保するためであったと考えられている。また文治の頃、俊乗坊重源が伊勢神宮に参籠したが、かれの大願である東大寺再建の勧進を効果的ならしめるためには、このようなしかたで民心をひきつけなければならなかったのである。

日本の古来の神々を権現とみる思想は、平安朝中期の寛弘年間の典籍にあらわれはじめた。後三条天皇の治世以後に、各神の本地がなんであるかということが問題とされたが、源平時代に入るにおよんで、これこれの神の本地はこれこれの仏である、ということが漸次に定められた。承久年間になると、ついに神と仏とは同体である、という思想が成立した。『仏と云ひ神と云ふは、無異無別なり。』（遠江大福寺文書）。足利尊氏は祇園社への願文のなかで『仏神たい（＝体）ことなりといへども、内外一なり』（比屋根安定『日本宗教史』）という。本地垂迹説は鎌倉時代になってからその教理的組織を完成し、それが明治維新のときまで観念的には、保たれていたのであった。

中世の仏教徒は、きわめて神典を尊重し、真摯かつ敬虔な態度をもって研究にあたった。今日現存するところの代表的な神典、たとえば『古事記』『日本書紀』『古語拾遺』などの古写本は、ほとんどすべて中世の仏教寺院僧侶の手によって、書写奥書され伝承保存されてきたものである。

このような神仏習合を可能ならしめた思惟方法はいかなるものであるか、というと、それは仏教の伝統的性格にもとづくものではあるが、とくに『法華経』の一乗思想に由来するものである。承和三年十一月の詔勅によると、『神道を護持するは、一乗の力に如かず』（『続日本後記』第五巻）とある。『法華経』に絶対帰依を表明している日蓮が、また日本の神々に対しても篤い信仰を示したことはいうまでもない。神道の神々に対して対立的であったところの浄土真宗でさえも、存覚以後には妥協的見解があらわれているが、その際の思弁の基本的立場は、『法華経』にもとづく天台学のそれであって、浄土三部経とは直接に結びつかぬものである。

このようにして日本古来の神々は、その自然宗教的神性から仏教的神性へ高められつつ、なお自己の存在を保っていた。この点は西洋においていちじるしく相違している。たとえばクリスマスの習俗のうちに古代ゲルマン宗教の名残りがあるのとはおおいに相違している。したがって日本人は仏に帰依するために古来の神に対する信仰を捨てなければならぬとは感じなかった。そうして「神仏」というひとつの観念が成立した。現代においても顕著に認められるように、熱心な仏教信者はまたたいてい敬虔な敬神家である。たいていの日本人は神社に参拝するとともに、寺院にも参詣する。そこになんらの矛盾をも感じていない。

神道と仏教との関係について示されている日本人一般の思惟方法の特徴は、また仏教と儒教との関係についても示されている。古代に大陸文明が日本に移入されたとき、仏教と儒教とは併行して移入されたのであるが、両者のあいだに思想上の衝突や闘争のあった証跡は認められない。山上憶良は、仏教と儒教とは異なった道であるにもかかわらず、帰するところは同じであるという妥協的見解をとり、『引き導くことは二なりといへども、悟を得ることはたゞ一つなり』という（『万葉集』巻五に載せられているかれの詩序）。
近世にはいって、支配階級の政治権力の援助のもとに儒学がさかんになると、儒学をも含めて神・儒・仏の三教一致の説が、あまねく唱導されるようになった。
徳川時代においては、民衆のあいだでは仮名草紙の類がさかんに愛読された。それらのうちには儒教の立場から書かれたものも若干あったが、大部分はむしろ仏教の立場から書かれている。もっとも有名なものは『清水物語』であり、つづいて『続清水物語』『祇園物語』『大仏物語』などであるが、それらは主として三教一致の立場にたっている。神職と仏僧とはそれぞれの派閥的、宗派的立場にもとづいてたがいに争ったが、一般民衆はそれらを融合させていたのである。藤井乙男博士は次のようにいう。『儒教と仏教とは仮名草紙にていかに接触せしか、その教義を説く点に於て学者仲間にては互に相反撥衝突したけれども、一般の国民間にてはむしろ融合調和せり。由来我国民は極端まで理窟を推し通さずしてよい加減の所にて折れ合うを好む性癖あり。儒仏二教の間にも著しき紛争葛藤を見ずして、早くも三教一致を説く者続出するに至れり。』（藤井乙男『江戸文学研究』）
この思想的立場をもっとも徹底させ、また一般民衆に対してももっとも影響の大きかったのは石門心学である。手島堵庵、石田梅巌、中沢道二、柴田鳩翁などはこの立場をとり、諸宗派の対立を皮肉っている。

このような融合的態度は、けっきょく、民族の性格にもとづいているのであろう。明治以後にキリスト教がはいってきてキリスト教的な文化が社会全般に浸透しているが、それを歓迎している人々はかならずしもキリスト教信徒ばかりではない。一般の日本人はキリスト教をも古来の信仰とさほど矛盾しないと考えているのである。明治維新以後八十年のあいだに、キリスト教信者の数はきわめてわずかしか得られなかったが、キリスト教的教養が相当に広くひろまったということは、このような理由にもとづくのであろう。

古来寛容の精神があるがゆえに、日本においては異端者あるいは異教徒を殺戮するということはついに起こらなかった。この点は西洋の場合とはおおいに異なっている。宗教の問題に関するかぎり、日本には「和」の思想が著しい。なるほどキリシタンに対する全面的・徹底的な迫害が行なわれ、また地域的には浄土真宗信徒に対する迫害が行なわれたし、また日蓮ならびに日蓮宗の不受不施派（『法華経』の信者以外の人々からはなにものをも受けず、またかれらになにものをも与えぬと主張する一派）に対する弾圧はきびしいものであった。しかしそれらの宗派が支配者の定めた封建的社会秩序ないし特定の人間結合関係をそこなう恐れがあるから、弾圧を行なったのであって、それを害する恐れがなければ、宗教はなんでもよかったのである。西洋では宗教の教義が違うというそれだけのことが対立抗争をもたらす旗印となったが、しかし日本では種々なる人間結合組織の秩序を破壊することがなければ、宗教教義に関しては一般に無関心であった。

だから日本には宗教戦争が存在しなかった。一向一揆や法華一揆は被圧迫民衆が封建諸侯の圧迫搾取に対して反抗したのであり、宗教の教義についての抗争ではなかった。日本にも島原の乱があったではないか、といわれるかもしれないが、原城にたてこもった民衆のうちにはキリシタンでない人々もいた。かれらはヂェンチョと呼ばれた。gentile（異教徒）なのである。だから本質的には、キリシタンとキリシタンならざる者とを含めた大規模な農民戦争だったのである。日本にはドイツにおけるような三十年戦争はついに起こらなかった。

ところでここに考えねばならぬ新たな問題がある。もしも種々の思想ないし宗教のいずれにも存在意義を認めるとすると、それらのあいだにおける価値の優劣の別はいかにして決定するか。その基準はどこに求むべきであるか。

のちに詳しく論じることにするが、有限にして特殊なる人間結合組織を絶対視する傾向は、おのずから普遍的なる人間の理法を無視する傾向にはしりやすい。すなわち、いかなるとき、いかなる所においても人間の遵守すべき法の存することを無視して、自己の所属する人間結合組織の現在の状況にとって好適であるか不適であるかということが、そのまま善悪決定の基準となってしまうのである。

日本が万国に冠絶して優れた国であり、それを護持することに絶対の宗教的意義を認めようとする思惟傾向は、とくに神道系統の思想家の包懐するものであった。『大日本は神国なり。天祖始めて基を開き、日神長く統を伝へ給ふ。我国のみ此の事有り。異朝には其の類無し。此の故に神国といふなり』(『神皇正統記』)という言は、最近にいたるまでひとつのモットーとなっていた。唯一神道を説いた卜部兼倶によれば、『神道は万法の根本たり。かの〔儒仏〕二教はみな神道の分化なり』(比屋根、前掲書)と説く。本居・平田一派の国学者神道家の運動が、このような日本主義的思想を普及しかつ徹底させることにあずかって力のあったことは、いうまでもない。このような見解に対して、神道家や国学者自身のうちにも反対意見を表明した人々もあったけれども、一般の思想的な流れにむかってはほとんど押しつぶされていたも同様であった。

もちろん神道家のあいだにも、普遍主義的性格がまったくあらわれなかったわけではない。ただし神道が日本の道なのではなくて万国の道であるという主張は、主として教派神道の場合に著しいようである。黒住教や禊教では「四海兄弟」ということを強調し、禊教祖は『世の人を親と思ひ、子と思ふ可し』と教え、修正派祖(新田邦光)は『当派を万国に拡充す可きなり』『万国を以て一家一体の如くす可し』と説いている。とくに金光教は「天地金神」を主神として立てているが、それはかつてわが国の古典にあらわれたことのない神であるから、金光教自体がひとつの世界宗教であると解することができる。金光教祖は『天が下に他人といふ事はなきものぞ』と教えている。しかしながら一般神社神道の場合には、仏教の慈悲の思想をとりいれた場合のほかには、普遍主義的傾向はあらわれなかった。

それでは外国の普遍的な教法を受容する場合には、日本人はどのような態度をとったか。外国の宗教思想を普遍的・世界的なものとして受けとる態度と日本を絶対視する態度とは、どうしても矛盾せざるをえない。したがってその場合には日本を無批判的に絶対視するという態度は捨てられている。しかしながらその場合にも限定された人間結合組織としての日本国に即して考えようとする傾向は、依然として有力である。

このような思惟傾向は仏教の受容にあたっても支配的影響力をもっていた。まず聖徳太子およびその下にある一連の官僚群によっては、仏教は、なんぴとも遵守すべきところの普遍的な教説という自覚のもとに摂取受容された。仏教のことを『四生（＝四種類のあらゆる生けるもの）の終帰にして、万国の極宗なり』と評価し、仏・法・僧（saṃgha＝教団のつどい）の三宝のうちでも、とくに法すなわち教法を重要視した。したがって、『いづれの世、いづれの人か、是の法を貴ばざるべき』（『十七条憲法』第二条）と説いている。聖徳太子によれば、あらゆる生きとし生けるものの「軌範」となっているものが「法」であり、「仏」というものもじつは「法としての身体」（法身）であり、それが『理と和合すること』が僧であるという。したがってその内実においては、「法」というひとつの原理に帰一しているのである。

日本的色彩の濃厚な鎌倉時代の仏教諸派においても、なお、仏教の説く法が普遍的なものであるという自覚は失われていなかった。道元はいう、『仏々祖々、道に在りて弁ず。道に非ずしては弁ぜず。法ありて生ず。法無ければ生ぜず。』（『永平清規』弁道法）ここでは法も道も同義に解されている。親鸞自身も竜樹の『法を見、法に入り、法を得、堅牢の法に住して、傾動すべからず』（『十住毘婆沙論』第一巻。『教行信証』二に引用す）という文を引用している。また日蓮は、真理として『法華経』を仏よりも以上に尊重している。『問うて云く、然れば汝云何《いかん》ぞ釈迦を以て本尊とせずして、法華経の題目を本尊とするや。答ふ……仏は所生、法華経は能生。仏は身なり、法華経は神《たましい》。』（『本尊問答鈔』）『法華経は仏にまさらせ給ふ事、星と月と灯と日との如し。』（『窪尼御前御返事』）

しかしながら日本人のあいだでは、このような普遍的な法を個別的あるいは特殊的な相に即してのみ理解しようとする思惟方法が著しくはたらいている。そうして日本人は種々の思想に対する価値批判の基準を、歴史的・風土的な意味における特殊性あるいは個別性を重視するというしかたに求めた。

日本仏教諸宗派の基本となった教学は天台教学であるが、シナの天台宗が「理」を重んじるのに対して、日本天台においては「事」を強調する。「事」とは空間的・時間的に限定された現象的特殊者あるいは個別者である。

シナの天台学者である四明尊者は、法華経の前半部（迹《しゃく》門）では、理法に即した完全な真理（理円）を明かすのに対して、後半部（本門）では、事象に即した完全な真理（事円）を明かすのであると説いたが、かれは、なおこの「事円」なるものを、久遠の仏をあらわすことであると考えていた。ところが日本の慧心僧都はこの二種の区分を継承しながらも、「理円」とは現象界の雑多相を無差別なる真理のうちにおさめて解すること（摂相帰性）についていい、これに対して「事円」とは多様相を呈している森羅万象に即して真理（法性）をあらわすことであると解した。

理よりも事を重んじる傾向は、またシナの禅宗に対して日本の禅宗のひとつの特色とも考えられる。たとえば、道元や白隠の場合を取り出して考えるならば、思いなかばにすぎるものがあるであろう。

このような思惟方法にもとづいて日本の多くの仏教諸宗派においては、教法は「時機相応」のものでなければならぬということを、考えている。とくに末法思想は多くの宗派の教説の中核にまで影響をおよぼしている。すなわち、もはや末法澆季の世の中となったから、それに相応した教えを説かなければならぬ、そうしてその点では自分の奉ずる経典あるいは宗派の教説がもっともすぐれている、というのである。この基本的傾向は、日本天台の地盤にもとづいて成立した日蓮の教学においては、もっとも明瞭にあらわれている。かれはとくに人間的真理の個別性・特殊性を強調する。『正法は一字一句なれども、時機に叶ひぬれば必ず得道なるべし。千経万論を習学すれども、時機相違しぬれば叶ふべからず。』(『佐渡御書』)日蓮の教判は「宗教の五箇」「五知判」「五綱」などと呼ばれるものであるが、それは仏に帰せられる一切の仏教の浅いか深いか、勝れているか劣っているかを判定し、またそれを宗教的実践のうえに具現するについての進退得失を決するについて、教(経典の教え)、機(教えを受ける人々の精神的素質)、時(時代の要求)、国(教えの行なわれる国土)、序(教法流布の先後、すなわちその当時までに諸思想の行なわれていた事情)という五つの基準にもとづいて、種々の教えの優劣を考察せねばならぬ、そうしてこの五つのどの点から考えてみても、『法華経』がもっともすぐれた適切な教えである、というのである。時と国とについては、すでに最澄も重要視していたが、まだ立宗の綱格とまではなさなかったのに、日蓮が判然と持ち出したのである。また「教法流布の先後」という基準は、ただ日蓮にいたってはじめて主張されたことである。事《じ》を重んずる日本天台の流れは、日蓮において奔騰してその終極点に到達したのであるが、このような価値批判を行なうという思惟方法は、インドにもシナにも認められないものである。過去において日蓮主義が国家主義と結びつきやすかったのも、この理由にもとづくのである。

このような思惟方法は、中世では一般的なものであったらしい。たとえば『愚管抄』のうちにはしばしば「道理」という語を用いているが、それはかならずしもあらゆる国々に通ずる普遍的な理法をいうのではなくて、むしろ日本についてのみいいうるところの歴史的変遷の過程を個々の時期ごとに類型化したものである。政治と宗教とのからみあった歴史的な展開過程を普遍的観点から分析考察するのではなくて、個別的な変遷過程を「道理」と呼んでいるのである。

以上仏教の受容形態について指摘したところの思惟方法の特徴は、またシナの思想の受容形態についても認められるようである。

日本における朱子学は林羅山によって官学たる地歩を確立したといわれているが、しかしかれにあっても朱子の思想が決してそのまま遵奉されていたのではない。朱子にあっては「気」は形而下の万象を成立させる質料的原理であり、「理」はそれの形而上学的根拠として考えられていたが、林羅山にあっては、朱子学の現実的解釈あるいは適用という段にぶつかると、たちまちにして日本的性格を露出する。かれによると「理」とは日本の神道のことにほかならない。『神道は即ち理也。万事は理の外にあらず、理は自然の真実也。』ところでかれの意味する神道とは、天照大神以来の皇道のことなのである。『我が国天照大神以降、神以て神を伝へ、皇以て皇を伝ふ、皇道神道豈に二ならんや。之を理当心地と謂ふ。』（『本朝神社考』）かれは『夫れ本朝は神国なり』（『本朝神社考』序）。といって、神道家と同じ立場にたっている。かれは人間個人としての普遍的な法の存在することを無視していた。『我れ未だ君父の外に、別に所謂道あるを聞かざるなり』(『羅山文集』第五六巻)という。

官学の権威をになっていた林羅山とは反対に、民衆とともにあった中江藤樹にも、やはり同様の思惟方法が認められる。かれは、儒教が世界にわたって普遍的に通ずる絶対の「道」であるということをいちおうは強調しながらも、なおその道が時間、空間、そうして人間各自の属する階位的身分によって相対的に顕現すると考えていた。

『本来儒道は太虚の神道なる故に、世界の内、舟車のいたるところ、人力の通ずるところ、天の覆ふところ、地の載するところ、日月のてらすところ、露霜のおつるところ、血気ある者の住むほどのところにて、儒道のおこなはれぬと云ことはなし。儒書にのする所の礼義作法は、時により人によりて、そのまゝはおこなはれぬものにて候……。』(『翁問答』下巻之末)

かれは『世間にまじはる礼義作法は其国其処の風俗を本とし』行なうべきことを教える(『翁問答』)。かれは、日本人は日本の神道に従うことにおいて太虚の神道に従うことになると考えていた。

かれの門下熊沢蕃山もまた同様に考えた。かれによると、道は天地の神道であってただひとつである。しかしながら同一の道が、国々によって異なったすがたであらわれる。日本において皇統が一系であり、シナにおいて放伐革命が行なわれるのも、国柄の相違であって、道の相違ではない、と。『日本にてはおのづから日本の宜き所あり。』（『三輪物語』第七巻）だからかれも、儒学者でありながら、やはり日本の道として神道を重んじた。『天地の神道は大道といふ。我国には日本の水土による神道あり。』『日本の水土によるの神道は、もろこしへも戎国へもかすこと能はず、かること能はず。』（比屋根、前掲書）かれによれば仏教はインドには必要な教えだが、日本にとっては不要なのである。

　真理の普遍性よりもむしろ特殊性を強調したこと、したがって日本における神道の意義を承認したことにおいて、これらの儒学者の思惟方法は、日本の仏教者のそれとちょうど平行しているのである。ただ儒学者は教法の風土的特殊性の意義を強調したけれども、仏教者のように教法の歴史的特殊性（たとえば末法思想）の意識は稀薄であったようである。もちろんすべての儒者がこのように考えていたのではない。しかし太宰春台などが異教として神道を蔑視したような態度は、他の民族にあっても普遍的教説が移入された場合にやはり認められるものであり、とくに日本的ということはできないが、これに反して、いまここに列挙したもろもろの儒学者の思惟方法は、顕著に日本的であるといいうるであろう。そうして日本仏教において「理」よりも「事」を重んじる思惟方法のあることは、すでに指摘したとおりであるが、この思惟方法はまた日本儒学の形式にあらわれている。荻生徂徠は当為や理論よりも、むしろ事実を重んじる立場にたった。「理」に対する「事」の優越性を強調しているのである。

ところで仏教家や儒学者が、日本には日本に応じた道があらねばならぬということを強調するならば、その議論を徹底させると、かれはもはや仏教家あるいは儒学者であると標榜することは無意義になりはしないであろうか。儒学や仏教も人間を導く正しい教えではあるけれども、日本人は日本の道を守るということだけで十分であるという結論に到達する。このような論理を表明したのは、神道家忌部《いんべ》正通《せいつう》である。かれは決して宣長や篤胤のように仏教や儒教を頭から排斥しているのではない。そうではなくて仏教・儒教におのおのの立場のあることを認め、儒教も仏教も『共に異同の善道なり』といってその存在理由を認めているが、しかし『神道は我邦の正路にして、大序を仰ぎ明理を貴び、元を元として除かず、止まらず』という。すなわち、神道は日本の道であるがゆえに、神道にたよるべしというのである。さらに近世の国学者になると、儒教や仏教の存在理由をさえも全面的に否認しようとする。賀茂真淵は、儒教が日本にとって無用なものであるということを主張していう。『かれが本とする孔子のをしへすら、用ひたる世々、かしこ（＝唐土）にもなきを、こゝ（＝日本）にもて来て、いかで何の益にかたゝむ。』（『国意考』）このような見解はその後の国学者たちによって極端にまで徹底させられた。

また仏教者あるいは儒学者・神道家のいずれでもないことを標榜する学者も、やはりこのような思惟方法に従っていた。たとえば大坂の町人学者であった自由思想家・富永仲基は「誠の道」あるいは「道の道」というものを唱導したが、それは『今の世の日本に行はるべき道』(『翁の文』第六節)であらねばならぬと規定している。ゆえに「誠の道」が現実に具現されるためには「今の世の」という時間的規定と「日本における」という空間的規定とをもっていなければならぬ。人間存在の理法としての「道」が、かならず歴史的かつ風土的に規定されて自己を実現するものであるということを明瞭に主張したのが、かれの「誠の道」の思想なのである。だから「誠の道」の主張は、人間存在の歴史的ならびに風土的性格に留意すべきであるということを論じた点に尽きていて、それ以外にはなんらの特徴をも含んでいない。かれは、当時の国学者の主張する神道や、儒学者の講じる儒学や、仏者の説く仏教は、人間存在の歴史的・風土的性格を無視しているがゆえに、みな『誠の道に叶はざる道』(同上、第一節)であるときめつけている。

ゆえに以上考察したところからみると、「歴史的に制約された現在の日本」という観点にたっていっさいの思想に対する価値評価を行なおうとすることは、日本の思想家に著しい特徴であって、このような態度はインドにもシナにも存しなかった。

さて、このような思惟方法では、現在の日本という観点からいっさいの価値評価を行なおうとするのであるから、この傾向をその極限まで押しつめていくと、空間的特殊性を強調する極限においては民族中心主義ないし国家至上主義となり、時間的特殊性を強調する極限においては、与えられた特定の状況に妥協する便宜主義・機会主義となることになる。そうして万人がいかなる時、いかなる所においても遵守すべき普遍的な法に関する反省を等閑に付する傾向に転じやすい。

普遍者を無視する思惟傾向は、人類の思想のうちに伍《ご》して普遍性をもちえない。それは他の民族のあいだに共鳴者を見いだしがたい。他の民族をして心から日本の思想に同化させることが困難なのである。日本思想が世界一般の文化に貢献したところは、きわめて僅少である。これに反して芸術ことに美術の方面においては日本は世界に非常な貢献をした。西洋芸術に与えた日本美術の影響だけをとってみても、もはや消し去ることのできないものがある。ところが思想の方面では、日本はほとんどなんらの影響をもおよぼしていない。唯一の例外は禅である。「あるアメリカの哲学教授が、急所をつくような寸言を洩らしたことがある。――「日本の哲学教授たちは欧米へ留学した。それなのに自分の哲学思想を著書にまとめて英語で発表した人が一人もいない」と。外国から理解されないのは当然である。」

これに対しては、次のような反駁が出るであろう。芸術の鑑賞は直観力によって行なわれるものであるから、その美点・長所は他の民族によっても容易に認められる。ところが思想は言語表現を媒介として伝達され了解されるものであるから、他の民族に理解されることが困難なのである、と。しかし日本の思想的文献は他国の言語に相当翻訳されている。日本現代の哲学思想も部分的には海外に紹介されている。ある場合には政府あるいは政府保護の団体によってそれがなされている。しかしながら実際においてはそれほど外国に影響をおよぼしていない。日本から他国へ押売り的態度に出ても、他の民族がこれを受けつけないのである。しかるにインド思想あるいはシナ思想の場合には、政府あるいはこれに準ずる力による紹介がなされなかったにもかかわらず、他の民族におよぼした思想的影響はきわめて顕著である。仏教が東洋諸国にひろまるにあたっては、なんら政治的・軍事的な力がともなわなかった。ヒンドゥー教が南海諸国に伝播したのも同様な事情にある。日本に儒教がはいったのも、シナが日本に押しつけたのではなくて、日本が自律的に摂取したのである。近代啓蒙思潮におよぼしたシナ思想の影響、近代ロマンチシズムの哲学および文芸に与えたインド思想の影響は、ともに拭い去ることのできないものである。しかるに日本は他国にどれだけのものを与えたであろうか。

太平洋戦争の以前から、日本人は日本固有の宗教である神道を東洋諸国にひろめようとして失敗した。しかしそれが失敗したことは十分に理解しうる。なんとなれば、神道は日本人の民族宗教であるから、他民族の民族宗教にとってかわろうとすること自体がそもそも不可能な企てであるからである。しかるに東洋諸国に進出した日本仏教諸宗派の伝道も同じく失敗に帰した。それはなぜであるか？　仏教はもともと普遍的・世界的宗教であるから、日本仏教といえども当然このような性格を具備すべきである。しかるに同じく仏教を奉じ、あるいはかつて仏教を奉じていた諸民族から一斉に反撥された。このような反撥を受けた理由はどこにあるか？それは仏教そのものにあるのではない。そうではなくて仏教に付随していた「日本的」なるもの、あるいは日本的であることを標榜して強圧的に出たことが反撥を招いたのである。

個別的な事実あるいは特殊な様相にのみ注視する思惟方法は、やがて普遍の裏づけを見失うこととなるために、ついに無理論の立場あるいは反理論の立場に陥ることになる。そうして合理主義的思惟を蔑視して、無統制な直観主義や行動主義に帰投するようになる。過去の日本の過誤はここに起因していたのであり、今後はもはやそのような過ちを犯すことはないであろうが、しかし普遍的なものを見失っているという恐れは、依然として存在する。今後われわれは特殊的な「事」を通して普遍的な「理」を見いだすということをめざさなければならぬであろう。

六　文化の重層性と対決批判の精神の薄弱

日本人は、その寛容なる包容的性格のゆえに、種々なる外来文化をさほど摩擦を起こさずに摂取し包容した。そうして種々の文化的要素にその存在意義を認め、過去から伝承されたものをなるべく保存しようとする。種々の異質的な要素を併存させつつも、そのあいだに統一を見いだそうとする。このような傾向は種々の文化領域について認められる。

まず、民族に普遍的な言語について考察すると、日本語の特性として著しいことは、外来語の多いことである。重要な概念を示す単語はすべて漢語である。また近来は西洋語の単語もかなり多くはいっている。諸言語を通じて見るに、どの言語においても容易に変化しないものである数詞までも、シナのそれを採用してしまった。採用された外来語は、ときにはその原義から異なっていることもあるが、大体においては原義のままに使用されている。また語としては古来の日本語のままであっても、それを表記するのに漢字を用いる場合が少なくない。これほどにまでも多数に外来語を摂取したことは、他の文化民族の諸言語には例が少ない。

ところで採用された漢語あるいは西洋語は概して名詞である。この名詞に助詞をつけることにより、格語尾に相当する形を造り出し、あるいは副詞・形容詞を作成し、また「す」という動詞を付加することによって動詞ともなるものである。この現象から見ると、外国語は元来は名詞的なものとして摂取され、言語材料として用いられている。日本語の根幹は、言語形態も語順も古来の形式をほぼ忠実に保存していて、さほど変わりがない。

ここにわれわれは日本人が外国文化を摂取するにあたっての態度を認めることができる。かれらは外国文化の摂取受容に関してきわめて敏感である。しかしその実態においては、外国文化は日本文化のひとつの構成要素として摂取された。それの受容摂取にあたった当事者が、たとえどのように意識してどのように標榜していたにもせよ、現実の社会的・文化的事実としてはそれの手段的・素材的意義が認められ、そのかぎりにおいて摂取されたにすぎない。ここにわれわれは「和魂漢才」などという考えの成立しうる基盤を認めることができる。そうして日本文化の重層性ということも、日本人の伝統的なこの立場に留意してこそ理解しうるのである。

文化の重層性ということは、種々なる面に認められる。日本の政治においては古来徹底的な革命が行なわれなかった。一時代の支配階級がその後になっても没落しない。支配階級のあいだに政治的重層性が認められ、古い時代の支配階級は、たとい政治的方面においては支配者的地位を喪失しても、なおその伝統的な貴さが認められ、古い文化的伝統の保持者、精神的権威として尊敬された。これはインドにもシナにもチベットにも認められない政治的現象である。もっとも、ウラル・アルタイ系の諸民族にはこのような傾向が認められるようであるが、日本の場合がもっとも著しい。

日本人の衣食住の日常生活の様式のうえにも重層性が認められる。芸術の領域においても古来の種々の様式が新しい様式と並存し、たがいに相い対立しつつ、その対立において統一されている。宗教においてはたがいに異なった信仰様式がその特殊性において対立しつつも相い併存しているのみならず、同一人の生活においても生きてはたらいている。

　文化における矛盾した諸契機を、それぞれ特殊な意義において生かしつつ具体的な統一をかもし出すということは、たしかに日本人の実際的な長所であろう。しかしながら多くの場合には便宜主義的・機会主義的立場から折衷融合している場合が多いようである。日本人はその人間関係重視的・非論理的性格に災いされて、徹底した批判対決の精神がないと批評されている。

　これは政治など具体的な社会行動についても認められるところであるが、論理的対決を必要とする思想的部門についてみると、とくにはっきりしている。仏教についてみると、現在の僧侶ならびに信徒の生活は、明治維新以前とはまったく事情が一変している。したがって古来の教義と現実の生活の実情とはまったく乖離しているのに、この空隙あるいは矛盾を思想的に解決しようとはしない。とくに戒律の問題に関しては思想的混迷がはなはだしい。たとえば、仏教徒であるかぎり、僧侶でも信徒でも、飲酒ということは絶対に許されぬはずである。しかしこれを犯して怪しまない。また僧侶の結婚は、もしも日本各宗の開祖の言行を絶対権威として仰ぐ以上は、浄土真宗以外では、許されぬはずである。だから宗祖のとおりの行業を守るか、さもなくば宗祖にそむいて、インドの一部の大乗仏教の僧侶、ネパール・チベットの僧侶、浄土真宗などのように在家の僧侶という立場をはっきり表明して宗祖の権威を捨て去らねばならない。だが日本の仏教徒には、理論的徹底性とそれにもとづく決断とが欠けている。おもてに標榜する教説と現実の行為との矛盾に気づいても、それについて理論的な反省を行なおうとしないのである。〔これは、西洋の哲学思想が明治維新以後急速なテンポをもって摂取されたが、それに対する批判的研究が十分に行なわれなかったという思想史的事実と平行的な精神現象であると思われる。〕

理論的な対決批判の精神の欠如に対応して、日本の文芸作品には、たとい観念的になるにせよ、ひとつの理念を徹底させようとする気迫にとぼしい。芳賀矢一は指摘した、『日本人の性情には世の中に対してむやみに腹を立てたり、無暗に悲しがったり、無暗に嘲笑したり、むやみに高くとまったりする様な痕跡が少い。我文学の単純なのは之が為である』(芳賀矢一『国民性十論』)。仏教文芸でも、一般日本人に愛好されているものは、多くは徹底性を欠いている。

仏教思想がもっとも深く浸透した中世においても、日本人は宗教意識が深刻でなかった。たとえば仏教的歌謡集である『梁塵秘抄』を見ても、痛切な罪悪観を表明したものは、きわめてまれである。むしろ洒脱な楽天的な感じを表明しているものが多い。

『極楽浄土の東門に、はた織る虫こそ桁《けた》に住め、

西方浄土の灯火《ともしび》に、念仏の衣ぞ急ぎ織る。』(『梁塵秘抄』第二巻、経歌)

仏教文芸の代表的作品であると見なされている『方丈記』についても、徹底性の欠如が感じ

られる。

『春は藤なみをみる。紫雲のごとくして西方に匂ふ。夏は郭公《ほととぎす》をきく。かたらふごとに、死出の山路を契る。秋はひぐらしの声、耳に満てり。うつせみの世を悲しむかと聞ゆ。冬は雪を哀れぶ。つもり消ゆるさま、罪障にたとへつべし。若《もし》、念仏ものうく、読経まめならぬ時は、みづからやすみ、身づからおこたる。』

ここでは筆者はただ自然のうつりかわり、花鳥風月を楽しんでいるのであって、そこには深刻な罪障懺悔の意識もなければ、どうかすると狂信的になるおそれのあるような、仏に対する絶対帰依の念もあらわれていない。夏の炎天に身のまわり四方に火をたき、上から太陽に照らされて「五熱」に身を苦しめる苦行に専念し、あるいは棘をさかさにいくつもたててある床の上に臥すような修行をするインド人の、ほとんど異常とでもいうべきひたむきな修行態度は、日本人にはほとんどあらわれなかった。『念仏ものうく、読経まめならぬ』ような怠惰な隠棲者の心境告白をつねに民族の代表的文芸作品のひとつとして取り上げるということは、シナ人にもインド人にも、とうてい思いおよばぬことなのである。鴨長明の『方丈記』を批評して山田孝雄は次のように批評した。『作者は仏教の思想に基づきて、無常を観じ、世を遁れたるものなれど、天を怨むるにもあらず、世を詛うにもあらず、淡白に世を離れて閑居し、消極的ながら自己の境地に一種の安慰を見出せり。さればその無常観も厭世主義も共に徹底せざ

る観あり、これ或は日本人が根柢に於いて楽天的なるのいたす所か。』（同、解題）

『徒然草』の兼好法師も、おもてには仏道修行を礼讃しながら、しかも現世的享楽に対する欲望を露骨に表明している。『家居の、つきぐしく、あらまほしきこそ、仮の宿りとは思へど、興あるものなれ』といい、また『万《よろず》に豪《いみ》じくとも、色好まざらむ男は、いとさうぐしく、玉の盃の、底無き心地ぞすべき』とさえいう。日本の文芸作品には、徹底的になにもかもいっさいの所有を捨て去った隠者というものを描くことを好まないようである。この点ではインドの仏教文芸作品とは、著しく異なっている。

日本人のあいだに理論的な反省と徹底化がないということは、その反面に日本人の滑稽洒脱の態度となってあらわれている。日本人は滑稽洒脱の文芸として、川柳・俳句その他種々のものをもっているが、それは外国におけるような鋭い、根底をつくような批判とはならず、単なる滑稽に終わっている場合が多いように思われる。日本人一般のあいだに滑稽洒脱の態度が著しいことは、すでにしばしば論じられているから、いまここで取りたてて論じることは省略しておこう。ただ、まじめに受容されたはずの仏教でさえも、滑稽感の対象とされているということを、一言述べておきたい。

すでに古く『万葉集』においても、仏教の僧侶が滑稽な笑いの対象とされている。

『法師らが　鬚の剃杙《そりくい》　馬　つなぎ、
痛くな引きそ、　法師欠《なか》らかむ』（『万葉集』巻一六）

仏教に関する事柄を滑稽の材料として扱うということは、近世になってとくに著しいようである。禅僧が滑稽な物語の主役として描かれている。そうして禅僧が当意即妙の詩歌を贈答することとされている。これは禅問答の転形と考えられるが、これはまたダジャレの好きな日本人に歓迎されたのである。その典型は一休和尚であり、「一休物」と称せられるいくつかの滑稽作品の主役として描かれている。夢窓国師などもやはり題材とされている。禅宗ばかりではない。謹厚篤信なる元政上人（日蓮宗）までも『元政上人壁書』という滑稽な文章の作者とされている。これを元政上人に帰託したことは、かれの名誉を傷つけることとなるのであるが、しかし真実の著者は、元政に対する崇敬の念もなければ、また元政を傷つけようという積極的意志をもっていたのでもなく、ただ元政に結びつけて、面白おかしく楽しんでいるのである。

こういうわけで、またまじめな議論も滑稽味たっぷりに述べられる。禅を一般民衆のあいだにひろめ、地方化したところの白隠は、きわめて卑俗な説きかたをしたが、まったく面白おかしく滑稽味たっぷりに説いている。

『私事は、小田原勇助と申して、生れぬ先の親の代から薬屋でござります。推売は天下御法度でござりますれども、先づ功能の一通り、御聞きくだされませ。私売弘むる処の薬は、見性成仏丸と申して、直指人心入りでござります。此の薬を御用ひなされますれば、四苦八苦の病を凌ぎ、三界浮沈の苦みも、六道輪廻の悲しみも、安楽になります。……吾朝にては、千光国師始めて伝へられまして、其の後に二十四人の妙薬師が出来まして、其の後紫野大灯は、天子様御用ひなされましたが、其の時顕露丸・秘密丸と申して、売薬師が出来まして、成仏丸と功能を争ひ致されたが、敕命あって三井寺・奈良・比叡山辺の売薬師と禁裡にて論議されたが、大灯がかたれました。花園の鳳皇様は、美濃の伊深へ勅使を立てられ、関山国師を召出され、此の御薬を御召上られ給ひ、御褒美として天子様の御盃を賜わりました。花園屋と申すは、即ち私本家でござります。此の薬の製法、先づ趙州の柏木を斧できり、六祖の臼ではたき、馬祖の西紅水を汲み、大灯の八角盤で煉立、白隠の隻手にのせ、倶低《ママ》の一指で丸め、玄沙の白紙に包み、其の上書を鎮州臨済郡花園屋見性成仏丸と記ます。此の薬を丸呑に成されまするると、から見識と云ふものをはきまして、一生毒がぬけませぬ。随分〱能く〱かみこなしてあがりますと、行くも帰るも、立つにも座るにも、へその下へ呑込み置きますれば、たとひ天上に生れて楽まず、地獄へ落ちても苦まず、又誹るではござりませぬが、今時は六字丸と申して発向致しまするが、是は朝飯前夕飯後に御用ひなされますれば、凡夫の保養には成りますれ共、断末魔の苦みには、中々役に立ちませぬ。又世間の死に仕間に念仏丸と申すは、是でござります。此の薬には、代物が三銭宛入りますが、私が成仏丸には、一銭も入りませぬ。先はあらく、さあく御用ひなされぬか。』（『見性成仏丸方書』）

インドやシナの高僧は、このようなしかたでは仏教を説かなかった。

江戸時代の初期に如儡子《にょらいし》という人の著わした『百八町記』という書がある。この書は、仏教を中心として儒教道教との三教におのおの一り（＝一理）あることを説いたものだから、三十六町を一り（＝一里）として百八町としゃれたものである。じつにふざけた扱いかたであるが、このようなふざけたしかたにおいて三教一致論が説かれ、かつ民衆に受け入れられたのである。これは他の諸民族には認められない現象であろう。このような思惟態度は、日本人のあいだには案外根強く残っている。

ただここに注目すべきことは、日本人は、外国から移入したものであれば、仏でも七福神でも区別なしに嘲弄する。が、しかし祖先の神を決して嘲笑的には扱わない。これは、のちに指摘するように、日本人のあいだにおける宗教的自覚の弱さと、人間結合組織の重視的・系譜偏重的思惟傾向がからみ合っているのであると考えられる。

さて、日本人は、以上に指摘したような諸特徴をもっていて、このような精神的雰囲気のうちに生活しているために、西洋人の眼には、シナ人などよりもはるかに浅薄な印象を与える。

そうして日本人自身は世界の文化を総合したつもりでいるが、じつは単なる便宜主義的な無反省な折衷混合状態に堕しているおそれが少なくない。場末の町に、他の文化の借りものや模造品が積みかさなってつぶれているといった感を呈することなくば、幸いである。

第三章　人間結合組織を重視する傾向

一　人間関係の重視

われわれはすでに、日本人一般のあいだに人間の自然の性情を尊重し、人間性を顧慮するという傾向のあることを指摘しておいたが、この思惟傾向は日本においては人間の構成する人間結合組織を重視するという傾向をも成立させている。〔ここで人間結合組織というのは、英語でいえば human nexus である。人倫的組織といってもよい。〕

このような思惟方法は、また日本語の種々なる表現法についても認められる。日本語においても、今日では西洋思想の流入とともに、近代西洋語に酷似した受動形が使用され、無生物を主語とする文章が次第に発達していく傾向にあるが、本来は特別な場合を除いて、主語は生物、ことに精神作用を具えた高等な動物であるのが常であった。また日本語においては外来語を動詞として用いる場合には「す」という動詞を付加する。「す」とは元来は行為を示す動詞である。ゆえに動詞の表示する作用を、もとは、客観的有者に内属するものとは見ないで、精神作用のあるもの、あるいはそれの擬制の行為的活動として表象しているのである。

最近代の日本の哲学において、個物を人間と解する見解が支配的であったが、そのような見解が、以上に指摘したような民族の古来の思惟方法と全然無関係であるといいうるであろうか？

また日本語においては質問に対する返答の文が、西洋と逆の場合がある。日本人は、「あなたは行きませんか？」という問いに対し、「はい、行きません。」と答える。〔この点はサンスクリット語で「そうです」「はい」evam, tathā と答えるのとまったく同様である。〕この場合英語では“Don't you go?”という質問に対して“No, I don't”と答える。西洋の他の言語においても同様である。西洋では、相手の述べる疑問文のうちに素材として含まれている客観的な事柄に対して否定あるいは肯定を述べるのであるが、日本およびインドでは相手の抱懐する思念あるいは意向の内容に対する否定あるいは肯定を表示するのである。すなわち客観的な事柄が具体的にある主体の意識内容の要素となっているという構造全体に対する諾否の返答である。簡単にいえば、事柄に対する返答ではなくて、相手に対する返答である。日本人はイエスかノーかをはっきりいわないが、西洋人はそれを明示する、といわれているが、ひとつにはこの点にも関係があるのではないか、と思われる。

この点は、日本人の思惟のひとつの特徴であると思って、先年アメリカでこの話をしたことがある。ところが聴衆のうちの一人の学者が次のような評語を加えた。――日本人は「ノー」ということをいいたがらない傾向があるが、これは西洋にも見られないわけではない。たとえば、オランダの宮廷では、女王さまがわたくしにむかって、「あなたは山下さんですね」といわれたときに、わたくしは、「いいえ。わたくしは中村でございます」と答えてはならない。「はい。わたくしは中村でございます」と答えなければならない、と。ここにひそんでいる心情は、日本人の思惟方法を基礎づけているものと一脈通ずるところがある。

ところで、このような表現方法は、日本語ないし、日本人にだけかぎられているものではない。人種のうえからいっても、言語構造に関しても、まったく異なったものであるインドのサンスクリット語においても、否定判断について、そのとおりだ、というときには、“evam”という。命令を受けて、「かしこまりました」と答えるときにも、“evam”という。否定判断に対する返答も、命令に対する応諾も心的態度としては、同じなのである。〔この表現は、現代のヒンディー語においても同じである。つまり日本人の場合と同様なのである。そうして西洋人とは異なっている。〕

また、日本人はとかく「イエス」という返事ばかりするといって、西洋人から非難されるが、スリランカ人も同じである。かれらにものごとを依頼すると、すぐ「イエス」というが、実際には気がむかないときには、なかなかそのとおりにしてくれないといわれている。

日本人の思惟において人間関係が重視されるということは、現実の外部的な実践的行為においては、日本人が礼儀作法を重んじるという行動形式のうちにあらわれている。一般に西洋の社会においては、人々のあいだの応対挨拶がごく簡易であるのに対して、日本人のあいだではきわめて丁寧である。他人同士のあいだではいうにおよばず、親子兄弟のあいだでも慎ましい礼儀が守られてきた。〔この点は韓国人や台湾の人々と共通である。〕

日本語において、敬語の用法がきわめて複雑豊富に発達していることは、いうまでもない。『源氏物語』のなかから敬語を省き去ったならば、その分量は半分になってしまうであろうとさえいわれている。〔ただしこれは民族固有のものと見なすべきではなくて、近代機械文明の進展という座標に即して位置づけられるべき現象かもしれない。ヨーロッパ人に比してアメリカ人はぶっきらぼうであり、敬語的な表現法を省略する。アメリカ人は礼儀を知らぬといってイギリス人がしばしば非難する。日本でも地方の教養ある人々に比べると都会人、ことに若い人々は単刀直入である。つまり人間が機械化される程度に比例しているのであろう。〕

日本人が一般に礼儀を重んじる傾向があるということは、またシナ思想の受容のしかたを規定している。日本人は、多くのシナ思想形態のうちで、とくに儒教を選びとった。儒教が礼を中心観念としていることは、いうまでもない。『周礼《しゅらい》』『儀礼《ぎらい》』ならびに『礼記』などのうちには、身分に応じた礼儀をきわめて詳しく規定している。このような礼の観念は、日本でも大陸文明の移入と同時に重要視された。聖徳太子十七条憲法の第四条にいう。『群卿百寮、礼を以て本とせよ。それ民を治むる本は、かならず礼に在り。上《かみ》礼なきときは下《しも》斉《ととの》ほらず、下《しも》礼無きときは、かならず罪あり。是を以て群臣礼あるときは、位次乱れず、百姓礼あるときは国家おのずから治まる。』もちろん儒教の規定している礼が、日本人一般のあいだに行なわれている礼儀とは著しく異なった点の存することは、いうまでもない。だからシナの礼の個々の規定がそのままのかたちで日本でも行なわれたのではないが、しかし身分的・階位的秩序として礼の観念が、日本人一般のあいだで重視されたのである。

仏教の重要な観念も、人間関係を重視する方向にむかって変容された。そのもっとも顕著な事例は「義理」と「人情」である。仏教で「義理」とは、事柄のわけ、理法、の意味であるが、日本人の一般の用法では、「他人から受けた恩顧」「長上に対する義務」の意味に解された。英語でいえば、obligation がこれに近いであろう。また「人情」とは「人のこころ」「人の理解力」という意味で、かなり知的な内容のものであるが、日本人一般の用法では「他人に対する愛着」「なさけ」「いつくしみ」「思いやり」の意に解されている。後者の変容の場合には、日本人のあいだに顕著な情緒的傾向と表裏の関係にある。〔後者については、日本人の「直観的・情緒的傾向」（第四章第四節）を論じる場合に再論することにしよう。〕

「義理と人情」を守るというのを理想とするという思惟は、西洋にも存する。たとえば、ある友人が罪を犯して監獄に入れられたとしよう。フランス人のあいだでは、そのような場合に交友関係が切れてしまうのが通例であるが、イギリス人のあいだでは、監獄に入れられても、その友人を見捨てないということが称讃され、イギリス人はそれを誇りにしている。イギリス人はなかなか人を近づけないので傲慢のように思われているが、一旦心を許すと胸襟を開く。つまり友人たることを重んじるのであると称している。わが国でも、歌に、

『落ちぶれて袖に涙のかかるとき
　人の心の奥ぞ知らるる』

という。落ちぶれた人は見捨てられるのが通例であるが、しかも見捨てないのが美徳と考えられているのである。〔これに対応するイギリスの諺は "In adversity one knows his true friends" である。〕

身分的・階位的秩序であるという点では、シナの礼と日本人の解した礼とは、観念的にはきわめてよく似ている。この類似関係のゆえに日本人一般は、支配階級が儒教の観念を摂取し、

あるいは民衆にそれを強要するにあたって、極端な抗争摩擦を起こすことがなかったのであろう。単に支配階級の統治手段としてのみ儒教が採用されただけのものにすぎなかったならば、おそらく儒教の諸観念は、一般民衆のあいだにまでひろまるということはなかったのではなかろうか。

礼を重んじる日本人は、シナ人以上にシナの伝統的な礼を保存していることがある。その顕著な一例は「お辞儀」である。シナでも昔は頭を下げることを行なった。「叩頭」という語があり、cowtowという音写は英語として用いられるようにさえなった。ところが現代のシナ人は中華人民共和国の本土においても、国民党政府治下の台湾においても、叩頭を一般には行なわなくなった。しかし日本人はなおこの伝統を保持している。

さて礼節を重んじる日本人一般の思惟傾向は、仏教の受容形態をも規定している。禅宗のうちでも、とくに日本的傾向の顕著な宗派を確立した道元は、行為の問題に関しては厳粛主義の態度を持し、教団の生活においては、洗面・食事・排便のような一見些細な事柄に関しても、微細な点まで規定している。それらの規定のうちには、道元の創始にかかわるものが多数あるらしい。これをかれの師・如浄の場合と比較してみよう。道元の師、天童如浄禅師は、宋代の一般禅僧に見られるように、近代人の常識から見るとエクセントリックなことをしたりいったりしていた。『如浄和尚語録』(上)には、『方丈に踞しては、達磨の眼睛（眼のたま）を抉出し、泥の弾子を作りて人を打つ。〔而して〕高声に云わく、看よ、海は枯れて底に徹過し、波浪は天を拍って高し』と記している。ところが道元の日常の生活においては、奇矯な言行は少しもあらわれていない。かれは謹厳な人であり、行持綿密の礼儀正しい宗風を挙揚したのであった。またかれ以外の人々によってもシナの禅が日本に移入されたけれども、シナ禅宗の、大家たちの奇矯なエクセントリックな態度は、日本の宗教界一般にはほとんどひろがらなかったようである。

二　個人に対する人間関係の優越

人間関係を重視するということは、人間を孤立的な個人と見なすことではなくて、個人と他の個人との間柄、両者のかかわりかたを重視することである。

このような思惟方法に由来するひとつの現象として、日本語においては敬語法と称する語法が特別に発達している。敬語法は朝鮮・韓国語やタイ語にもかなり認められるが、日本語におけるほど極端ではないという。東洋の他の言語、あるいは西洋の言語においては、特殊な単語を用い、あるいは三人称複数形を用い、あるいは婉曲な表現法を用いることによって尊敬の意味を表示することはあるが、敬語法というものは存在しない。敬語法の発達ということは、まつたく日本語の特性である。

また日本語においては、人称代名詞が、他の言語におけるとは比較にならないほど複雑である。そうして言語表現のいちいちの場合ごとに人称代名詞のいかなるものを用いるか、ということが日常生活においては大問題なのである。目上の者、対等の者、目下の者、親しい者、疎遠な者に対して、それぞれ用いる人称代名詞が異なっていて、もしもそれを混同するならば日常生活において重大な摩擦をひき起こす。日本人は代名詞を用いるたびごとに身分・親疎などの人間関係をいちいち想起しなければならない。これは決して日本のみにかぎられた現象ではないが、日本人のあいだにあってはとくに顕著なのである。のみならず、このような制約は、名詞や動詞の使いかたにまで制約をおよぼしている。たとえば、目上の人に対してのみ用いることば、目下の人に対してのみ用いることば、などの区別がある。これも他の言語にも認められる現象であり、日本特有のものではないが、日本においてはとくに著しいということができるであろう。相手に応じて著しく話法を異にすることを総称してわれわれは、「会話における儀礼」(ritual in conversation) と呼ぶことができる。これは、他の東洋諸国においても、とくに封建的秩序の発達した時代については、やはり認めることができるが、しかし日本ほどには、はなはだしくない。

このような思惟方法においては、ややもすれば具体的な人間関係から抽象された独立な個人に関する自覚が明瞭でないこととなる。個人を等価値的な、独立の存在として認める傾向が稀薄である。こういう特徴は種々の点にあらわれている。

日本語では一人称および二人称の主語をしばしば省略する。ところで文章のうちのこのような主語は我および汝（あるいはその複数）が素材化され客体化されたことを示すものであるが、それがしばしば欠如するということは、日本人が行為的主体を客観的な有者（存在するもの）として表象すること、あるいは限定して明示することを好まないという事実を示している。したがって日本人にあっては、個別的な独立の行為主体としての人格という意識を明瞭にしたがらない。

それと同じ関係によって、日本語においては数の観念が明瞭でない。単数と複数との区別がつねに明示されているのではない。同一の形が、単複の区別なく用いられるのが常である。日本語には一般的な複数形が存在しない。この点では南洋諸島の言語やシナ語、チベット語などと同様である。日本語に存する重語法は、複数形を表示するものとはいえない。重語法はとくに個別性を要求する。「国々、人々」は単にインド・ヨーロッパ諸言語におけるような複数の意味ではなくて、おのおのの国、どれどれの人、すなわち英語でいうeveryあるいはseveralの意味である。また「ら」「たち」「ども」という後接字も、いかなる単語にも付加されうるのではない。日本語の文法は、概して無生物については複数形を作ることがない。

「家々、山々」とはいうが、「本ら、石ら」とはいわない。生物でも虫・魚・鳥などは文法上数の取り扱いを受けることができない。「けものら」は時に聞くことがあり、なかでもとくに親しい家畜ほど多く、ついで召使というふうに、漸次クラスの向上するにつれて、次第に数の取り扱いも丁寧になってくる。人間に関しても、ドモ（召使ドモ、舟人ドモ）、タチ（舟人タチ、人タチ、友ダチ）は対者が自分と同等以下かあるいは親しい者である場合に用いられる。「犬ドモ」はこの用法の拡張である。尊敬の意味を含めている場合には、場所の意味のカタ（方）を用いる（あなたガタ、先生ガタ）。ハラ（原）が複数表示の意味に用いられたこともあった（殿バラ、奴バラ）。このように日本語においては、複数の意味を示す後接字が種々に使い分けられている。話者がその表示する対象にかかわるありかた、すなわち、たとえば身分的上下関係、話者がその対象に対して懐く親愛・嫌悪・尊敬・侮辱の感情などの異なるのに応じて、それぞれ異なった複数語尾が付せられる。対象を客観的にあるものとして把捉しないで、人間関係において位置づけて把捉しようとする日本人の思惟傾向は、複数形の問題に関しても明瞭にうかがうことができる。

したがってこれらの表現形式は、その原義においては決して西洋の複数にあたるとはいうことができない。ただ現今の合理主義的傾向あるいは翻訳的傾向に影響されて、次第に西洋のそれに近づきつつあるのである。

ところで上述のような思惟方法に対応して、過去の日本においては、個人が社会構成の単位であるという観念が明確にあらわれていなかった。したがって日本語においては、複数形を示す語尾が名詞の構成要素の一部のごとくに見なされ、すなわち単なる無内容の接尾語のように見なされて、それが同時に単数を表示しうるという奇妙な現象が存する。たとえば「若い衆」ということばが、若者の群を意味すると同時に、また一人の若者をも意味する。「兵隊」「僧侶」なども単数の意味にも用いられる。したがって複数をとくに明示するためには「若衆ども」「子供たち」といわねばならぬことになる。このような複数形はすでに平安時代にも存在していた。

日本人は個人を客観的有者として表象することを好まなかったけれども、話者と対者とが、かかわりあっている場合には、単数と複数の区別を明確に意識している。なるほど日本語は単語を表示する場合に、単数か複数かの区別を明示しないということが、日本語の顕著な特徴として認められている。しかしながら代名詞、とくに第一人称と第二人称とにおいては単数・複数の区別が厳重である。「われ、わた〔く〕し」といえばかならず単数であり、その複数（「われら」「わたしたち」など）からは明白に区別されている。しかもその複数形はつねに単数形を前提とし、単数形にもとづいて構成される。これはかならずしも日本語だけに認められる現象ではなくて、南洋語のように、数に関する区別をもたないといわれる言語においても、代名詞だけは、比較的厳重に単数と複数との区別が守られているという。

ところが近代西洋の言語においては、一般の単語については単数と複数との区別がきわめて厳重に行なわれているのに、代名詞に関しては反対に不明瞭である。今日、ドイツ語、フランス語、英語で「あなた」を意味するSie, vous, youはいずれも語源的には複数形である。またこれらの西洋近代語において、演説者あるいは書物の著者が「われわれ」(Wir, nous, we)というときにはじつは複数ではなくて、演説者あるいは著者一個人のみを意味する単数にすぎないが、ただ説者と聴者とのあいだの異質的対立観を除去し、聴者を説者に同化融和させるために「われわれ」というのである。現代日本語においてもこのような用法が行なわれるにいたったが、それはおそらく西洋からの影響であろう。

この言語現象を通じて見るかぎり、日本人は近代西洋人に比して、客観的事物に関してはひとつの単位を設定して計量測定する意欲をもたないが、「我」と「汝」との相い対立する人間的連関に関してはきわめて鋭敏であった。〔漢訳仏典における「人間」という語は、そのサンスクリットやパーリ原典について検討してみると、「人々のあいだ」「人々の住んでいるところ」という意味である。個人を意味することはなかった。ところが日本では「ひと」「個人」の意味に使われるようになった。つまり〈人間の重視〉が個別性を圧殺してしまったのである。〕

まさにこの人間的連関の優位のゆえに、日本の口語では、第一人称の代名詞と第二人称の代名詞とが転換して用いられることがある。たとえば方言や俗語では「われ」とか「手前」とかいう語はそのどちらをも意味しうる。その起源に関しては、なお専門家の研究にまたねばならないが、これは少なくとも世界の文化語においては認められぬ現象であろう。

個人に対する人間関係の優越性が強いということは、意外なところで現代日本人の精神生活に影響をおよぼしている。それは、精神病医家の研究によると、日本人のあいだでは他の諸民族にくらべて、対人恐怖症の患者が多いということである。その理由については、ここに指摘した、個人に対する人間関係の優越性に由来するものであろうと推定されている。

このような思惟傾向は、また高度の文化現象としての仏教の受容形態のうちにも、ときどきあらわれている。仏教が受容されたけれども、個我と個我との対立の問題については深い考察をなすことなく、むしろ自他融即の見地にたっていた。道元は「自他一如」を強調し、『自他おなじく利するなり』（『正法眼蔵』菩提薩埵四摂法）といい、その徒である天桂も『汝一人この自心を了知するとき、十方の有情非情、同時に仏智慧に証入するの道理彰々然たり』という（天桂『供養参』）。融通念仏宗の開祖である良忍上人が永久五年五月、こころを統一して三昧にあったとき、阿弥陀仏が来たりあらわれて「一人一切人、一切人一人、一行一切行、一切行一行、是名他力往生」という偈をみずから良忍に授けたという。このような思想はシナ・日本の華厳宗の教学によったものであるが、さらにさかのぼれば、インドでできた『華厳経』のうちにもすでにあらわれている。『華厳経』の教えるような人生観は、予想外に一般日本人の気持を支配している。そうしてインド仏教の論理学者哲学者・ダルマキールティが問題としたような「他人の存在の証明」というような考究は、シナにおけると同様に、日本においてもついに起こらなかった。

ただここでわれわれは、民族の言語一般に認められる思惟方法の特徴が日本における仏教の受容形態を顕著に規定している事例を探そうとすると、割合に適例が見つからないが、おそらく仏教にもともと自他融即的な思想が存するので、この点では、仏教が日本の伝統的思惟によって影響されることが割合に少なかったのであろう。

さて個人がその所属する共同体から明確に区別して意識されないために、種々の注目すべき現象をひき起こしている。たとえば、教団に属する個人（個々の出家修行者）は、また教団そのものの呼称（すなわち saṃgha の音写である「僧」という語）をもって呼ばれている。この点もシナの場合と同様である。またこのような傾向と関連ある現象として、たとえば、道元は『仏家の兄弟乃ち自己よりも親しむべし』（大久保道舟校註『道元禅師清規』）と教えている。このような説きかたを、インド人の次のような表現法と比較してみるならば、なんぴともその相違の著しいことに驚くであろう。原始仏教では、『子も救いえない。父も親戚もまた救いえない。死に捉えられた者を救うことは、親族もなしえないのである』（パーリ文『法句経』二八八）『自己は自己の主である』（同、一六〇）といい、自己にたよるべしと教える。原始ジャイナ教では『友よ！　汝は汝の友である。どうして汝は〔汝の〕外に友を求めるのか？』（『アーヤーランガ』一・三・三・四）という。

個人の自覚あるいは個人の立場を強調しないということは、そうじて古代社会や封建社会ではどこの国にでも認められる現象である。しかし日本人の場合には、他の国の場合とは異なって、著しく親和感が支配しているということができるであろう。

このような傾向の生じたその実在根拠について考えてみると、日本の風土における特殊な社会生活に起因する点が少なくないと考えられる。インド・ヨーロッパ人の原始社会では、狩猟や遊牧を主とする移動的な生活を送っていたから、移動するごとにたえず新たな異なった人間を相手にしなければならぬ。そこでは人間関係がおのずから対立的・緊張的である。とくに民族大移動があり、階級的にも征服者と被征服者との関係をもって対立している社会では、つねに食うか食われるかの真剣な抗争がつづく。そこでは、相互信頼にもとづく直観的な理解にたよってはならず、理論的な計画性にもとづいた生活をつくり出さねばならない。

ところが、日本の風土においては、もともと局地的な小農的な集団生活をなして社会が発展していった。日本人はおそらくはやくから移動生活を離れ、定住生活にはいっていた。すなわち水田を耕し、稲を作り、米を常食とする生活は、どうしても人々を一定の村落に定住させる。その社会では同一の「家」が長年月にわたって連綿と存続していて、社会構成員相互のあいだでは、かなり古い祖先からの系譜と親戚関係とが知れわたっていて、その結合様式は家族を思わせるものがある。そこでは人々は緊密に結合して、閉鎖的な人間結合組織を形成した。そこにおいては、人々相互のあいだに直観的な理解が成立し、自己の主張や意向を強硬に貫こうとすると、相手の感情を傷つけ、自分も損をする。そこで日本人はあたかも家族のような生活環境のゆえに、感情的・情緒的なひとつの雰囲気のなかでとけあうという理解と表現の形式を成立させた。そうして個人としての自覚は十分にあらわれず、個人の力に対する自信がきわめて弱かった。このような思惟傾向は、東洋人一般に通じて認められることであるが、日本人においてはとくに顕著なようである。一般的にいえば、日本人は、一地域における生活の基盤を中心にして、そこに小さく固まった閉鎖的な集団を構成していった。ここに氏神あるいは土地の神の信仰が成立したのである。今日でも農村においては、なお氏神あるいは土地の神を中心とした社会組織が小さく固まろうとする傾向が強い。この傾向が古来根強く存続しているために、人間関係を重視し、さらに以下に逐次指摘するように、個人よりもむしろ有限にして特殊なる人間結合組織の意義を過当に重視することとなるのであると考えられる。

三　有限なる人間結合組織の絶対視

日本人が古来とくに問題として重視している人間は、インド人が多くは主体的に把捉し、あるいは古代以来西洋人がややもすれば客体的に把捉していたような、抽象化された、普遍的意義を有する人間ではない。そうではなくて、主として、限定された特殊な人間結合組織に従属するところの人間である。すなわち人々との間柄において把捉された人間である。それが、個人として普遍的意義を有する人間よりも以上に、重視されているのである。

このような思惟方法にしたがって、日本人は人事に関するひとつの現象をそれだけに限定して叙述するよりも、むしろ、より広範な場所としての人間関係においてなんらかの利害的・感情的意義を有する事象として考察しようとする。間接に作用の影響を受けるものを主語とする受動の一形、すなわち自動詞の受動形はその一例である。「かれは妻に死なれた」「かれは子供に泣かれた」という表現法は、「妻の死」「子の泣くこと」という客観的事象を「かれ」との利害的・感情的交渉の観点から述べているのである。「かれの妻が死んだ」「かれの子が泣いた」という文章と前掲の文章とでは、自然的・生理的現象としては同一事象を表現しているにもかかわらず、それらの表示する具体的・人間的意義は明らかに異なっている。インド・ヨーロッパ語においては、前の場合に相当する表現法が存在しないで、あとの場合に相当する表現法のみが用いられている。

また同じく日本人の表現法に特徴的なことであるが、受身の助動詞が同時に敬語の助動詞であるということは、おそらくは本来能動態で表わさるべきことを、より間接性に富んだ受動態で表現することによって婉曲化し、それによって生ずるへだたりの感じのなかに、敬意を生かしたものであろう。ここでも受動態が人間関係に即して生かされているのである。

人間結合組織を重視する思惟方法によるならば、倫理的には限定された特殊な人間共同体においてたがいに真実をつくすこと、たがいにおおいかくさぬ自己帰投がとくに強調される。たとえば、インドの、とくに『リグ・ヴェーダ』における〈罪〉の意識、ないし道徳観念は、個人の利益というものに重点をおいている。すべては個人あってのものであるという考えを含んでいるが、これに対して「記紀」にみられるそれは「現御神、皇祖神への無私なる帰属」「全体性への無私なる帰属」であり、自己のことよりもまず全体のことを考える傾向がある。

このような態度は一般に人間の道徳の根本的要請であるが、日本人の生活においてはとくに支配的地位を占めている。具体的な人間結合組織のために自己を捧げるという道徳思想は、日本の歴史においてはきわめて有力にはたらいている。

すでに日本の最古代の道徳観においても、ヨシ・アシ、善悪の意義は、もはや吉凶禍福ではなくて、明らかに道義的なものと解されていた。ヨキ心は利福を欲するがゆえにヨシといわれるのではなくて、ひとつの共同社会の内部における他者の利福、全体性の利福を欲するがゆえにヨシとされた。悪心も、みずからの害悪を欲する心ではなくて、他者の利福、あるいは全体性の安全を害なうがゆえに悪とされていた。ヨシ・アシ、善悪の意義は、利害にかかわるのではなくて、他者との関係、全体性との関係にかかわるものとして考えられていた。

地域的に分たれているコミュニティの意識は、過去の日本人のあいだでは強かったのではなかろうか。その証拠に、日本人は漢字にない独特のひとつの漢字を創作した。それは峠である。山の上り下りの境を峠と書くのは日本での造字で、国字と呼ばれる。「峠を越える」とか、「峠の茶屋」というときには、峠のこちら側にひとつの地域共同体があり、峠のむこう側には別の地域共同体があるという連想がある。日本の風土は、多数の山岳によって細かく仕切られ、地域的に分割されているから、峠というものが、われわれ日本人には独特のロマンと郷愁をもって迫ってくる。何千里も平原がつづいている揚子江流域やガンジス河流域では、峠を越えるという実感がない。だからシナの漢字には峠がないし、インドでも峠といえばdurga（難所）であろうが、峠のもつニュアンスがない。イギリスやアメリカも、人間の住んでいるところは平坦な地域であるから、峠に相当する語がない。「峠を越す」は、英語では“pass the peak”であろうが、それは「困難を乗り越えた」という意味であり、峠の情緒を伝えてくれない。ドイツ語では、「峠を越す」は den pass passieren であろうが、それは die Grenze passieren というほどの意味であり、この句は「国境（検問され税金を払う所）を通過した」ということを連想させる。ところが日本語における表現がニュアンスを異にするのは、独自の風土的環境にもとづく地域共同体の重みというものを感じさせるからである。

日本人が独自の社会を形成するようになったのちでも、日本では、主君のため、あるいは家族（とくに親）のため、ないし部族のために献身的な自己犠牲を行なうことが最高の徳とされていた。明治以後には国家のためあるいは天皇のために身命を賭することがとくに最上の美徳として称揚されてきたが、このような思惟形態は旧封建時代における上述の美徳の延長拡大にすぎず、その本質においてはなんら異なっていない。また日本人のあいだでは郷土を愛する傾向が顕著であり、同郷人のあいだでは特別の親しみが感じられているが、それも上述の特殊な人間結合組織を重視する思惟傾向と密接な連関があると思われる。〔むろん、これも日本人にだけ認められる傾向ではない。近代機械文明の浸透する以前の諸民族には、多かれ少なかれ認められることである。アリストテレースでも、友人関係を超えた広い範囲にわたって、普遍的な道徳を考えるということをしなかった。アメリカ人でも同じ州の出身者はたがいにとくに親しく感じるようだ。だからなにも日本だけのことではないが、ただ日本では最近までこの傾向が顕著であったということはいいうるであろう。」

さてこのような思惟方法の反面に、日本人のあいだでは、具体的人間結合組織を超えた、それよりも以上の普遍的なもの、たとえば学問的真理・芸術などのために命を捧げた例は割合に少ないようである。また宗教的信仰のために命をなげうった事例は、浄土真宗・法華宗およびキリシタンに対する迫害の際に見られるけれども、それらは日本史においてはむしろ異例的現象である。いかなる犠牲を払ってでもひたむきに真理を求めるということは、もしも、それが当時の支配的勢力の意向と矛盾するならば、望ましいことではなくて、場合によってはむしろ悪であるとさえ考えられていた。

このような思惟傾向は外国思想の摂取のしかたにも顕著にはたらいている。日本人はシナ思想を多分に摂取したが、決して無条件にそのまま受容したのではない。人間結合組織における次序の区別の意義を重視する儒教がとくに移入され、これに反して個人の福祉を教える道教や老荘思想は受容されたが一般的とならず、諸子の自由思想はほとんど捨てて顧みなかった。またキリシタンは、神に対する信仰を強調するあまり、君父に対する義務の実行を等閑視するおそれがあるとして、弾圧され、ついに根絶した。薩摩藩では、浄土真宗の信者を見つけ次第死刑に処したが、その主な理由は、やはりその信徒が藩侯の命に従わぬおそれがあるということにあった。

宗教、ことに普遍的宗教というものは、もともと特殊な人間関係を超越することを教えるものであるにもかかわらず、日本においてはこの傾向がきわめて微弱である。むしろ反対に、われわれは、日本の諸宗教に共通である顕著な特徴のひとつとして、日本の宗教における人間結合組織重視的傾向を指摘することができる。それは、古来からの一般日本人の宗教意識において、有限にして特殊なる既成の人間結合組織をとくに重視する傾向のあることをいうのである。これは、日本人の判断、および推理の表現方法が、話者と聴者とを含む場面に著しく制約されているという事実に、ちょうど対応するものである。日本では、外来の普遍的な世界宗教もそれに適応するようにかなり変容されているのである。

明治維新以後に、西洋から近代思想が移入されたけれども、一般民衆のあいだでは個人としてあるいは社会人としての自覚が十分にあらわれていないと批評されている。古代からなお今日にいたるまで、日本人のあいだでは特殊な閉鎖的人間結合組織の一員としての道徳はきわめてよく発達してきたが、個人としてあるいは社会人としての道徳は近代西洋におけるほどにはまだ十分に自覚されていないということは、このごろ強調指摘されているとおりである。

日本の仏教に顕著な戒律無視という傾向も、右の思惟方法の特徴にしたがって理解しえられると思う。日本でも奈良時代には、インド以来の伝統的・保守的な戒律（小乗戒）が出家修行者のあいだで厳守されていたが、伝教大師最澄はそれを捨てて大乗戒のみを奉ずることとした。

これはインド、シナにも例の少ない、仏教史上未曾有の事件である。彼の唱導した戒律は「円《えん》頓戒《どんかい》」と称し、円頓すなわち完全にして自在なる修行者の持つ戒律という意味であるが、それは戒律を持つことと犯すことについて煩瑣な定則を立てないものなのである。これによって仏教の実践的側面が日本の社会に適合しうるものとなった。その後、日本の仏教は次第に戒律無視の方向に進んだ。この傾向は浄土教においてはとくに著しかった。親鸞に始まる浄土真宗においては、破戒者といえどもすべて無量寿仏の大慈悲に救われるものと解している。ここにおいては、仏教そのものが実践的にはまったく変質したといってよい。実践の基盤としての日本社会が、インドやシナにおけるがままの宗教的実践を許容しなかったのである。けだし日本社会においては、閉鎖的な集団生活が形成されていて、宗教者に対しても俗世界の社会的拘束力がきわめて強くて、宗教者だけで独自の修行を行なうことが困難であったことも、ひとつの理由として考えねばならぬであろう。

　日本の仏教が戒律を無視しているということは、決して無道徳あるいは不道徳を意味しているものではない。日本の仏教徒は、出家者でも信者でも、ともに、有限にして特殊なる人間結合共同体に対してはきわめて忠実であり、そのかぎりにおいてきわめて道徳的である。かれらは日本人の一人として親に孝であり、君に忠であり、国家至上主義に対してさえも忠実であった。この点はインドやシナの出家修行者とはおおいに異なっていた。ことに日本の僧侶は、自分らの所属する教団の利害のためには献身的に忠実であった。同一宗祖をいただき同一教義を信奉する人々が、しかも分かれて、いくつかの教団を別々に構成している場合に、ひとつの教団に所属する人々は、その教団を擁護する熱心のあまり、他の教団を排斥して怪しまぬ。かれらにとっては分裂した小さな単位としての教団の利害が主要関心事であり、思想や教義は第二義的に考えられる。だからかれらは自己の所属する特殊な人間結合組織に対してはきわめて忠実かつ献身的であり、そのかぎりにおいてはきわめて道徳的である。そうして個人が個人として絶対者に対して守るべき戒律、あるいは個人が個人の資格における他の個人に対して守るべき戒律が、ややもすると無視されてしまうのである。閉鎖的な特殊な人間結合組織の利害ということが、かれらの行動を決定させる主要な基準となっている。このような立場にたつ以上、戒律が破られているということは、すこしも不思議ではない。

日本人のあいだに顕著な尚古性も、また有限な人間結合組織を重視する傾向が、歴史的・時間的視野に投影されたものと解することができるであろう。家にしても、団体にしても系譜の古いものを尊ぶ。国家の問題についても、日本の国家が歴史的に存続した期間が長いということが、ひとつの誇りであった。このような思惟傾向を一般的概念として把捉すると、われわれはこれを「尚古性」と呼ぶことができるであろう。

尚古性は、日本人の詩的表現のしかたにまでも影響をおよぼしている。日本人は古来の伝統を尊重する結果、現在では一般に用いられなくなった古語が詩的用語としての機能を果たしている。和歌の表現における言語は、古人の言語にしたがうことをもって価値ありとした。このような伝統は部分的には今日にまでも保持されている。〔ただし、詩的言語として古語を用いるということは、かならずしも日本のみにかぎらぬから、他の国の場合もあわせて考えねばならぬであろう。〕

また江戸時代には擬古文の制作がさかんに行なわれた。これは日本における著しい特色のひとつである。シナ人には尚古性が存するから、やはりこのような傾向が認められるが、インドでは行なわれなかった。インドにおいても擬古文態（Archaismus）なるものは存在したが、それはひとつの著作に宗教的権威を付与するために行なわれたのであって、詩的情趣を添えるためになされたのではなかった。現代でも、一部のインド知識人はサンスクリット語を用いて述作するが、それは擬古文ではなくて、現に生きている語（living language）のひとつを用いているのだといったほうがよい。われわれが擬古文を使いたい、と思うような場合には、生きている言語としてのサンスクリットを用いるのである。つまり言語使用の社会構造が違うのである。

ところで日本人のこの尚古的性格は、過去において大陸の文明の移入をいかに規定したか。儒教も仏教もともに孔・孟あるいは釈尊の権威に結びつこうとする教説であるから、この点では日本人が儒教あるいは仏教の内部について、尚古性を基準として選択することはなかった。むしろ大陸の自由思想が移入されなかったという事実に、われわれは日本人の尚古的性格を認めうるであろう。〔この問題は、権威に対する絶対随順の態度を考察する際に、さらに論及することとしよう（本章第八節参照）。〕

ただひとつここに注意すべきことは日本の仏教徒の尚古性は、インドやシナの仏教徒のそれとは違った性格を示している場合がある。それは、現在自分たちの奉じている宗教が、大昔の宗教とは異なったものであるということを十分に知っていながら、なお太古を理想化するのである。その顕著な例として禅僧東嶺は日本の古代を理想化して次のようにいう。

『上古淳厚の世には、人心正直にして、その根器に任せて、大道を得易く、神人すでに混沌の始を守る。何ぞ仏法の息をもちひん。漸く末代に至って、その本心を失す。外に向って馳求して迷うて境を逐うが故に、生死に流転し、悪道に沈吟す。その時に当っては、如来の微妙の教法にあらずば、何ぞ能く生死を脱することを得ん。』（『宗門無尽灯論』）

仏教者の立場から見るならば、仏教渡来以前の日本はおそろしい暗黒時代であったはずである。しかるに仏教者自身がこのような立言をあえてしているのである。ここでは自己の奉ずる宗教に対する尚古性よりも、自己の属する民族についての尚古性のほうが強くはたらいているのである。こういう思惟傾向は、のちに指摘するような国家至上主義的傾向と結びつくことが可能である。

四　家の道徳の尊重

日本人一般のあいだにはすでに述べたように親和感・融和感が強いが、それは家族においてとくにもっともはっきりとあらわれる。有限な人間結合組織としてまず重視されたのは、家であった。古代日本の氏族社会の時代においては、その時代の民族宗教であった古神道によって、家の祭祀が重んじられ、祖先崇拝が重視されていたことは、いうまでもない。この時代には、祖先を同じくし職業を共通にしている血族の団体である大小の氏々には、その氏に所属する全員の崇敬を受けている神があり、これを氏神と呼んだのである。氏神は氏族全般の守護神であり、ひとつの氏族全体はこれを中心として生活し、定日には氏上が氏人を率いてこれを祀り、その恩恵に報謝するとともに、一家一族、および、ひいては子孫一同のために祝福を下されることを祈請した。このような宗教的儀礼は、今日にいたっても農村にはなお根強く残っている。村々では、今年は豊年満作だとて、鎮守の社の祭礼に山車を出し、村芝居を催す。その幸福を祝する意を祖先とともにし、その幸福を祖先に奉告するのである。古代においては、氏神の境域は、氏人がもっとも神聖視した所であり、その氏族に伝わる重宝をそこに納め、みなで護持の責務を負うていた。氏族全体の重心が氏神に置かれていたので、氏上がそれの祭祀権を手にすると、それはとりもなおさず氏人に対する統率を掌握したことにほかならなかった。

また日本の最古代の宗教においては、もろもろの神々のあいだに血縁関係があると考えられ、神々は血縁的に統一されていた。神々はそれを統一する神（皇祖神）との血縁関係によって権威づけられていた。祭事の統一が皇祖神を中心として血縁関係によって把捉されていたことは、団体的な統一が血縁的統一として自覚されていたことを反映したものであると解することができる。ところでこのような血縁の自覚においては、事実として血縁関係があるか否かは、本質的な問題ではない。当時の社会においては、事実上の祖先を神として祀ったのではなくて、祀られる神を当時の人々の共通の祖先として信じていたのである。

氏族制社会が崩壊したのちになっても、その時代からの、家を重視する思惟傾向は、家の意義が変化しても、依然として根強く一般民衆の社会生活のうちに残存して、最古代から近代にいたるまで、日本人の実践を有力に支配している。過去の日本人の実践は、近代的な意味における個人主義的ではなくて、家族主義的であった。芳賀矢一は、『西洋の社会の単位は個人であるから、個人が相集って国家を組織して居る。我国では国家は家の集合である。そこに根本的な差別がある』といって、日本人が祖先を崇び家名を重んじたということを、次の諸事実にもとづいて主張した（『国民性十論』）。むかしは姓氏を作ったものに対して盟神探湯《くがたち》ということを行なった。『新撰姓氏録』という書には多くの姓氏がつらねてあるが、神別・皇別・蕃別などという素姓・家柄をやかましくいう。大伴家持も『大伴の遠つ神祖の、其名をば大来目主と、おひもちて、仕へし官云々』（『万葉集』巻一八）という。中世の武士は戦闘のはじめにまず家系を名乗る。たとえば、『音にも聞きつらん、目にもみよ。桓武天皇の苗裔、高望王より十一代、王氏をいでて遠からず、三浦大助義明が孫、和田小次郎義茂、生年十七歳、我とおもはんものは大将も郎党も寄って組めとぞ呼ばはりける』（『源平盛衰記』二二）。成り上がりの大名たちは系図を偽作して、箔をつけた。狂言のなかには系図の争いが出ている。

ところで、国家は家の集合であるという芳賀矢一博士の主張に対して、ライシャワー教授とフェアバンク教授は、日本では家は氏族とさらに国家とに従属していたということを主張する。この論題の最終決着は、専門家の決定にまたねばならぬ。

さて、日本が大陸の思想や宗教を摂取するにいたった場合にも、それらは氏族制社会以来の祖先崇拝の習俗に適合するようなしかたで受容された。

まず儒学が日本に受容されるにあたっては、とくに孝の道徳が強調された。儒学を学ぶ者がとくに究めねばならぬ書は、『論語』と『孝経』とであるとされた。天平宝字元年四月には『古へは民を治め国を安んずるには、必ず孝を以てをさむ。百行の本はこれよりも先なるはなし。宜しく天下の家ごとに孝経一本を蔵し、精勤して誦み習ひ、倍《ます》す教授を加へしむべし』（『続日本紀』第二〇巻）という詔が発せられた。その後貞観二年二月に天皇の御読書始に初めて『孝経』を用い、それがそののち長いあいだ恒例となった。『孝経』は『百王の模範』となるべきものであり、『哲王の訓は孝を以て基と為す』という（『三代実録』貞観二年十月十六日の条）。近世儒学の興隆にあたっても孝道がとくに強調され、陽明学者たちにあっては著しく宗教的色調を帯びている。中江藤樹は孝の形而上学を展開した。儒教の普及が日本古来の祖先崇拝の習俗に理論的確信を与え、その発達に寄与したことはいうまでもない。そうしてこのような習俗に反するような他のシナ思想は、日本人に拒否されたのである。

ところでここに考えねばならぬ問題がある。祖先崇拝、家族主義というようなことは、かならずしも日本独特のものではなくて、隣国シナにおいても社会構成の基本的な紐帯となっているものである。それでは日本におけるそれとシナにおけるそれとは、いかなる点で相違しているのであるか。これは独立の考究問題であるが、ここではそれを詳しく検討することはできない。いまここでは、シナの家族倫理が日本に受容される際に受けた変容を通して、シナの家族倫理と日本のそれとの相違を二、三明らかにしてみたいと思う。

学者の研究によると、わが国に固有の家族制は古くから家長専有制であって、シナにおけるような家族共産制ではなかった。

奈良朝時代に成立した養老令の戸令応分条と称する条文を、唐令のそれと比較してみると明らかである。シナでは周漢以来家族共産制が大規模に行なわれていたから、唐律令に規定している典型的家族制は、「同居共財」あるいは略して単に「同居」と称する共産家族を単位としていた。各家には家長があって、共産親中の尊親のなかで、最年長者がその位を占める。家長もかれが同時に家族全体の親権者である直系尊属親（父祖）でないかぎりは、単に共産を管理するだけの権限を有するにとどまり、なんら親権的命令権をもっているのではない。このような尊長（家長）の管理の下にある家族の共産は、ある場合には分割が許されるのである。親権者である父祖が家長である場合（父子共産）には、この分割はかれの意のままに何時でもかれ自身の手によって行なわれ、かつその分割のしかたはかれの意のままで、子孫はこれに対して一言も異議を挟むことはできない。これに反して、家長が父祖以外の尊長である場合（傍親共産）には、共産の分割は家族の協議によって管財人たる尊長の手で行なわれるのであるが、この場合の分割は、法規の定めているところに従って公平に行なわれねばならない。この場合の分法を規定しているものが、唐令の戸令応分条である。

ところが日本の養老令の応分条は、唐令のそれを模倣しながらも、日本社会の実情に応じてそれを改めている。唐の応分条は初めから兄弟（傍親）が家産を均分するというたてまえで書かれているのに反し、わが国の応分条では、家父が死亡した場合に、その遺産を一定の割合で嫡庶子のあいだで分配することとなっている。すなわち家族共産の分割法であった唐の応分条は、家父遺産の分配法に書き改められている。その理由を考えてみると、律令制定前から存続していたわが国固有の家族制は、共産制とは対蹠的な家長専有制であり、その伝統と支配とが根強かったために、唐制の移植と模倣とにつとめていた当時のわが国の急進的立法者も、これに対して手をつけることができなかったのである。

また唐令の雑令には「家長（尊長）の許可なしに、卑幼が家産の一部を私かに質入し或いは売却した場合には、その行為は無効である」という意味の一条があり、わが養老律令にもほとんどそのまま転載されているが、この卑幼私用の財物を、唐律の官選注釈書である律疏議には「当家財物」と呼んでいるのに対し、養老令の官選注釈である令義解には「家長物」と呼んでいる。

これらの点からみると、シナの律令が前提している家族制は共産制であるのに対し、わが国の律令が前提しているそれは家長専有制である。ここにわれわれは、その当時におけるシナと日本との家族制度の重要な相違を認めることができる。

しかしながらこの家長専有制ということは、日本では、家長が家族の成員に対して絶対的支配権を行使したということではない。封建時代においてさえも、日本の家においては、支配者としての家長と被支配者である家族成員との両方に主体性があった。家長が妻子に対して服従を要求するのは、絶対的服従ではなかった。この点で、同じ家父長制とはいいながら、ローマの家族の場合などとは著しく意義を異にしているということは、民法学者の報告するところである。

またシナの道徳は家族中心の道徳であるといわれているが、そこではなお血統が重視された。ところが日本においては血統よりもむしろ閉鎖的な人間結合組織としての「家」が重視された。したがって異姓の養子ということも行なわれたし、また才能ある者を低い家格から養子として迎えるということもあった。すなわち、儒教思想では血統の相続が中心であるために、異姓の養子は不可とされる。今日シナ諸地方の実態調査によると、実際問題としては、異姓からの養子も行なわれているそうであるが、ともかく今日でも表面的には異姓からは養子をとらぬということになっている。

しかし日本の封建社会における家族制度では、「家名」が相続されるのであるから、異姓かならずしも不可としない。したがって近世日本の儒者のなかでも、わが国情に関心をもっていた人々は、異姓からの養子を是認している。熊沢蕃山（『外書』八）や三輪執斎（『養子弁々』）がそれである。これに対して、浅見絅斎（『養子弁証』）や三宅尚斎（『同姓為後称呼説』）などは異姓からの養子の不可を主唱しているが、それは儒教の教説をただ繰り返しているだけであって、実際に拘束力をもつ社会的通念とはならなかった。

わが国には、血縁的親子のほかに、多くの種類の非血縁的な、すなわち擬制的な親子関係のあることは、多くの民俗学者・社会学者の報告しているところである。その関係の具体的内容、またその歴史的発展、変化の過程はまだ十分に研究されていない。しかしながら、ともかく日本の社会においては、現在なお顕著に見られるように、支配服従の関係を家族原理が支配している。支配者と被支配者とのあいだに対立者としての意識が弱い。少なくともその主観的意識においては、支配者は被支配者をあたかも家族の成員の一人であるかのごとくに思いなし、また被支配者もみずから支配者の家族の一員であるかのごとくに思いなしている。したがって封建的な支配・服従の関係が、あたかも、それが存在しないかのごとき外観を呈している。そうして日本の社会全体が家族の拡大であるかのごとくにみなされている。社会集団は家族原理を基本とし、またそうあるべきであると思いなされている。

それでは、次にこのような特徴のある家族制度の行なわれている日本に、インド思想である仏教が受容される場合には、どのような変容が行なわれたか。仏教の実践理想である慈悲は人間のみならず虫けらにまでもおよぶものであり、一切の生きとし生けるものに対し平等であるべきであるとされている。ところが仏教を組織的に摂取した聖徳太子は、慈悲を説く場合には、おおむね父子のあいだの慈悲として譬説している。『父子の間には虚妄を用ひず』といい、『父子の間なればこそ、累却救済の業をなし能ふ』という。如来の慈悲を、一般的な理想的人格の美徳としては把捉しないで、もっとも具体的・直接的な人間結合的組織としての家における父の慈悲としてその意義を認めたのである。

われわれはすでにこの身体をもってそのままさとりを開くという思想が日本仏教においては顕著であったという事実を指摘した。ところで身体は親から受けたものであるから、身体の意義の重視は、また親に対する尊敬につらなることが可能である。近世の禅僧盤珪はわれわれの根底にある絶対者を『不生の仏心』と呼んでいるが、それはとりもなおさず『親のうみ付けた不生の仏心』であるという。またかれはいう、『親の産付たる貴き仏心を凡夫に仕かえる事、大不孝の至りなり』(『盤珪語録』法語)と。インド思想一般によると、親から生まれたこの肉体は霊魂の束縛であり、肉体を捨て去ったところに絶対の境地があらわれると考えていた。ところが日本の盤珪の禅思想によると、絶対の境地はじつは親から授かったものである。かれによると、仏心は孝心に相即する。

『扨々親の恩程有がたき事はない、東西をもしらぬ此身を、智慧の付まで養育仕立、仏とも法ともしらぬ身に、かやうの有がたひ事を、聴聞いたし、此不生の仏心なる事合点いたすは、偏に親の大なる御慈悲じゃと、尊敬いたされい。是則孝行でござる。孝の道に叶へば則仏心でござる。是は孝行の心、是は仏心とて、二つ三つの心はない物でござる。』(盤珪『御示聞書』)

そうして不生の仏心を明らめるということは、『親が産付けてたもった』ままの面目を把持していることなのである。

シナの仏教がシナ古来の孝の道徳と妥協し融合することによってのみ、一般民衆のあいだに浸透しえたものであることは、すでに指摘したとおりであるが、日本においても事情はほぼ同様であった。シナ人は孝を説く経典を偽作したが、日本人はこのような経典を註解講説して、日本人一般のあいだにひろく行きわたらせた。『父《ぶ》母《も》恩《おん》重《じゅう》経《きょう》』は、その典型である。『父母恩重経』は、シナ撰述の経典であるが、シルク・ロード地域でもひろく読まれた。

ところでここに問題が起こる。日本独自の家族倫理の立場にもとづくならば、家族や国家を超えた立場にたつところの仏教は、当然それと矛盾することが起こるはずである。日本の儒学者や国学者はまさにこの点をついて、仏教を攻撃していたのであった。この難点はすでに古くから気づかれていたのであるが、これに対して仏教徒は、ときには世俗的な家族倫理にそむくことが、かえって真の孝であると主張している。日蓮はいう、『一切は親に随ふべきにてこそ候へども、仏になる道は〔親に〕随はぬが孝養の本にて候か。されば心地観経には、孝養の本を説かせ給ふには、「恩を棄て無為に入るは、真実恩を報ずる者なり」等云々。言《いうこころ》は真《まこと》の道《みち》に入るには、父母の心に随はずして家を出て、仏になるが真の恩を報ずるにてはあるなり。世間の法にも、父母の謀反なんどを起すには、随はぬが孝養と見えて候。孝経と申す外経に見えて候。天台大師も法華経の三昧に入らせ給ひて在せし時は、父母左右の膝に住して、仏道を障へんとし給ひしなり。此《こ》は天魔の父母の形を現じて障ふるなり』(『兄弟鈔』)。また日蓮は、『法華経』を信じるためには、親にもそむけ、ということを、はっきり教えている。だからこの場合には、実質的な内容においてはともかく、立言の表面に関しては、「低き孝」に対する「高き孝」というものを想定して、依然として孝の道徳を絶対視する立場にあることを標榜しつつ、仏教の普遍主義的立場を主張しているのである。

親に対する尊敬の念は、往昔の日本においては家の道徳に通じるものであった。そうして家の尊重の念はまた外来宗教にも影響をおよぼしている。日本の出家修行者はややもすれば教団をひとつの「家」とみなして考える傾向があり、この点ではシナの仏教の場合と同様であった。

そうして父と子、ないし祖先と子孫との系譜的連絡を注視する思惟方法は、出家すなわち家から離脱したはずの仏教修行者のあいだにも、おのずから擬制的な血縁関係の観念をもちこむことになった。すでにシナの禅宗でも北宋の終わり頃から、弟子が師から法を受けるときには、「嗣書」という書状をもらう慣例ができあがっていたが、日本の禅宗ではこれを血脈相承と解し、朱で書くことになっている。それは血を象徴しているのである。いわんやまして、在俗生活を行なった宗教団体においては、実際に開祖の血統を受けている人が尊崇されるのは当然であった。真宗にはいくたの分脈があるが、親鸞の墓の墓守(留守職)にすぎなかった本願寺が、親鸞の子孫をいただいていたために、非常な尊崇帰依を受け、のちには絶対的な覇権を掌握するにいたった。

そうして仏教は祖先崇拝の習俗と結びつくことによって民衆一般の宗教としてひろまることができた。まず推古天皇の二年に臣《おみ》・連《むらじ》らがおのおの君・親のために仏舎を作ったということが記されている。ここでいう「仏舎」とは寺を意味しているかもしれないが、天武天皇十四年三月の詔のうちにはまさしく『諸国に家ごとに仏舎を作りて、仏像及び経を置き礼拝供養せよ』とある。日本全般にわたって家ごとに仏壇を作るにいたった起源はここに存するのである。この詔勅は現実に実行せられ、近世初期のキリシタン禁制ののちには、一般的な宗教的習俗として成立した。東洋の他の国々の家庭にも仏間が設けられ仏像が安置されていることがあるが、そこの仏壇は日本の場合のように祖先崇拝と結びついたものではない。シナではむしろ祖先崇拝は道教と結びついているといわれる。ところが日本の仏壇のなかには、先祖の位牌がおかれている。また仏壇のある家にも、たいてい神棚がつくってある。われわれは仏壇のなかの位牌を通して近い先祖と結びつき、さらに神棚を通じていっそう遠い祖先と結びつくのである。ただし神棚においては祖先という意識が割合に稀薄であり、神社神道は一般的には祖先崇拝を行なわない。だからこのような現象は単なる神仏混淆の結果とのみは断定できない。

さらに遡って、韓国文化の受容も日本的思惟方法にしたがってなされている。

法隆寺の夢殿は、聖徳太子がここにこもって瞑想に耽るのを常としていたので、「夢殿」と名づけられたのだという。その話自体がロマンチックであり、われわれの心を夢幻のかなたに遊ばせるものがある。この型式はインドのものではない。インドの仏教寺院の遺蹟には、こういう形のものはない。ヒンドゥー教寺院には、このような小さな堂があるが、四角形であり、夢殿とはかなり型を異にする。ところが、韓国には八角形の円堂がいくつも見られるから、どうしても韓国からこの型式を受けたのだと考えざるをえない。奈良のある池にも八角円堂があるが、それは単なる浮御堂《うきみどう》であり、深い意味をもったものではないが、それとほぼ同じ様式のものを韓国に見いだして、わたくしは驚いたのである。

ただし韓国にある八角円堂は、単なる亭屋で、人々が休息したりする施設である。これに対して日本の夢殿は聖徳太子ならびにその一族を追憶し崇敬するための建物である。八角円堂は、同じく奈良の近くの栄山寺にもあるが、それは亡くなったある貴族を追憶するためのものである。つまり家族とゆかりのある先人追憶のための型式として受容されているのである。

ともかく仏教は日本にはいってくると、やがていつのまにか氏族的な人間結合と結びつくにいたった。貴族は氏寺というものをもっていた。たとえば興福寺はもと藤原氏の氏寺であった。その家の者が出家してその氏寺を相続するのである。氏寺のような寺院は、古代のインドにおいてもあらわれたらしい。ともかく氏族的な社会構成の打破をめざして興起した仏教が、日本においてはいつのまにか氏族的なものと結びついたことは興味深い現象である。

浄土教の信仰も自分一個人の安心立命をはかり、後生安穏を願うというよりもむしろ、追善供養に関連して受容せられた。推古天皇の白雉三年に『無量寿経』が講じられ、また法隆寺の壁画に阿弥陀仏などの浄土が描かれ、当麻寺には極楽変相曼陀羅がある。これらはいずれも浄土信仰の表現である。浄土教の信仰はさらに奈良時代にさかんとなり、天平宝字四年皇太后七七の斎に関し、国ごとに阿弥陀仏の浄土の画像を造り、国内の僧尼に『称讃浄土経』を写させられ、翌年の周忌には阿弥陀浄土院に斎を設けられ、諸国に丈六の阿弥陀像を作らせられた。

もちろん浄土教においても、阿弥陀仏の誓願不思議を歓喜していた人々は、当然祖先崇拝の習俗から切りはなして、浄土教のうちに自己のすくいを体験していた。たとえば親鸞は、『弥陀の五劫思惟の願を、よくよく案ずれば、ひとへに親鸞一人がためなりけり。されば、そくばくの業をもちける身にてありけるを、たすけんと、おぼしめしたちける、本願の、かたじけなさよ』と述懐している。また『親鸞は父母の孝養のためとて、念仏一遍にても申したること、いまださふらはず。そのゆへは、一切の有情はみなもて世世生生の父母兄弟なり。いづれもいづれも、この順次生に仏になりて、たすけさふらふべきなり。わがちからにてはげむ善にてさふらはばこそ、念仏を廻向して、父母をもたすけさふらはめ。ただ自力をすてて、いそぎ浄土のさとりをひらきなば、六道四生のあひだ、いづれの業苦にしづめりとも、神通方便をもて、まづ有縁を度すべきなり』(『歎異鈔』)。しかしながら、浄土真宗はこの教義のままでは、一般民衆のあいだにひろまることができなかった。浄土真宗が日本最大の宗教教団として成立するためには、一般民衆のあいだにおける祖先崇拝の習俗と妥協・融合せねばならなかった。そうして今日浄土真宗の信仰をもはや失った人々でも、なお祖先崇拝の面において寺院と結びついているのである。

盂蘭盆会《うらぼんえ》は推古朝にはじまるが、斉明天皇三年に設けられた記事もあり、五年には京の諸寺で『盂蘭盆経』を講じて、七世の父母に報いるようにさせられ、それ以後さかんに行なわれるようになり、そして今日のいわゆる「お盆」の習俗ができあがったのである。

また年忌の習俗は、仏教本来のものではなかった。インドのバラモン教においては、祖先崇拝を教えているけれども、新月・満月の日に祖先祭を行なうのであって、特定の祖先に対する年忌のようなことは行なわなかった。仏教もときには祖先崇拝をすすめてはいるが、年忌のような習俗は設けなかった。年忌の習俗はシナで成立したのである。シナにおいては中陰・百ヵ日・一周忌・三年忌の四回であり、それを受けいれた日本の上代においては、三年忌すらも行なわず、中陰・百ヵ日・一周忌だけであった。それが中世にはいって、三年忌・七年忌・十三年忌・十七年忌・二十五年忌・三十三年忌・六十年忌・百年忌・三百年忌を加え、現在普通に行なわれている中陰・百ヵ日・一周忌・三年忌・七年忌・十三年忌・十七年忌・二十五年忌・

三十三年忌・五十年忌の法要の型がほぼ完成した。だから年忌の習俗は、日本において複雑に形成されたのである。ところで、このような社会現象を成立させる基底としては、日本人のあいだに祖先崇拝ならびに個別的な死者追悼の念が著しいという思惟方法の特徴の存することが考えられる。

これを西洋と対比してみると、いっそうはっきりする。日本では、父や母が亡くなると一年間は喪に服し、祝い事は遠慮するが、この風習は、ヨーロッパ諸国には見あたらぬ。アメリカでも同様である。ただしわたくしはアメリカのある哲学教授から「今年はクリスマスカードを出さない」という旨のカードをもらったことがある。それはその人の心理的な問題であって、風習とはなっていないようである。

またヨーロッパ諸国には一周忌にお参りするという風習はない。ある日本人が、フランス人の懇意な知人の一周忌にあたる祥月命日にその故人の家庭を訪ねて行ったところが、その故人の家族に「なにしに来たのだ？」といって怪訝な顔をされたという。

しかしヨーロッパ人が先祖や故人を忘れているというわけではない。カトリック教徒は十一月十三日の万霊節（all souls' day）に美しい花を手にして墓地に参詣する。

アメリカでは戦死者墓地にある特定の人の墓に詣でるというようなことは行なわれているが、一般に祖先の墓地に参詣するということは行なわれていない。

アジアでも蒙古やシルク・ロードの遊牧民のあいだでは祖先の墓に詣るということがない。かれらには墓がないからである。

では日本人の風習をどう理解したらよいのであろうか？　先祖をひろく一般的に尊敬するという観念は、ヨーロッパ人にもアメリカ人にも存在しているという点では日本人と共通である。ただ日本人の場合には、自分と密接な関係のあった特定個人の、特定の様相を重視するという思惟方法があるのではなかろうか？　特定個人の特定の様相としては、何月何日に亡くなったということは、もっとも重要な事実である。

葬儀に関してはのちに述べることにして、ここでは省略するが、ともかく葬儀と追善供養が今日の日本における仏教的行事の主要なものとなっているのである。今日の仏教的行事のうちからこの両者を取り去ったならば、いったいどれだけが残るであろうか。

ここに指摘した特徴はすでに過去のことがら、あるいは過去的な残滓と考えられるかもしれない。しかし日本の近代的大企業や、もっとも西欧化している諸大学の運営が、欧米に比べてみると、顕著に家族の擬制のもとに、あたかも一大家族であるかのごとくに行なわれているのを思うとき、これはきわめて現代的な問題をはらんでいるのである。

近代企業の運営が家族の擬制のもとに行なわれているということを、アメリカの学者はことに問題としている。『集団的方向づけが日本の社会環境の主導的な役割をはたすものであった。

そのような方向づけは、家族、職業集団、共同体の生活、政治を含むいくたの領域ではたらいている。各個人の目標が集団としての家族の目標におおいに従属している家族状況においても、集団的方向づけが大切にされている。集団的な方向づけは、家族以外の多くの領域においてもなお見られるのである。日本の田舎における地主と小作人との関係、中小企業における雇傭主と労働者との関係も、家族的紐帯の擬制にもとづいてつくられている。』『真正の、または擬制的な親縁関係において仕事の共同がなされるという伝統的な方式は、契約にもとづく同意が行なわれているにもかかわらず、依然として重要なようである。現代日本においては、伝統的な家族的紐帯は、多かれ少なかれ種々の度合で存在している。この要素は重要である。なんとなれば、集団の利益と目標とが個人に対してつねに繰り返し影響をおよぼすからである。雇傭主と使用人との関係がもっぱら現金の連鎖によって形成される近代銀行業務だの大工場において見られるような多くの活動においては、しばしば、新しい集団型式が家族制度の擬制のもとにある古い伝統的な組織様式にとって代るように見えるからである。』(Yoshiharu Scott Matsumoto : "Contemporary Japan, The Individual and the Group", Transactions of the American Philosophical Society, New Series, L, Part I, January, 1960.) この特徴に関連してわれわれは、家族主義と安定性の問題を考えねばならぬであろう。

日本の家族主義的慣習は前近代的なものであり、西洋人の見たところでは後進的であるとさえも見える。しかし他方では、社会的には現代生活に対して好ましい影響をおよぼしているのを否定することはできない。日系アメリカ人のある学者は、戦後の日本の社会的安定性の保持のためにそれが重要な意義をもっていることを承認している。『日本人である個人は、能力と安全を強調し、停滞にさえも陥るかもしれない強固な集団的方向づけをもっている社会構造のなかで、適応していく。アメリカ人は、あまりにやりすぎると異常になるかもしれない個人主義と自由に焦点をあてて、みずから方向づけることを強調する社会環境において適応していく。』(ibid.) アメリカには個人間のテンションが強すぎて精神病なども増えていくが、日本ではそれが少ないのは、この点と関係があるかもしれないという感想を、かつてムーア教授がもらされたことがある。ライシャワー教授は次のように評言する。『〔日本の家族主義的協力は〕ほうっておけば労働の容赦ない搾取に至るかもしれない労働のうちに、ある人間らしさの気分を投入し、親密な要素を生かしておく。これは今日アメリカの産業においてわれわれが再びとらえようとつとめているものである。』(E. O. Reischauer : The United States and Japan, Cambridge, Harvard University Press, 1950.) 人間結合組織に焦点をあてた集団的方向づけは、多くの困難に悩まされている社会のうちに社会保障と相互扶助を供給する機能をはたしているのである。

ところが、最近の日本では、家族制度の崩壊の結果として、少年が親を殺すという恐るべき現象が時たま起こっている。これは、韓国人および台湾の人々にとってはとうてい考えられぬことである。

日本における家族制度の崩壊は、進駐軍の意向とそれに迎合した法律学者、官僚、教育家、ジャーナリストたちの規制にもとづくところが多いように思われるが、その結果は、将来、韓国、台湾、シンガポールなどとは異なった影響をかもしだすことであろう。

五　階位的身分関係の重視

有限にして特殊なる人間結合組織のうちでも、日本では家と相い並んで主従関係ないし階位的な身分関係が重視された。

このことはすでに第三章第二節「個人に対する人間関係の優越」においてあわせて指摘しておいたことである。いま再び繰り返す必要はないが、このような傾向は、日本文化に本来存在していた宿命的なものであったらしい。

まず、民族に共通な言語が、もともとこのような性格をもっているようである。たとえば家族のあいだでも、同じ両親から生まれた者たちのあいだでも、「兄」「弟」「姉」「妹」という。この点は隣りの文化圏シナの場合と同様であり、実際問題として個人をさして公に「きょうだい」と呼ぶことはまれである。

もともと人の平等を説く仏教も、このような観念に順応して受容された。仏教の社会的実践の基本的徳目は、ひとになにものかを「与える」(dāna) ということである。それは、物質的な財であろうとも、あるいは勤労による奉仕であろうとも、他人のためになるものを与えることである。これをシナ人は「布施」と訳した。〔これは「しきほどこす」という意味である。〕ところが、日本ではちょうどこれに相当する訳語を見いだすことができなかった。「与える」「ほどこす」といえば、身分の上の者が下の者に与えることを連想する。反対に「ささげる」「たてまつる」といえば、反対の場合を連想する。dāna (与える) という行為を、階位的身分関係をはなれて表象することは、日本人にはできなかったのである。また同じく仏教の根本観念であるanukampā (慈愍) も日本語に忠実に訳すことが困難である。「あわれみ」という訳語がもっとも原義に近いであろうが、しかしそれは、上位の者が下位の者に恵みをかけてやるという感じを与える。しかし原義はじつは「〔他人に〕したがってふるえること」「共感」にほかならない。このように仏教の実践の根本観念が、日本語の階位的性格のゆえに、日本語のうちに忠実に訳しかえることが困難なことがある。

このような階位重視的性格は、すでに古い時代から神話のうちにも存在していたらしい。学者の研究によると、日本の神話を、これと対蹠的な性格を有する神話、たとえば、フィンランドの神話と比較してみるならば、著しい特色を見いだすことができるという。フィンランド神話の第一の特徴は、平等主義的傾向である。『カレワラ』にふくまれる説話においては、英雄が隷民をつれていることはあるが、上層階級の代表者としての王族や僧族などのすがたはあらわれていない。神話のうちでは神々の地位がほとんど同一水準にたち、伝説の主人公である英雄もまた階級的に同一面層にたっている、かれらのうちあるものは漁夫であり、あるものは農夫であり、またあるものは鍛工である。ところが日本の神話は著しく貴族主義的な色彩をもっている。『古事記』や『日本書紀』にあらわれる神々や英雄は、多くは民衆の支配者であり、かれらのあいだには階位的な秩序が成立している。またフィンランド神話の第二の特徴は、いわゆる家系を誇るという観念のまったく存在しないことである。フィン族は『カレワラ』にあらわれる英雄に多大の興味を感じているが、しかしこれをわが家族の祖先として特別の誇りとしようとすることはなかった。ところが、これに対して日本の『古事記』『日本書紀』などの神話は、天皇・皇族・貴族を中心の筋として形成され、それらの家系を尊厳づけ権威づける傾向が顕著である。それは社会集団的生活のあるがままの反映としておのずからそうなったのであろう。

さてこのような特徴が、またその後の外国思想の受容形態を規定しているのである。まず儒教は、上下の身分的区別にもとづく社会秩序を説くものであるから、この点で日本ではシナ思想のうちで、とくに儒教が重視されたのは当然である。シナ思想のうちでも、個人主義的あるいは民主主義的傾向のある諸思想を、過去の日本人は拒否したのである。もちろんそれを拒否したのは過去の支配階級なのであるが、被支配階級はこのような大陸の思想を受けいれるほどに進んでもいなかったのであろう。

日本の国家が文化的に重要な意義を具現するにいたったのは、おそらく聖徳太子の時代からであろうが、太子の道徳観においても、君と親とに対して忠実な態度をとることが、もっとも主要な道徳であると考えられていた。もちろんこのような思想は、西洋にもないわけではない。たとえばアリストテレースは階位的に下のもの（妻・子・臣下）は階位的に上のもの（夫・親・王）を、後者が前者を愛するよりも以上に愛すべきであると説いている。しかし日本においてはこのような道徳がその後ながく主導的であったといえるであろう。

つづいて孝徳天皇の大化二年の詔勅からみると、大化改新の政治的理想は、表面的には儒教にもとづいたものであった。近世にはいるとともに、儒学は積極的に支配階級の採用する公の思想体系としての位置が認められた。もっとも儒学興隆の気運は、戦国時代の諸武将の政策について認められる。たとえば、織田信長が元亀四年七月に京都の市民に下した定書には、

『儒道之学に心を砕き国家を正さんと深く励す者、或忠孝義之者尤大切なる事条ゝ下行等他に異而可㆓相計㆒』

という一条がある。戦乱の騒然たるうちにあっても、信長は、政治上の指導的な思想体系と

して儒学を採用し「忠孝の義」を基本としようとした。このような気運を受けついで、徳川幕府によって、儒学が集権的封建制度の思想的支柱として公に認められるにいたったのである。もちろん儒学者のすべてが、既成事実としての封建的な階位的身分秩序を、そのまま是認していたわけではない。陽明学の中興者である三輪執斎（一六六九—一七四四）は、人間の平等観を徹底させている。『上は人君より下は士庶人、此外穢多乞食にいたるまで、みな人也。上は聖人より下は凡人此外異端邪類まで、皆人也。人の真の人になる道を、尭舜の道といふ。』しかしながら、かれは決して現実の身分制度を否認するものではなかった。『穢多乞食の人倫にいゝ齢せぬものといへども、捨べきにあらず』とか、救恤にさいして『尤乞食穢多村の者は一人もまぜ不申候』といったごとく、依然として身分的差別を認めている。儒学者のあいだからは、封建的な身分秩序に対する抗争の運動はあらわれなかった。

以上の傾向はまた仏教移入の態度のうちにも顕著にあらわれている。もともと仏教は四姓の平等を説き階級間の身分的区別を否認するのが、原始仏教以来の根本的立場であるにもかかわらず、日本の仏教徒はこの点については多く沈黙を守っていた。かえって仏教思想は、主従関係を重視する態度によって変容されて受けいれられた。

日本の仏教は、いうまでもなく、推古天皇の時代から非常にさかんとなったのであるが、そ

のとき仏教を人々が遵奉するにいたった目的は、君と親との恩に報いるためであった。『日本書紀』によると、

『皇太子及び大臣に詔して、三宝を興隆《おこ》さしむ。このときもろ〳〵の臣《おみ》・連《むらじ》ら、各〻君と親との恩の為に、競ひて仏舎を造る、即ちこれを寺《てら》と謂ふ。』(『日本書紀』推古天皇第二年春二月丙寅朔の条)

とある。本来仏教的ではない「忠・孝」の思想が、日本では仏教そのものを意義づけることとなったのである。

仏教受容のしかたに認められるこの傾向は、その後の仏教をも支配しているようである。たとえば日蓮は、『開目鈔』の劈頭において、『それ一切衆生の尊敬すべき者三つあり。いはゆる主・師・親これなり』という。これは明らかに儒教の見解を採用しているのであるが、しかし儒教の立場にあっては、この三者に対する報恩ということを、真にはたすことはできない。『過去・未来を知らざれば、父母・主君・師匠の後世をも助けず、不知恩の者なり。』この三者に対する報恩は、『法華経』を奉ずることによってのみ実現される、と日蓮は主張する。だから日蓮はいちおう儒教的なあるいは日本的な見解を採用しつつ、それに順応して仏教を説いているのである。日蓮はいう、『法華経の第二の巻に、主と親と師との三つの大事を説き給へり。一経の肝心ぞかし』(『下山御消息』)。ところがかれの言に反し、『法華経』第二巻には、君臣・

親子・師弟の道徳は、なんら明示されていない。そこではただ、世間で父が慈悲の心をもって子供らを導くように、如来は慈悲心によって種々の方便を用いて衆生を救うものであるということが、譬喩（羊・鹿・牛車の譬喩、長者窮子の譬喩）をもって教えられているにすぎない。だから日蓮にしても、そののちの日蓮宗宗学者にしても、このような階位的身分関係の道徳についての典拠となる文句を、『法華経』のうちから取りだして示すことはできなかった。ただ『法華経』は真理の書であるから、かかる道徳が説かれていいいいはずであると、ひとりでそのように決めていたのである。

さて右にあげた主・師・親のうちで親あるいは祖先を崇拝するという思想については、すでに論じたから、いまここでは「君」を重んじる思想を検討してみようと思う。〔師に対する帰投の問題は、のちの第三章第七節「特定個人に対する絶対帰投」で論じることにする。〕

仏教はもともと四姓平等を説くのであるから、封建諸侯あるいは国王である「君」を重んじるという思想は、原始仏教においてはほとんど説かれていない。むしろ多くの仏典においては、国王を盗賊と併称している。力をもって人民を苦しめる点では、両者は異ならない、と考えていたのである。ところが仏教が東洋世界における普遍的教説として受容されるにあたって、それを四姓平等を説く教説として受容することは、当時の日本国家の階位的身分秩序を破壊させる危険性がある。そこで日本国家における階位的身分秩序の構成に順応するようなしかたで、受容されねばならなかった。聖徳太子の下の政府は仏教を奨励したが、十七条憲法においては、依然として上下の身分的区別を固守している。そうして聖徳太子は、身分倫理の観念を仏教そのもののうちにもちこんでいる。すなわち経典を註解するにあたって、君を尊敬するという思想を経典のうちに織りこんでいる。『勝鬘経《しょうまん》』の「尊長」という語のもとに嘉祥大師吉蔵は「師、父、兄姉」だけを考えていたのに、聖徳太子はそれらの最初に「君」を加えている。

ここで「君」という語によってなにが意味されていたか、ということが問題となるが、それは天皇であることも可能であり、また隷属者に対する主でもありうる。ようするに有限なる閉鎖的な人間結合組織において、権力による隷属関係が支配している場合に、その組織の首長は「君」と呼ばれるか、あるいは「君」になぞらえて考えられるのである。したがって「君」を尊重する思惟方法は、封建社会における身分倫理ともなりうるし、また国家至上主義の時代における天皇に対する服従の倫理思想ともなりうるのである。

現実社会における主に対する絶対帰投の態度は、日本仏教における教理の構成のしかたにまで影響をおよぼした。日蓮はいう、国においても、家においても、主は一人でなければならぬ。それと同様に、多数の経典のうちにも「主」であるべき経典がただひとつあらねばならぬ。『世間を見るに、各、我も我もといへども、国主は但一人なり。二人となれば国土おだやかならず、家に二《ふたり》の主あれば、其家、必ずやぶる。一切経も又かくの如くあるらん。何の経にてもおはせ、一経こそ一切経の大王にてはおはすらめ。』（『報恩抄』）このような論理にもとづいて、かれは『法華経』を選びとったのであった。

主君に対する絶対的献身の態度は、日本の歴史を通じて日本人の倫理思想の根本的なものとしてはたらいている。われわれが源平二氏の抗争をみても、両家の配下にある武士たちのあいだには、相互にいかなる憎しみの念も存在しない。かれら武士をたがいに戦わせたものは、かならずしも利害の衝突のみでもなく、信仰の相違でもない。とくに主君に対する絶対献身の態度が、かれらを相互に戦わせているのである。もちろんその奥底には経済人的な利害関係が作用していたということは、十分に考えられるが、少なくとも表面に掲げられていたものは、主従の結びつきであった。

これに対して東洋の他の国の例をとって考えてみると、インドにおいては、武士が戦さに身を捨てることは、宗教的意義のあるものとして称讃されていた。ところが日本の武士はこのような態度をいさぎよしとしない。『この主従の契より外には、何もいらぬことなり。この事はまだなりとて、釈迦・孔子・天照大神の御出現にて御勧めにても、ぎすともすることにてなし。地獄にも落ちよ、神罰にもあたれ、此方は主人に志立つるより外はいらぬなり』（『葉隠聞書』第二）というのが、武士たるものの理想的態度とされていた。主君に対する献身的服従をその本質的契機とする武士道が、多分に仏教に裏づけられていることは、周知の事実である。『葉隠聞書』の思想の背後には禅の人生観が予想され、大石内蔵助も参禅したといわれている。これらの場合にあっては、禅の修養が、家臣の主君に対する献身的態度となって生きてはたらいているのである。

仏教の輪廻思想も主従関係を重視する態度によって変容されて受けいれられた。このようにして一般民衆のあいだに、「親子は一世、夫婦は二世、主従は三世」というような観念が成立したのである。

仏教教団がこのように世俗の階位的秩序を容認していたのと同様に、教団自体も階位的秩序によって構成されることとなった。人は既成の仏教教団における複雑な階位のことを思い出してみるがよい。原始仏教教団においては、万人すべて平等であり、ただ出家後の年数の多少にしたがって次序がつけられていただけにすぎない。また原始仏教教団においては、万事投票によって決せられ、多数決（yebhuyyasikā）の原則が採用されていた。ところが日本の仏教教団においては、西洋文明が移入される以前には、ついぞ多数決などという民主的な方法は、夢にも考えられなかったのである。

そうして一般に仏教の観念が平明な日本語として民衆のあいだに浸透する場合に、おのずから階位的な秩序の重視という線に沿って進んでゆく。元来「あきらめる」というのは「明らかに見る」ということであろうが、それを断念・放棄という意味に用い、そして仏教思想がこの観念をつちかったといわれている。しかし実際問題として、多くの場合、自分の欲するものが、君父や長上の意向と反するときに、自己の欲する目的を断念するときに、多く用いられる。また他人がなにものかを放棄断念するように説得することを「因果をふくめる」（＝事柄の因果関係を明らかにする）というが、仏教思想に由来するこの表現も、主として君父や長上の意志を伝えて断念させる意味に用いられ、決して単なる「因果関係の説明」ではない。因果関係がもっぱら階位的秩序において考えられているのである。

このような事情にもとづいて、日本人は日本社会における階位的秩序を、与えられたものとして受けとり、それを甘受していた。この点は古代シナとさえも相違しているということを、日本人自身が承認していた。西川如見はいう。

『都て唐土の風俗には、農家商家の子も学才次第に官位に昇り進み、あるひは宰相に至りて、天下の政道を主どり、国家を治め、万民を安泰ならしめ、名を揚げ父母を顕す。忠孝是より大なるはなし。此故に農民商家の子も、学文して官を得身を立んとす、しかれば本朝の学はこれに異也。本朝にも古より学者多かりしかど、庶民より出て、国家の政道を主どりし例なし。』（西川如見『百姓嚢』巻三）

したがって日本において近世になっても、自由な個人という観念は、ついにほとんどあらわれなかった。これは、日本における市民社会の未発達の事実と密接な関係があるといわれている。封建時代においては、自主的な行政権および司法権の担持者としての都市なるものは、日本にはまったくあらわれなかった。日本の都市は、シナにおけるような帝王の居住する王城でもなかったし、また王侯の支配する都城として特別な意義をもっていたのでもなかった。官僚的な行政組織をもっていなかった。ただ武人の支配下にあって、人口の集中した地域というだけの意味しかもっていなかった。明治維新以後になって日本の都市は、急激に膨張拡大したけれども、そこにはヨーロッパにおけるような市民としての自覚は十分に成立しなかった。とくに農村から都市に流入した人口が都市に定着することなく、依然として出身農村との血縁的あるいは経済的紐帯を断たず、都市における生活が困難に直面した場合にはふたたび出身地である農村に復帰することが、都市市民としての自覚の発達を妨げているといわれている。この点は他の東洋諸国における場合と事情が類似している。近年は商工業の発達とともに事情は著しく異なってきたが、なお古来の性格を完全に離脱していない。

このような事情にもとづいて、日本人のあいだでは閉鎖的な人間結合組織としての家・主従関係・縁故関係・国家に対する道徳は発達しているけれども、一個の人間として守るべき道徳に関する自覚にとぼしいといわれている。社会的徳義とか公共心とか呼ばれるものが、まだ十分に発達していないのであると考えられる。

また都市社会の未発達のゆえに、日本においては封建的な、あるいはそれ以前の時代に由来する身分的差別の社会秩序が、依然として強固に存続していて、ひとたび市民のあいだから平等主義的な文化運動が起こっても、ほどなく封建的な身分秩序によって変容されてしまうのが常であった。たとえば、元来茶道は近世新興都市の大商人の日常の資本主義的職業生活に対して、生活規範としての理念的意義をもっていたのであった。それは『平生の高下によらず』（『南坊録』）、人間社会の階級的秩序を離れて、全然別個の主客関係をたてようとしたのである。ところが時代の経過とともに、封建社会の身分制度や武士の統治政策に順応妥協するようになった。茶道の修練によって『君居人倫の道も自然と其の極度に至るべし』（宗旦）あるいは『武士は武士の道に叶ひ、町人は其の家を保つやうになり、貴人も賤敷者も役に立ち上下をきらはぬ事にて候』（石州）などという。禅僧・鈴木正三およびその門流は、諸種の封建的な身分倫理に対して婉曲な抗議を行ない、その意見を著書に発表しているが、封建制打倒の積極的な運動となって展開するにはいたらなかった。近代的な合理的思索家であった三浦梅園でさえも、なお封建的秩序の道徳を是認して、『職に士農工賈有りと雖も、而も上、一人より、下、億兆に至るまで、造化を賛するを以て職と為す。……故に人の志す所は、則ち家国安寧、人の弁ずる所は、則ち尊卑親疏なり』（三枝博音『三浦梅園の哲学』）という。かれの倫理学はけっきょく「君子」としての理想を説くことにあった。

日本にあらわれたもっとも近代的な思想でさえも、封建的な身分秩序に抗することができなかったのであるから、君と父とに対する道徳を真正面から攻撃した宗教は、過去の日本に受けいれられるはずがなかった。キリシタンが禁圧されたのは、それが封建的な社会秩序を破壊するおそれがあるからであった。キリシタンすなわちカトリック教そのものは中世においてその覇権を確立した宗教であるから、そのうちに封建的な要素を内含していることは疑いもないが、西洋中世における君主はいずれもカトリック教を信じていたので、カトリック教の信奉と君主に対する献身的忠実とのあいだにさほど矛盾を感じなかったのであるが、日本の封建君主はほとんどカトリック教と無縁であったので、キリシタンの信仰は君主に対する献身的忠実の態度と矛盾せざるをえなかったのである。日本においてキリシタンを攻撃した人々は、主としてこの点を問題としたのである。

キリシタンの教えを捨て去った「ころびイルマン」なるハビヤンはその著『破提宇子《デウス》』において、キリスト教の説く十誡を批評して次のようにいう――第一の「デウスを尊べ」というほかの九誡は、人間一般の守るべき倫理であって、仏法の五戒に帰する。ただ第一の誡がよくない。デウス（＝神）を敬うために君父にそむく教えを説いているのである。このような教えを第一に説くということは、つまり国を奪うための手段にほかならない、と。そうしてキリシタンをころばせるためには、「この日本の国に住む以上は、その支配者である将軍の命に従うのが道である」という君臣論をもってした。徳川時代におけるもっとも進歩的な思想家の一人である新井白石でさえも、「天を祭るのは天子の職であり、以下諸侯から庶民にいたるまで上下尊卑に応じておのおの祀るべき分があるのに、すべての人民が平等に直ちに天を拝すべしというのは、不倫である」という身分倫理をもってキリシタンを攻撃している。もともと日本の儒教は、近世における武家政権の理論的基礎づけとして興隆したものであるから、近世封建社会の身分秩序をおびやかすおそれのあるキリシタン教を排斥したのは当然である。

日本人一般は、身分的・階位的秩序を重視する結果として、宗教家の偉大性は、宗教的真理を闡明し実践することに一身をささげた点に存するのではなくて、むしろ、かれの出身が良くその素姓が尊く門地が高かった点にある、と考えようとする。たとえば親鸞は、今日の歴史的研究によると、かならずしも貴族の出身ではなくて、ただ比叡山の堂僧の一人にすぎず、氏も素姓も不明であったということである。少なくとも親鸞自身の遺文のうちには、自分の出身素姓を誇っているような形跡は微塵も認められない。ところがかれの門徒は、かれを貴族の出身にまつりあげてしまった。たとえば、親鸞の滅後三十四年（永仁三年）に書かれた『親鸞伝絵』には親鸞の素姓を記して、

『俗姓は藤原氏、天児屋根の尊二十一世の苗裔、大織冠鎌足（鎌子内大臣）の玄孫、近衛大将右大臣（贈左大臣）従一位内麻呂公（号後長岡大臣或号閑院大臣贈正一位太政大臣房前公孫、大納言式部卿真楯息なり。）六代の後胤、弼の宰相有国の卿

五代の孫、皇太后宮大進有範の子なり。しかあれば朝廷につかへて、霜雪をもいたゞき、射山にわしりて、栄華をもひらくべかりし人なれども云々。』

という。また、蓮如の筆になる『御俗姓《ごぞくしょう》』という文は、親鸞の命日のころに報恩講において読誦する定めとなっているが、親鸞の出身がさらに誇張されている。そのほか、本願寺の人々によって作られた親鸞伝には、みなこの傾向がある。ゆえに、親鸞教も、日本人一般の階位的・身分的差別を重視する思惟傾向に従わなければ、民衆のあいだにひろまることができなかったのである。

このような事情が日蓮の場合にはいっそうはっきりしている。日蓮自身はみずから『海辺の旃陀羅《せんだら》（＝インドの不可触民）が子なり』（『佐渡御勘気鈔』）『片海《かたうみ》の石中《いそなか》の賤民が子也』『片海の海人《あま》が子なり』（『本尊問答鈔』）などと称して、氏なき隷民の子であるということをむしろみずから誇っていた。ところが日蓮宗も、日蓮に対する一般民衆の帰敬を集めるためには、日蓮が高貴の裔であるという系譜を偽作せねばならなかった。たとえば日澄の著わした『日蓮大聖人註画讃』（江戸時代初期）には『蓮師の姓は三国氏《みくにうじ》、父は遠江国の主貫名《ぬきな》の重実《しげただ》がじなん重忠《しげただ》なり。日蓮は第四の子、聖武天皇のばっそん。父は遠州より安房国長狭の郡東条の郷のかたうみ、市河の村小湊の浦にはなたれてぎょふとなれり。母は清原氏なり』とある。いまや隷民の子は貴族の子、いな天皇の裔とされた。そうして隷民の子であるにもかかわらず自分が正法を説くのだと主張した日蓮の真精神——それはまた仏教の本来の伝統的精神であるが——は、ついに失われてしまった。坊間に見られる多くの日蓮伝は、たいていかれを貴族の子としている。日本の代表的な民衆的宗教家は、このようにして、貴族の子だの天皇の裔だとかいうことにされてしまったのである。

ひとはこれについて次のようにいうかもしれない——そうじて封建制社会においては血縁的・世襲的な身分的秩序の別を重視するから、宗教もそれに適応した思想形態を示しているにすぎない、と。しかしながら中世インドの封建社会においては、ヒンドゥー教の革新的宗教家であったアールワール（Āḷvār）たちは最下の不可触民の出身のものが多く、またそのことが一般に知られていたが、それでなお世人の尊敬を集めていた。インド人は世俗的な身分・素姓よりも宗教的権威を重んじるのである。カーストの区別も宗教的信念にもとづいてのみ成立しているのである。またチベットにおいてはダライ・ラマなどの選出は表面的には世俗的な出身・門地とは無関係であった。シナでは科挙の試験にパスすることによって立身しえたことは、すでに西川如見の指摘したとおりである。だから、とくに世俗的な血縁的系譜の階位別を重視するということは、顕著に日本的な思惟方法の特徴であるといわざるをえない。決して日本にのみかぎられているのではないが、日本においてはとくに著しかったということができる。

六　国家至上主義の問題

有限にして特殊なる人間結合組織を重視するという傾向は、日本においては国家至上主義にいたって極点に達した。国家至上主義（ultra-nationalism）は決して明治維新以後のある時期になって突然あらわれたものではない。その萌芽はきわめて古い時代から存する。

まず日本が他の国々よりもとくにすぐれた国であるという自尊心あるいは誇りは、きわめて古い時代から存在していた。それは決して領土の広大、あるいは武力の強大を誇ったのではなくて、最初は自分の生まれた国土を愛するという情から発したものであると考えられる。「大日本」という語は、伝教大師がしばしば用いているが、おそらく「大日本」という語の用いられた最初であろうといわれている。日本の領土がシナに比してはるかに狭小であり、物質的な財力もシナよりははるかに劣っていることを、かれは熟知していた。シナに留学したかれは、この事実を当時のなんぴとよりも痛感していたはずである。それにもかかわらず、なお「大日本」と称したわけで、かれが日本を大乗相応の地であると信じていたからである。後世の仏教徒のうちにも、日本が世界のうちでもっともよい国だと思いなす人々がいた。たとえば鎌倉時代の禅僧慧安は、『末の世の末の末までわが国は、よろづの国にすぐれたる国』と詠じている。

日本国の優越的意義を認めようとする思想は、神国思想においてとくに大胆に表明されている。北畠親房は『大日本は神国なり。天祖始めて基を開き、日神長く統を伝へ給ふ。我国のみ此の事あり、異朝には其の類なし。この故に「神国」といふなり』と、『神皇正統記』の冒頭に宣言している。

これと反対の思想もあった。日本は粟散辺土であるという観念は、仏教の世界像を通じてひろがったが、これは平安末期から鎌倉時代にいたる中世にとくに顕著であった。また第二次世界大戦における敗戦ののちにも有力であったと思う。この傾向は、日本をとくにすぐれた国と見なす傾向と、抗争し、矛盾対立しながら存在していたようである。

そうして日本が神国であるということは、謡曲においても自明のことと考えられている。仏教者のあいだでも、日蓮はこのような見解をはっきりと採用している。『日本国は神国なり』(『月水御書』)『夫れ此《この》国は神国なり。神は非礼を稟《う》け給はず。天神七代地神五代の神々、其外諸天善神等は一乗擁護の神明なり』(『与二北条時宗一書』)などという。このような思想はまた禅僧のあいだにもあらわれている。たとえば白隠は、『我が日域は粟散辺少の境なりと雖も、宝祚遠長、人物高貴、殊方異域に勝ること遠〔き〕清浄の神国』(『読神社考弁疑』)であると説き、その他かれの諸書には、かれが神道をも好んでいた点が認められる。

国家主義的な見解を理論的に基礎づけるものとしては、儒教は絶好の思想体系であった。シナで、国家統治の理論として公認されていた儒教は、さほど抵抗障礙を見いだすことなしに、日本に移入された。〔この際に唯一の難点は「禅譲放伐」の問題であったが、これもべつに摩擦をひき起こすほどのことではなかった。これについてはのちに第三章第九節「帝王崇拝」においで論及することにする。〕儒教が移入された当時、ときの支配階級が儒学を習学したのは『吏と為り、儒と為り、国家に報ずる』（『菅家文草』巻三）ためであった。このような態度は、そののち日本の支配階級を一貫している。近世になっても、いわゆる国体観念を骨子として儒教を説くことは、伊藤仁斎、山鹿素行、山崎闇斎の諸学派、水戸学派など、ほとんどすべての学派を通じて一貫している。

そうして儒学は、日本人一般のあいだに存在していた国家至上主義的あるいは権力至上主義的な思惟傾向と結びつき、それを理論的に基礎づけるしかたにおいて、他の外来思想に対する自己の優越性を主張しえたのであった。たとえば、菅茶山はいう。『仏法は儒道あるが中にこそ行はるれ。王法といふものなき代なりせば、かのひじりも独行せんことかたからまし。悪王ある国をばさけてすまずといひ、国恩は四恩のひとつといへるをみるにも、礼の余光をかるにあらざれば、たゝざることとしるし。……天主教は天主のために身命をもをしまずとか。こはさらにきくもおそろし。国に君ありて、これがためにこそ、事にのぞみては水火をもさけざれ。其外国々世々にさまざまの教ありて、何の宗よそれの教よと、その名はことざまにきこえ侍れど、沼より外にかたくたふとぶべきあるじをたてたらんは、みなおなじたくみのてだてにして、政教の害をなさんこと明けし。』（菅茶山『冬の日影』上）

しかしながら儒学の国家観はもともとシナ社会において成立したものであるから、つきつめて考えると、日本の国家至上主義者の見解とはどうしても一致しがたい点を含んでいる。すなわちシナの哲人の構想した国家というものは、理想国家一般なのであるが、日本の国家主義者の問題としていたのは、ただ現実の日本国だけであった。だから日本の国家主義は儒学にはぐくまれながらも、その極点に達すると、儒学の権威を否定するにいたる。吉田松陰は孔子・孟子を非難していう。『孔孟生国を離れて、他国に事へ給ふこと済まぬことなり。凡そ君と父とは其義一なり。我君を愚なり昏なりとして、生国を去て他に往き、君を求るは、我父を頑愚として家を出て隣家の翁を父とするに斉し。孔孟此義を失ひ給ふこと、如何にも弁ずべき様なし。』（『講孟劄記』第一巻）

次に仏教の受容形態についてみても、やはり以上に指摘したような傾向が露骨に表明されている。日本の仏教徒は、国家至上主義につごうよいような、あるいはそれと矛盾しないような教説を、とくに選びとった。

国家の問題に関しては、インド仏教徒は原始仏教以来、しばしば国王を盗賊と同列にみなし、両者はともに人民に害を加えるものであるから、なるべくその危害を避けるように、ということを教えている。そうして、かれら仏教徒は、国王の権力的支配を離れて、自分たちだけの精神的結合によって理想的社会を建設しようとした。これはかれらの慈悲の精神から導きだされる必然的結論である。そうしてこのような精神運動の基体となった団体がサンガなのである。ところが日本人はこのような思想を受けいれなかった。日本の国家主義は現実の日本国家を絶対視し、その元首としての天皇を神聖視するのであるから、原始仏教以来の伝統的保守的仏教徒の懐いていた国家観と一致しがたかった。そこで、日本人は原始仏教以来の伝統的保守的仏教を「小乗」と呼んで貶斥し、そうして帝王の権威を認め国家に即して仏教の理想を実現しようとする仏教、とくに「大乗仏教」を選びとったのである。

国家の起源の問題に関しても、原始仏教以来の伝統的保守的仏教は国家契約説の立場をとっていたが、日本人はそれを受けいれなかった。原始仏教徒の国家観は次のごとくであった——太古の時代に田畑の所有帰属に関して各人のあいだに区別がたてられたけれども、まだ他人の所有物を侵害する者がいた。人民たちはそれを防ぐために、人民に共通な主(『平等主』)を選挙して、人民を守り、善を賞し悪を罰してもらうことにした。それが国王の起源である。人民の納める税は、その国王に『供給』するのであり、人民が国王を『雇って』(『倶舎論』第一二巻、一四丁右)いるのである。国王は人民の主すなわち『民主』にすぎない、と。〔括弧内は漢訳仏典の訳語である。〕このような国家観念が、その後にも伝統的保守的仏教諸派に継承されている。また現実の国家形態としては、釈尊がヴァッジ族の共和政治をもっとも理想的な政治形態として称讃したということが、原始仏教聖典のうちに伝えられている。

しかるに日本人は、仏教を大規模に受容したけれども、このような国家観は日本の「国体」に反するものだと考えて、受けつけなかった。北畠親房は仏教思想を多分に摂取し、そのひとつとして上述の国家契約説の神話的説明を紹介しているが、それは『内典（＝仏典）の説』『天竺の説』にほかならぬといい、インドの国王はなるほど『衆の為に選び立てられしより相続せる』ものであるが、『我朝の初め』は『天祖より以来継体違はずして唯の一種まします』ということを強調している。また平田篤胤は前掲の国家起源説は『天竺に於いて酋長の始』を説いたものであるといって貶《けな》している。いずれも、日本に適用してはならぬと考えていたのである。

そうして以上の説とは反対に、帝王は「神々の子」（「天子」と訳される）であり、神々から使命を託され神々に守られているという帝王神権説を述べている後世の一部の大乗諸経典（『金光《こんこう》明《みょう》経』など）が尊重された。このような思想は、もともとインドの古代末期から中世にかけての封建社会を規制したバラモン教法典に出ているのを、後世の仏教徒が社会的通念として言及しただけにすぎないものであり、仏教固有のものではない。しかるに日本の仏教徒は、このような思想をとくに強調した。

仏教は、国家を守護する意義のあるものとして、日本にとりいれられた。周知のごとく、伝説によると、欽明天皇十三年（五五二）に百済国の聖明王が釈迦仏の金銅像一躯と幡蓋若干と経論若干巻とをわが皇室にむけて献じてきて、それが端緒となって日本に仏教がひろまるようになったのである。この場合には、他国とわが皇室との関係、ないし国と国との外交的関係によって公に仏教が受容されたのである。この点は、シナにおいて後漢の明帝が月支から仏教を迎えたと伝えられている場合とは、おおいに事情を異にしている。日本にあっては国と国との関係が、世界宗教の受容摂取という歴史的現象を起こさせたのである。

ところで『日本書紀』によると、そのさいに、百済国の聖明王が仏教の功徳を讃嘆した上表文を付けてきたという。その上表文には、

『この法はもろ〳〵の法の中において最もすぐれゐます。解し難く入り難し。周公孔子もなほ知ること能はず。この法は能く無量無辺の福徳果報を生《な》して、すなわち無上菩提を成し弁《わきま》ふ。』

とある。そのときの状を『日本書紀』には、

『この日、天皇は、きこしめし已りてよろこびほとばしりて、使者に詔してのたまはく、朕むかしよりこのかた、未だ曾ってかくの如き微妙の法を聞くことを得ざりき。』

と叙せられている。ところで『日本書紀』のこの両文はじつは、すでに学者が指摘したように、義浄訳の『金光明最勝王経』の文と曇無讖訳の『金光明経』の文とからの抜萃潤色なので

ある。そうして右の上表文なるものは、じつは後世になって『日本書紀』作者が『金光明経』にもとづいて勝手につくり出したものなのである。したがって聖明王の内容をどれだけ伝えているか疑わしい。しかしいまわれわれがここで問題とするのは、日本に仏教の移入されたことの意義が、『金光明経』にあらわれている思想形態によって理解されていた、少なくとも、『日本書紀』作者らの宮廷学者によってそのように理解されていた、という思想的事実である。

さて『金光明経』が他の大乗経典に比してとくに注目さるべき特徴は、鎮護国家の思想と現世的な呪術使用とである。第二の特徴についてはのちに論究することにして、いまここでは第一の特徴を考究したい。

この事実からも知られるように、日本の仏教は、その出発点からして、まず国家的視点が著しく支配的であった。

〔仏教が国家あるいは領主の繁栄・功徳のために冥々裡の力を与えるものであるという見解は、すでに西紀前一世紀に西北インドのサカ人のあいだで行なわれていたということが、碑文によって立証されている。領主たる藩侯の一族であるパティカ（Patika）という人が西北インド（現在のパキスタン北部）の中心地タクシャシラー（Takṣaśilā=Taxila）の地に釈尊の舎利塔を建設し、また教団の建物（saṅghārāma）を建てたのは『一切の諸仏のために、また父母に供養しつつ、藩侯（kṣatrapa）とその妻子の寿命と力とを増進せしめるため』であったという。またマトゥラーで発見された獅子柱頭には、仏法僧の三宝を尊敬供養するとともに、サカ国(Sakastana=Śakasthāna)を尊敬供養するという趣意も表明されている。またアゼース(Azēs)王紀元の第一三四年にバドラヴァラ(Bhadravala)という婦人の仏教信者が小塔を建てたときの碑文にも『国家たる都市(raṭhanikama=rāṣṭranigama)を崇敬供養し、一切衆生の供養のために』行なったのであるという。このような見解がいくたの大乗経典のうちにまとまった思想として理論的に述べられているのであるが、日本の仏教はこの思想系統を受けているのである。」

つづいて推古天皇の治世には、聖徳太子の『十七条憲法』のうちに『篤《あつ》く三宝を敬へ』と規定され、国家の宗教として一般にひろめられた。国家の政治的・経済的支援のもとに、仏教は急速に活発な活動を開始した。ことに大化改新の後には、宗教に対する国家の統制が漸次強化されて、官僚に転化した貴族の氏族的背景が漸減するとともに、ばくぜんと仏教一般を国家宗教化して保護するという立場を捨てて、全面的に国家の統制に協力する純粋の国家仏教のみを積極的に保護する、という本格的な宗教政策に移行している。このようにして仏教保護はいよいよ強化され、そのためには造営などに要する臨時費はもちろんのこと、莫大な経常費の支出すらあえて辞さなかった。

こういうわけで、日本の上代仏教のもろもろの伽藍は、国家祈祷所としての形式をとっていた。聖武天皇天平勝宝元年(七四九)四月一日の宣命によると、『種々《くさぐさ》の法《のり》の中には、仏の大御《おおみ》言(こと)の国家護(みかど)るがた〔＝他〕には勝れたりと聞召して』(『続日本紀』一七) 国家擁護の霊験を第一義として朝廷に採用されたのである。そうして深遠難解な仏教哲学といえども、このような基盤のうえにおいてのみ受容されたのである。仏教哲学の最高峰とも見なすべき華厳哲学についてみると、奈良時代には、華厳宗には一種の国家宗教的地位が与えられた。聖武天皇の詔勅（同年）には、『花厳教を以て本となす』とある。帝都の国分寺である東大寺は、一に大華厳寺とも称せられた。しからば華厳宗のどのような思想が国家宗教たるに適していたのであるか、というと、この思想によれば、盧舎那仏の住する大蓮華台には、その周囲に千葉あって、その一葉がそれぞれ一世界になっており、またその一葉のなかの世界に百億の閻浮提《えんぶだい》（＝現実の人間世界）がある。一葉の世界には、盧舎那仏の化身であるところの釈迦仏があって諸菩薩のために説法し、また百億の閻浮提には、釈迦仏の化身であるところの百億の小仏があって説法している、とされている。このような世界観は、国家の要求にそのまま適合するものであった。すなわち官吏は、葉上の釈迦が盧舎那仏の化身であるごとくに、国家の化身でなければならず、また国民は閻浮提の小仏が釈迦仏の化身であるごとくに、官吏の化身でなければならぬ。国家、官吏、国民の関係が華厳の世界観に見るように、美しい調和を示すかぎり、天下は泰平であり、国土は安穏であるというのである。

国家の宗教政策の指導方針がこういうふうであったから、当時の仏教徒の思想形態もまた、それに順応したものであった。奈良時代の大学者としてほまれ高い秋篠寺の善珠は、『本願薬師経疏』を述作して、その序に、『聖心もて罪を懺《く》い、誠を投じて戒を求むるに非ざるよりは、何をもってか天朝の慈に報い、君王の徳に謝しまつらむ』といい、もろもろの修行者が、

『聖朝の大願を厳しみ、国家の広恩に報いたてまつらむ』

がために、懺悔受戒を行なうべきことを希望している。そうして、その功徳によって、一切の災難を除き、

『玉儀は天地とともに動き無く、宝命は日月とともに長久にして、千代の聖皇、万葉の天朝とならむ。次ぎに天下平安にして、百官忠を尽し、万姓安楽にして、至心に三業（＝身口意のはたらき）に修するところのもろ〳〵の功徳を廻施せむ。』（日本大蔵経、方等部、章疏、三）

と願っている。仏教においてはもともと一切衆生の利益安楽を願うのであるが、しかるにここにおいては皇室の繁栄が主要目的とされ、「万姓の安楽」は「次ぎに」おかれているのである。仏教の功徳の思想が、日本における階級的秩序に順応するものに改められたのである。

そうしてここに「鎮護国家」というひとつの明確な観念が成立することとなった。律宗の豊《ぶ》安《あん》は戒律を重んじた人であるが、『この戒律は、涅槃を証するの要衢、菩提（さとり）に赴くの基本なり』といい、『しかれば則ち、尸羅《しら》（śīla 戒）は苦海を渡るの軽舟なり。毘尼《びに》（vinaya 律）

は彼岸に到るの絶乗なり。これを以て知る、鎮護国家はこの戒を首となす』（『戒律伝来記』）と説いている。

平安仏教と呼ばれる天台宗や真言宗の場合も同様であった。伝教大師最澄は比叡山延暦寺を開創したが、その地は王城の丑寅の方角にあたり、王城守護をめざしていたのであった。かれはここで真実の道心ある僧侶を養成しようとした。かれは真実の修行者を「国宝」と呼んでいる。かれが比叡山に学僧を養成したのは『仏法を住持し国家を守護せん』（『山家学生式』のうちの八条式）がためであった。かれの主著（『顕戒論』や『守護国界章』など）のうちには、しばしば「守護国界」「護国」「護国利民」「国家永固」「国家安寧」などのいいあらわしが用いられている。また弘法大師空海は宮中でしばしば修法を行なったが、それは国家の利をおもって行なったのであると称している。かれは東寺を「教王護国寺」、高雄山寺を「神護国祚真言寺」と称させている。

「鎮護国家」ということは、初期の日本仏教教団だけが単に強大な国家権力に妥協し迎合するために唱えたとのみは解することができない。仏教が国家を鎮護する妙法であるという思想は、国家の公の記録である日本の正史のうちに採録されている。空海は『国家の為に熏修し、人天を利済せむ』ということを標榜して仏教をひろめたのであった（『続日本後紀』四、仁明天皇承和二年正月空海の上奏文）。空海が金剛峯寺を建てたのは、「鎮国護法」のためであると真然らはいう（『三代実録』第四一巻、陽成天皇元慶六年五月十四日の条）。仁明天皇の詔勅にも『国家を護持し、群生を利益するには、妙法最も勝る、尤も其の先に居る』とある（『続日本後紀』第一二巻、承和九年十二月十七日の条）。真紹律師が毘盧舎那仏および四方の仏像を造ったのも『聖恩に報じ奉り国家を護持する』ためであった（『三代実録』第七巻、清和天皇貞観五年九月六日の条）。延暦寺は『朝家を鎮護するの事』をその目的となし（同、第一三巻、清和天皇貞観八年六月二十一日の条）、安祥寺の諸僧をして諸宗の経論を転読せしめたのは『以て聖朝を奉翊し国家を加護せしめん』がためであった（同、第一一巻、清和天皇貞観七年七月十九日の条）。円仁の上奏文には『力に随って流伝し、国家を擁護し、群生を利益し、先師の恩に酬いん』という（同、第一二巻、清和天皇貞観八年五月二十九日の条）。静安《じょうあん》律師の言として『仏経を書写して国家を鎮護す』ということが伝えられている。

鎌倉時代の新興諸宗派にも、やはり護国思想があらわれている。新たに移入された禅宗についてみるに、栄西は『興禅護国論』を著わした。栄西の当時には、古京六宗、天台宗、真言宗などが国家公認の宗教であったので、新宗教としての公認を要請するためには、その鎮護国家性を強調しなければならなかった。『日本仏教中興願文』『興禅護国論』には、このような主張がつよくあらわれている。また京都の南禅寺の具名は「瑞竜山太平興国南禅禅寺」であり、鎌倉の建長寺の具名は「巨福《こふく》山建長興国禅寺」である。道元が帰朝後最初に建立した宇治の興聖寺は「観音導利院興聖護国寺」ともいう。夢窓国師疎石は、各国に安国寺を建てた。また護国寺と称する寺院が、全国各地に存することはいうまでもない。シナでは、南宋時代に元との対立意識に影響され、禅宗がとくに国家思想を強調していたので、日本におけるそれらの事例は直接には南宋の影響であろうと考えられるが、しかしシナではこのような傾向はまもなく消失したのに、日本では最近代まで長くつづいていたのである。

多くの宗派においては、護国思想はまだ教理それ自体とは密接に結合していなかったが、日蓮宗の場合にはその本質的契機とさえもなっている。日蓮の『立正安国論』が、当時においていかに重大な意義をもっていたものであるかということを、想起してみるがよい。日蓮によれば、宗教そのものは国家に奉仕すべきものなのである。『日本国一万三千三十七の寺、並に三千一百三十二社の神は、国家安穏の為に崇められて候。』（『諫暁八幡鈔』）仏教がさかんに行なわれるためには、国家の存立ということが前提条件である。『夫れ国は法に依て昌《さか》へ、法は人によつて貴し。国亡び人滅せば、仏を誰か崇《あが》むべき。法を誰か信ずべきや。先づ国家を祈りて、須らく仏法を立つべし。』『国に衰微なく、土《ど》に破壊なくんば、身は是れ安全、心是れ禅定ならん。』（『立正安国論』）

そうして、かれが問題としていたのは、どこまでも日本の問題であった。かれは『法華経』の薬草喩品に『法王は世間に出現す』という文句について、『世間とは日本国なり』と解し、また神力品に『斯の人、世間を行じて』とある文句について、『斯人とは上行菩薩なり。世間とは大日本国なり。……今日蓮等の類ひ是れなり』という。また妙楽大師の『子、父の法を弘むるに、世界の益あり』という文を解釈して、『子とは地涌の菩薩なり。父とは釈尊なり。世、、、界とは日本国、益とは成仏なり』(『御義口伝抄』末尾)と解する。インド仏教徒の見解によると、「世界」(lokadhātu)とは日月の照らす範囲、すなわちスメール山(須弥山)を中心とした四大陸(四洲)を指していう呼称であった。ところが日蓮は、『法華経』によって救われるところの未来の「世界」とは、ただ日本国のことであると、まず第一に限定して考えたのであった。

ただ浄土教の場合には、比較的に国家意識がとぼしかった。だから法然には国体観念がない、などといって、太平洋戦争のときまで一部の国家至上主義哲学者はさかんに論難していた。法然や親鸞の思想体系のうちにおいては、国家の問題はさほど重要な意義をもたなかったのであるが、しかし浄土教がひろまり、またその教団が外部からの国家至上主義的攻勢に対して自己を守りぬくためには、国家至上主義との妥協を必要とした。いま浄土真宗の場合について簡単に考察してみよう。

真宗の開祖親鸞については、特別の国家意識というものは存在しなかった。かれにとっては生死罪悪の凡夫としての自己とそれの救い主としての阿弥陀仏との関係が、唯一の中心問題であった。そうして世俗的権力との妥協などということは、まるで考えていなかったらしいし、妥協という問題さえも起こらなかった。ところが浄土真宗を民衆一般のあいだにひろめた蓮如になると、当時の封建的勢力との妥協的態度が認められる。『それ国にあらば守護方、ところにあらば地頭方にをひて、われは仏法をあがめ信心をえたる身なりといひて、疎略の儀ゆめゆめあるべからず。いよいよ公事をもはらにすべきものなり。かくのごとくこゝろえたる人をさして、信心発得して後生をねがふ念仏行者のふるまひの本とぞいふべし。これすなはち仏法王法をむねとまもれる人となづくべきものなり。』（『御文』二ノ一〇）かれはまた『王法は額にあてよ、仏法は内心に深く蓄《たくわえ》よ』（『蓮如上人御一代記聞書』末）と教えている。この見解を発展させて、のちの真宗教団では真俗二諦の説をまとめあげた。もともと仏教で真諦《しんたい》といえば究極の真理、俗諦《ぞくたい》といえばより低い真理を意味したのであるが、真宗教団ではこれを改めて、真諦とは仏法、俗諦とは王法であるとして、仏法と王法との対立の問題にいちおうの処理解決を与えたのであった。

そうして封建諸侯が没落して、中央集権的国家が成立し、天皇の神聖性が強調されるとともに、本願寺教団はついに国家至上主義的な倫理を説くにいたった。たとえば明治辛未（四年）初秋下旬日付前住広如の『御遺訓消息』として、翌五年正月明如の発表した文には次のごとくいう。

『夫レ皇国に生ヲウケシモノ、皇恩ヲ蒙ラザルハアラズ。殊ニ方今維新ノ良政ヲシキ玉ヒ、内億兆ヲ保安シ、外万国ニ対峙セント、夙夜ニ　叡慮ヲ労シ玉ヘバ、道ニマレ俗ニマレ、タレカ、王化ヲタスケ皇威ヲ輝シ奉ラザルベケンヤ。況ヤ、仏法ノ世ニ弘通スルコト、偏ニ　国王大臣ノ護持ニヨリ候ヘバ、仏法ヲ信ズル輩イカデカ王法ノ禁令ヲ忽諸セムヤ。是ニヨリテワガ宗ニオイテハ王法ヲ本トシ仁義ヲ先トシ、神明ヲウヤマヒ人倫ヲ守ルベキヨシ、カネテサダメオカルヽ所ナリ。』

ところで従来親鸞に言及した仏教学者で、しかも国家と仏教との関係を論じたほとんどすべての人々は、親鸞にも国体観念があったといい、その証拠として親鸞のただひとつの文章を典拠とする。それはすなわち、親鸞が性信坊にあてた手紙のなかで、

『念仏まふさん人々は、わが御身の料はおぼしめさずとも、朝家の御ため、国民のために、念仏をまふしあはせたまひさふらはば、めでたふさふらふべし。往生を不定におぼしめさん人は、まづわが身の往生をおぼしめして、御念仏さふらふべし。わが御身の往生一定とおぼしめさん人は、仏の御恩をおぼしめさんに、御報恩のために、御念仏こゝろにいれてまふして、世のなか安穏なれ、仏法ひろまれとおぼしめすべしとぞおぼえさふらふ。』

という。手紙の文章であるから、論理的な叙述ではないが、しかし私心をはなれて、すなおに右の文章を読むならば、「念仏まふさん人々」以下は「往生を不定におぼしめさん人」以下に対して形式的には対語であり、内容的には反語である。わが身のことを考えず、朝家のため、

国民のために念仏もうす人々は、しあわせな人々だ、かれらは往生ということに定まっている人々なのだから、そのとおりにしたらよかろう。しかしみずから省みて往生できるかどうかわからぬ人々、すなわち親鸞の御同行御同朋は、ひたすら自分を救っていただきたいと思って、念仏をもうせ、と教えているのである。すなわち「王法を本となすこと」を教えているのではなくて、「信心を本とすること」の思想を表明しているのであると考えられる。

ところが驚くべきことには、従来親鸞のこの文章は著しく曲解されていた。日本の学者たちは、多くは、ここでは親鸞が国家主義を説いているのだ、と解した。開祖親鸞の文章を曲解することによって、現実の教団の指導者たちは、軍閥を中心とする国家至上主義と妥協し、その攻撃を緩和しえたのであった。〔これに反して、法然はその著作のなかで一個所も国家に言及していないとして、国家至上主義者たちからさかんに論難された。〕

日本で重要視された経典についてみても、多数の仏教経典のうちで、とくに、国家を護る功徳があると考えられた経典が選びとられたのである。『法華経』と『金光明経』と『仁王《にんのう》般若経』とは護国の三部経典として尊崇された。『法華経』それ自体のなかには「鎮護国家」などという思想はどこにも見あたらず、むしろ反対に、真実の仏道修行者は「国王に近づくべからず、大臣に近づくべからず」と教えている。ただ『法華経』の教える法にしたがい行なうならば、世の中がすべて安寧幸福となると説いているために、日本人が「鎮護国家」の思想を『法華経』に結びつけたまでである。

その一例として、楠正成も『法華経』の信者であった。かれの自筆にかかる『法華経』（湊川神社に所蔵されている）の奥書には次のごとくある。

『夫れ、法華経は、五時の肝心、一乗の腑臓なり。斯に拠つて、三世の導師、此の経を以て出世の本懐と為し、八部冥衆、此の典を以て護国の依憑と為す。就中、本朝一州円機純熟、宗廟社稷護持感応、僧史の載する所、綷縑紬《ことけんしょう》に具《つぶさ》なり。爰に正成忝くも、朝憲を仰ぎ、逆徒に敵対するの刻、天下静謐に属し、心事若し相協はば、毎日当社宝前に於て、一品を転読すべきの由立願先づ畢んぬ。仍て新に一部を写し宿念を果す所件の如し。敬白

建武二年八月廿五日　　従五位上行左衛門少尉兼河内守橘朝臣正成敬白』

これは正成の自筆であり、かれの思想を直接にうかがい知りうる唯一の史料である。

後醍醐天皇も、『太平記』によると『左の御手に法華経の五の巻を持たせ給ひ、右の御手には御剣を按じて』崩御されたという。

このような特徴は、『華厳経』の遵奉のしかたにも同様に認められる。『華厳経』のうちには理想的な国王の政治のしかたが述べられていると同時に、国王や王子が国を捨てて出家修行すべきことを教えている個所もある。しかしそれは、日本では、奈良時代には国家の隆昌を基礎づける哲理を説くものとして受けとられた。奈良の大仏が建立されたのもそのためである。ま

た『金光明経』と『仁王般若経』とには明らかに国家意識があらわれているが、それは決して国家至上主義を説いているのではない。これらの経典によれば、われわれのたよるべきものは、永遠にして普遍的なる「法《ダルマ》」である。それはわれわれ人間に真実の実践を教えてくれる般若波羅蜜（完全な知慧）の教説である。般若波羅蜜の教説を国家の活動のうえに具現することによってはじめて国家が護られ、国家が栄えるというのである。したがって決して国家そのものを絶対視していたのではない。むしろ反対に法を護らぬ国家は亡びるということを強調している。ただ日本人はその国家至上主義的傾向に促されて、このような視点において、これらの経典に特別の顧慮を払ったのであった。

〔仏教が国家を護るものであるという見解は、やがて武士および庶民のあいだにもひろがるようになった。たとえば、南北朝時代に九州がこぞって足利尊氏をたすけたとき、菊池武時の一族だけは南朝に味方した。かれが肥後玉名郡に一寺を建立して大智禅師を迎えたとき、寄進文を草したが、その末文に『若し斯の寄進状の旨を守り、清浄信心を以て正法を守護せば、則ち密に三宝諸天の護念を蒙り、子子孫孫弓箭の家を全うし、永く国家の宝祚を守り奉る可し。因りて寂阿自ら身血を出して朱と合し、手印を寄進状の面に押して、以て後代子孫に暁喩する処なり』と記している。〕（『日本教育文庫』家訓篇）

仏教者のうちでとくに民衆と接触することの多かった人々でさえも、国家重視的傾向を表明する傾きがある。たとえば慈雲尊者の定めた『高貴寺規定』十三条のうちには『国家の御祈願、精誠を尽すべき事』という一条が存する。

国家が宗教団体的性格をもつということは、ギリシアに認められるし、また宗教団体が国家的性格をもつことは、インドのシク教について認められる。しかし日本の場合には、宗教が国家を護り、国家を基礎づけるものと考えられていたのである。

仏教が国家の政治に寄与すると考えられたのと同様に、またそれを小さくした規模において、封建的な藩の統治に寄与するものであると考えられた。しばしば指摘されるように佐賀藩の『葉隠』の精神の基底には禅的な世界観がある。水戸藩士森尚謙（一六五三―一七二一）の『護法資治論』（五巻あるいは一〇巻）は仏教をもって藩政に寄与しようとする意図の理論的表現である。

すでにインド人およびシナ人の思惟方法を考察したさいに指摘しておいたように、インドにおける宗教は国家を重視する傾向にとぼしく、政治的意味が少なかった。シナにおいても古い時代には「沙門は王者を敬わず」ということが主張され、文字どおり実行されていたが、しかし劉宋時代にきてから沙門も王者を拝するという制度が確立した。ゆえにけっきょくは宗教も国家に従属させられたのであるが、しかしシナの仏教では宗教の国家的性格ということは、仏教者自身によってはさほど主張されていない。しかるに日本においては普遍的宗教としての仏教も、国家と結びつき、国家の利益に奉仕するというしかたで、受容され、ひろまっていったのである。

以上に考察したのは、日本文化の一部面にすぎないから、全般的な結論を導き出しうるかどうかは、なお問題であるが、日本の国家主義について次のように特徴づけることができるであろう。

過去において日本民族が人間生活のきわめて重要な部面を国家と結びつけていたということは、その緊密度において、とうてい東洋の他の諸国とは比較にならぬほどである。日本の歴史においては文官あるいは武人の官僚がつねに強大な権力を掌握していた。国家的統制が強固であったということ、これが過去の日本の国家主義の第一の特徴であった。

しかし単に程度の相違たるにとどまらず、日本の国家主義の第二の特徴は、もっぱら日本国という特定の国家のみを中心として考えたということである。西洋の場合はいうまでもない。東洋においても、かつてインドにもシナにも国家主義を強調した学者はいく人も存在していた。かれらはつねに国家に絶対的意義を認めようとした。しかしながらインドやシナの国家主義者たちは、国家一般を考えていたのであって、決して特定の国家を最上者とは考えていなかった。国家一般に妥当すべきことを主張する国家主義は、かならず特殊な国家において具現されるはずのものではあるが、国家主義と特定の国家とは切り離して考えられていた。その点において、インドやシナの国家主義は合理主義的であった。ところが日本の国家主義の場合には事情を異にする。国家主義とは特定の国家としての日本の利害を、唯一の価値批判の基準とするのである。これは、自己の所属する閉鎖的な人間結合組織を中心としてものごとを考えて、普遍者を無視する傾きのあるところの日本人一般の思惟方法と、密接な内的論理的な連関があるものと思われる。ただ普遍的な意味の国家主義が日本で成立しないで、日本のみを問題とする国家主義が成立したということの実在根拠は、日本が島国であり、大陸から隔離されたひとつの世界であって、他の諸国の存在をつねに観念的にのみ知っていて、現実の脅威として受けとったことがまれであって、ただ蒙古襲来のときと第二次世界大戦における敗戦とが例外的な事件であった、という事情にもとづくとも考えられる。

日本人の生活において国家が支配的であったということは、日本が明治以後に近代国家として出発するために、ある意味ではきわめて有利な条件であった。もしも日本人のあいだに国家を重視する思惟傾向がなかったならば、日本の近代化はかくも迅速には行なわれなかったかもしれない。近代西洋においても諸民族がそれぞれ独立国家を形成したことによって各民族の積極的な活動が開始されたのである。この点で国家的統一の十分に行なわれていなかった他の東洋諸国よりも、近代化への進展に好適であったと考えられる。

「ここでわたくしは、アメリカで、あるシナ人――その人の国籍が、中華民国であったかアメリカであったか知らない――が、嘆くようにいったのを思い起こす――「西洋の列強諸国が侵略してきたときに、シナ民族は、各自の親族の利益だけを考えて、国とか民族のことを忘れていた。ところが日本人は、親族の利益を考えないで、国のことを考えていた。これが、日本は西洋の国の侵略に対抗することができたが、シナは西洋の侵略に身をゆだねなければならなかった決定的な相違点である」と。」

この点について次のような疑問がむけられるかもしれない――日本人の思惟形態のうちに国家重視的傾向が強かったのは、過去のことである。先の敗戦を転機として、日本は急速に近代化の方向にむかいつつある。天皇に対する臣民としてではなくて、社会人として、国家の主権に参与する一員である市民としての自覚が高まり、現にその方向に動きつつあるのであるから、国家重視的傾向は早晩なくなるであろう、と。いちおうはそのように考えられるが、しかし日本人のあいだに顕著な国家重視的傾向が急速になくなるということは、きわめて困難であると思われる。狭小な国土に多数の人口を擁し、緊密な村落共同体を形成して、生活の末端まで国家の統制を受けているいまの日本においては、国家が各個人の生活を支配している度合はきわめて多大である。

そうして日本が古来皇室を中心として発展してきたことは疑いのないひとつの歴史的事実である。皇室と国民とのあいだには、かつての他国におけるような敵対感が少なく、むしろ親和感のほうが強かったようである。日本の支配階級は、多分に温情的態度をもって民衆に対しようとつとめていた場合がある。国民のあいだには家族的親和感が支配していたような傾きが見られる。「家族国家」というような、それ自身に矛盾を含んだ名称は、西洋人はおろかインド人やシナ人でも、とうていまともに受けとらないであろうに、日本人のあいだでは、なんの矛盾をも感ずることなしに、あたかも自明の概念であるかのごとくに通用している。

このような思惟方法の優勢な国民のあいだから国家重視的傾向をとりさることは、はたして可能であるかどうか問題である。それは決して他国民に対して誇るべきことではないであろう。しかしすでに考察したようにインド人がつねに宗教を中心として人間結合を考え、シナ人が家族を中心において行為を決定するのと同様に、これは日本民族に伝統的なひとつの思惟傾向なのである。われわれはインド人がインド人であり、シナ人がシナ人であることを決して軽蔑したり非難したりしてはならないのと同様に、日本人のこのような傾向は、変化しつつもひとつの宿命的なものとして受けとらねばならないであろう。

のみならず国家を重視する傾向は、今日なお意味をもっていると考えられる。日本がわずか一世紀のあいだに政治的・経済的に有力な国家として世界の歴史に登場し、そのあいだに敗戦によって徹底的に打ちのめされたにもかかわらず、再び力を回復したことは、この民族の、国家を単位とする思惟方法ないし行動様式によるところが多いといわねばならぬ。インドの首相ネールは日本を訪問して帰ってからインドの国会で演説した。「諸君は日本のうちに、あるいは好ましくないことを発見するかもしれぬ。しかし国のために奉仕するという精神は、われわれが日本から学ぶべきことである。これはインドに欠けているものである」と。アジア諸国の新聞が戦後の日本の復興を問題とする場合には、日本人が国民としての立場から行動する傾向のあることを指摘している。

敗戦後、四十余年にして日本はめざましい復興をとげた。これに対して、従来の軍事的経済的諸強国は嫉視のあまり日本を袋だたきにすることをはじめた。しかし諸大国が広大な土地を所有し、莫大な資源を占有して日本を閉めだそうとしているかぎり、狭い島国に住む日本人たちは決して国家意識を捨てないであろう――日本人も生きていかねばならぬからである。

いわゆる官僚政治の弊害は、一日もはやくなくさねばならないが、「国のため」という意識を日本人が捨てることは困難である。「官僚政治」と「国人《くにびと》」である意識とは、まったく別のものである。

国粋主義なるものが、インドと日本とでは非常に相違している。国粋主義を標榜しているインド最大の学園、ムンシ（K. M. Munshi）の創始したBhāratīya Vidyā Bhavan（インド学院）では古来から現代までに出現した聖者のことばかり教えている。ところが日本では平和憲法を標榜しておりながら、テレビで人気があるのは、武将の対決の物語であり、かれらを主題にした小説もさかんに売れている。それに反して聖者物語というものは、日本ではどうも人気がない。

愛国者を尊敬するということは、インドでも行なわれている。日本側について英米の連合軍と戦ったチャンドラ・ボースやマヘンドラ・プラタップ (Mahendra Pratap) は、インド人一般から尊敬され、インド政府からも救国の英雄と見なされている。しかしインド人一般の尊敬の念は、かれらがインド人一般を英米の羈絆から解放してくれたことに由来するのであって、日本風の「愛国者」とは少しく異なるようである。現に日本の大陸浪人たちと手を結んだマヘンドラ・プラタップは世界連邦主義者であった。

最近代の機械文明においては、部族や宗族を中心とする態度はすでに過去のものとなってしまった。しかし世界を単位とする考えかたはまだ現実化されていない。そこで国家を単位として行動する民族が覇者として登場した。そうしてそれをなしえなかった民族は落伍してしまった。ここに同じアジアの諸民族のうちでも日本人と他の諸民族とのあいだのちがいがあらわれたのである。世界国家が樹立されるまでは、なおもろもろの国家が単位としての意義をもつであろう。

しかしまたわれわれはここに日本の国家主義の、歴史的に限定された位置づけを見いだすことができる。機械文明の進展とともに、諸国家の対立はやがて解消して、ひとつの世界国家を建設する方向にむかって進んでいる。諸国民のもつ国家至上主義的な態度は、やがて世界国家の建設にむかって生かさるべきであり、日本とてもその例外ではありえない。

七　特定個人に対する絶対帰投

閉鎖的な特殊な人間結合組織の形成を愛好する思惟傾向は、日本にあっては特定の個人に対する絶対帰投の念となってあらわれている。日本人は人間結合組織をインド人やシナ人のように抽象的に理解し把捉することを好まない。ややもすればその人間結合組織の代表者である生ける個人的人格に即して理解し把捉しようとする。

すでに指摘したように、日本では古代から家は抽象的な観念としてではなくて、生ける家長そのひとにおいて認められた。幕府は将軍そのひととして、国家は天皇そのひととして把捉される傾きがある。西洋の封建制度においては、主君に対する臣下の従属関係がきわめて複雑であり、そこには契約の観念が強くはたらいている。ところが日本の封建制度においては、主君に対する臣下の従属関係が単純であり、臣下は自己の全存在をもって全面的に主君に帰投する傾向が顕著である。「忠臣は二君に見《まみ》えず」というような思想も成立した。〔むろん歴史上の詳細な事実を検討すると、臣下が利害関係を考えて主君を変えたり、裏切ったりした事実は、いくらでもある。しかしモットーとして主観的意識面において「忠臣は二君に見《まみ》えず」ということが唱えられていたという事実は重要である。この信念は、かたちを変えて今日においてさえも生きている。」

とくに日本の封建時代に顕著な現象は「仇討ち」である。復讐ということは、かならずしも日本にのみ見られる現象ではない。西洋でも、コルシカ島とイタリアの一部には vendetta という近親復讐の習俗がある。すなわち殺された人の親族が殺した人またはその親族に復讐することである。しかしこれはまれであり、ヨーロッパでは日本のように一般化しなかった。また主君の仇を報ずるということは、ヨーロッパでは見あたらぬようである。個人が名誉を傷つけられたような場合には、決闘を申し込む。しかし主君の名誉のために決闘を申し込むということはなかったらしい。少なくとも一般の西洋人には知られていない。

主従関係について、日本人には特有の意識があるように思われる。その顕著な例は「忠臣蔵」である。その前半に相当する事件は、ほぼ同時代にインドでも起こった。アクバル帝のアグラ城の宮廷で佞臣に対して刀を抜いて斬りつけた藩侯はそのかどで死刑になった。しかしその藩侯の家臣が復讐するということはインドにはなかった。つまり「忠臣蔵」の物語の前半はインドにもあるが、後半はインドにはなかったのである。これが韓国であったらどうであったであろうか？　韓国の人々に尋ねてみると、重要な藩侯が帝王のお気に入りの佞臣と争ったために死刑となった例は多数存する。しかしその場合に、その藩侯の家臣が復讐のために蹶起するということは起こらなかった。「忠臣蔵」は昔から日本人のあいだでは非常に人気があるが、まったく、日本独自のものである。

近世インドにおける「忠臣蔵」と似た事件というものは、われわれ日本人にとっても興味深いから、その委細をさらに詳しく考察してみよう。「忠臣蔵」についての考察は「変容」ではなくて、「対比」である。

「忠臣蔵」の題材となった事件が起きたのとほぼ同時代に、インドでも浅野内匠頭のような事件が起こったが、しかし「忠臣蔵」としては発展しなかった。近世においてインド全体が統一されたのはアクバル帝のときであり、それは織田・豊臣によって日本全体が統一されたのと同時代である。それにつづいて中央集権が確立し、その具象的表現として壮麗な建物がつくられた。すなわち徳川家光によって東照宮がつくられたのと、インドでシャー・ジャハーン帝がタージ・マハールを建てたのとはほぼ同時代である。タージ・マハールの近くにある巨城――アクバル帝が建てた――は途方もなく大きなもので、昔の大阪城と広さがほぼ同じである。

この城に出入する諸門のうちで内側の門を、「アマル・シング門」という。そのわけは、アマル・シングは地方の大王であったが、かれが皇帝の宮廷へ行ったときに、帝王シャー・ジャハーンの義兄弟であったサラバト・カーンという人に侮辱された。その人は帝室会計官であったというが、金に汚かったのであろう。そこでアマル・シングは怒って、かれを傷つけてしまった。シングは、宮廷の謁見の席を汚したというので、皇帝の面前で殺された。

以上が「忠臣蔵」の序の口と似ている。憎まれた相手が、とくに金を扱っている、汚れているようなところが、吉良上野介と似ているわけである。

しかしインドでは、日本のように、主君の怨みをはらすということは起こらなかった。アマル・シングは気の毒だったというので、かれを追憶して、そこの門を人々が「アマル・シング門」と呼んだだけである。つまりインドでは「忠臣蔵」の序の口だけで、そのあとの本筋がない。〈忠臣〉が出てこないのである。

このように、前段というか、序の口の話は似ているが、後段というか、主なストーリーがまったく異なっている。日本では多数の臣下たちが、主のために命を捨てた。ところがインドでは同じ時代の似たような事件では、臣下が主のために復讐するということがなかった。

西洋人たちは「忠臣蔵」の話を聞いて、「一人の主人のために多数の人々が死んだなんて、なんとバカらしいことを!」というが、この点では、インド人の思惟方法はむしろ西洋人のほうに近い。

インドでも人がみずから命をささげたという伝説は数多くあるが、それは「神のために」あるいは「悩んでいる人々のために」、ときには「苦しんでいる鳥獣のために」みずから命を捨てたという話はいくらでも伝わっているし、ことに「ジャータカ」のなかにはそのような話が圧倒的に多いが、〈主のために〉命を捨てたという話は、まるで聞かない。少なくとも「忠臣蔵」に似たような話は、わたくしが知るかぎりではないようである。

もちろん全然なかったとはいえないかもしれない。あるいは十一世紀から十四世紀ごろまでのラージャスターニー語またはテルグ語の文献を調べてみたら、〈主のために〉命を捨てた物語が出てくるかもしれない。なんとなれば、これらの言語のはなされる地域では、この時期に日本のような武士道が行なわれていたからである。ただ現代のインド人がいっこうにこのような話をもてはやさないから、やはりたいしたことはなかったということはいえるであろう。「忠臣蔵」のような事件は、もう起こるはずはないが、しかし戦争に敗けて、しかも極度に機械化した生活を送っている現代の日本人が、いまなお「忠臣蔵」を愛好しているというところには、日本人の心情のなにものかが認められるような気がする。

さらに「義士」の意義内容がすっかり変化した。歌舞伎でも浪花節でも〈義理と人情〉が中心の観念である。ところがこの両者は仏教語が顕著に日本的に変容されたものなのである。「義理」とはもともと、仏典では「道理」「ことがらのわけ」というほどの意味であり、ひろく用いられている。わが国でも、たとえば弘法大師はこの意味に用いていた（『性霊集』第一巻、山に遊んで仙を慕う詩、並びに序）。

また「人情」とは「世の人々の気持」「人間の考えていること」「人間的な思量分別」「世間

的な、ものにとらわれる心」をいう（『臨済録』などから、また道元の『正法眼蔵』行持、『典座教訓』、『随聞記』などに出てくる）。「ジンジョウ」と読まないで「ニンジョウ」と読むから、仏教語であるといってさしつかえないであろう。

ところがこれらの語が日本へ入ってくると、一般的な関係を示す語ではなくて、特定の人間関係を示すものに変化してしまった。

「仁義をきる」という表現も、右に指摘した場合と同様に、特定の人間関係に即するものとして理解されるようになった。もはや人々は「仁」や「義」の原義のことを忘れている。

さらに「因果をふくめる」という表現も顕著に日本的である。因果思想はもともと仏教のものであるが、「因果をふくめる」という表現は、どうもインドには見あたらない。それは大体「主のために死んでくれ」とか、「お家のために誰か犠牲になる」とかいうことをじゅんじゅんと説くわけである。事実としてはあったかもしれないが、「因果をふくめる」という表現は、少なくともインドの古典のうちには、どうも見あたらない（おそらく西洋にもないであろう）。

インド人にとっては、因果を理解させるのは、宗教の領域のことがらであった。ところが日本では主君を中心とする人間結合が強かったから、〈現世における階位的秩序〉との関連において理解されたのであった。

そして主君のために復讐をはたした人々が「義士」としてたたえられた。「義士」という語はまれに仏典に出てくるが、それは求道者（bodhisattva 菩薩）の訳語であって、道を求めて、修行し、ひろく人々のために奉仕する人をいうのである。わが国でも聖徳太子の著作において用いられている場合には、明らかにこの意味である。ところが後世の「忠臣蔵」の場合には「義士」という語の意味内容が大きく変化している。

ところで復讐ということは、仏教のとくに禁ずるところであり、「怨みに報ゆるに怨みをもってするなかれ」ということは仏典の繰り返し教えていることである。しかし赤穂浪士の行動を、仏教僧はついぞ非難しなかった。非難の声を発したのは、当時の行政顧問としての儒学者である。いったい仏教僧は仏典をどのように読んでいたのだろうか？

さて一般社会におけるこのような特徴的な思惟方法にともなって、過去の日本の思想家のあいだにおいてとくに顕著な傾向は、特定個人に対する絶対的随順の態度である。

過去の日本の思想家は多くは仏教僧または儒学者であった。ところで宗教がややもすればなんらかの権威にたよろうとする傾向のあることはいうまでもない。しかしインドやシナの思想家は、もちろん特定個人にたよることも多くあったが、普遍的な理法をかかげて、それに随順しようとする合理主義的傾向がなお著しかった。ところが日本の過去の思想家はややもすれば普遍的な理法を閑却して、特定の個人の権威を強調しようとする。

その一例としてたとえば、日蓮が過去のシナ・日本の『法華経』鑽仰者と区別される重要な思想的特徴は、『法華経』のなかで、後の末世に『法華経』を弘布することを託せられている上行菩薩（Viśiṣṭacāritra Bodhisattva）とは自分のことであるという自覚である。『日蓮は上行菩薩の御使にも似たり。此の法門を弘むる故に。……上行菩薩再誕の人なるべしと覚えたり。』（弘安二年十二月三日『右衛門太夫殿御返事』）これはシナの仏教学者たちの『法華経』解釈とは著しく相違している。たとえば『法華経』を上行菩薩などに付託（付嘱）したことの意味について、天台大師は次のようにいう、『かくのごとき等の法は、三千界における微塵の菩薩に付嘱して、法身地に経を弘めしむ。何ぞただに生身が此土と他土とに経を弘むるがごとくならんや。十法界（＝十の生存の領域）の身、諸の国土に遊べば、則ち冥と顕との両益あるなり』（『法華玄義』第七下）。また嘉祥大師吉蔵は、涌出品を解釈する初頭に、『この品は見塔品と同じく、〔諸々の菩薩が〕地より涌出して倶に如来の法身を顕はす』（『法華義疏』第一〇巻）という。シナの法華経学者がこのように理としての究極者に絶対的意義を認めたのに対して、日本の日蓮は特定の状況における特定の個人に絶対的権威を認めたのであった。〔これは事を重んずる日本仏教の立場が行きつく所まで行きついたのだともいえるであろう。〕

特定の個人の権威の強調は、また特定個人からの師承の尊重ということに到達する。シナ仏教の受容にあたっては、単にシナで行なわれている仏教の普遍的教説を受けいれたというのではなくて、日本の学僧は、シナの特定の師匠から教えを受けたのであり、またそのことを望んでいた。たとえば、伝教大師最澄は、とくに『法華経』の真義を明らかにしようとして、はるばる唐に赴いたのである。かれが入唐を願い出た表文には次のようにいう。

『つねに恨む、法華の深旨、なほ未だ詳釈あらざることを。幸ひに天台の妙記を求め得て、披閲すること数年なるも、字謬り行脱して未だ細しき趣を顕はさず。若し師伝を受けざれば、得たりと雖も信ぜられず。』（『伝教大師全集』第四巻）

かくして、かれは入唐して、道邃から法を受けて日本に帰来したのである。

日本的な仏教の特色がとくによくあらわれた鎌倉時代の仏教においては、特定個人に対する絶対帰投の態度がいよいよ顕著である。法然の浄土教は『偏へに善導一師による』ものであった。それとともに、かれは師承の権威を尊重した。かれはいう、『口伝なくして浄土の法門を見るは、往生の得分を見うしなふなり。』（『東宗要』）また親鸞はひとえに師の法然に絶対的に帰投していた。

『親鸞にをきては、たゞ念仏して弥陀にたすけられまひらすべしと、よきひとのおほせをかうぶりて、信ずるほかに、別の子細なきなり。念仏は、まことに浄土にむまるゝたねにてやはんべるらん、また地獄におつべき業にてやはんべるらん、総じてもて存知せざるなり。たとひ法然聖人にすかされまひらせて、念仏して地獄におちたりとも、さらに後悔すべからずさふらふ。』（『歎異鈔』）

かれが、自己の教説の正当性を主張する連鎖式のたてかたは、師の権威の絶対性を大前提としている。

『弥陀の本願まことにおはしまさば、釈尊の説教、虚言なるべからず。仏説まことにおはしまさば、善導の御釈、虚言したまふべからず。善導の御釈まことならば法然のおほせそらごとならんや。法然のおほせまことならば、親鸞がまふすむね、またもてむなしかるべからずさふらふ歟。』（『歎異鈔』）

これは明らかに複合三段論法としての特徴をよく示しているが、それの構成単位である個々の三段論法においては、つねに大前提がかくされている。かくされているその大前提は、「師匠に対して忠実であった弟子の言は、師匠の言と同様に真実である」ということである。これは内容的にはおおいに問題とする要のある命題である。それにもかかわらず、親鸞を中心とする日本人たちは、これを当然の道理として考え、あえてあらわに表明する必要もないこととして伏せてしまっているのである。ここに支配している根本動機は、個人的権威に対する絶対随順である。この連鎖式は「上官の命令はすなわち天皇の命令である」という日本近代の思惟方法と本質的には異なっていない。こういう思惟形態が連鎖式の形式をとって表現されることは、インドにもシナにもかつて存在しなかった。もちろん右のような見解も、思惟形態としては東洋および西洋の他の国々にも存在する。学者や宗教家が古来の正統説を受けていることをみずから標榜して、古来の師弟関係の系譜を誇ることなどはそれである。しかしそれが連鎖式論理(sorites)のかたちをとって表現されることは、他の諸民族にはなかったようである。

ともかく親鸞自身は新たな宗派を開創するという意識は微塵もなかった。ただ師たる法然の教説の真趣意を世に明らかにするという立場を標榜していた。『本師源空は仏教に明らかにして、善悪の凡夫人を憐愍せしむ。真宗の教証を片州に興し、選択本願を悪世に弘む。』(『正信偈』)親鸞が「真宗」(真の宗教)という場合には、いわゆる浄土真宗のことではなくて、法然の「浄土宗」のことであった。そうして師にたよるという態度は、親鸞の同信者のあいだにおいても、有力にはたらいていた。

『ひそかに愚案を廻らし、あらあら古今を勘ふるに、先師口伝の真信に異るを歎き、後学相続の疑惑あるを思ふ。幸ひに有縁の知識によらずば、いかでか易行の一門に入るを得んや。全く自見の覚悟を以て、他力の宗旨を乱ることなかれ。よって故親鸞聖人御物語の趣、耳底にとどまるところ、いささかこれを註《しる》す。ひとへに同心行者の不審を散ぜんがためなり。』(『歎異鈔』壁頭)

このような傾向は、浄土教を攻撃した日蓮の場合にも同様にあらわれている。大乗仏教の諸経典の最後には、釈尊が誰かにそれぞれの経典を付嘱することが記されているが、日蓮は、

『法華経』の付嘱は、血脈による実際の授受であると解した。だから、かれによると、『法華経』の真精神は、すでに指摘したように、付嘱を受けた特定の人によってのみ開顕するのである。ここに、かれがみずから上行菩薩なりと称した根拠が成立するのである。かれは、「自分は二千年前にインドの鷲の山で釈尊から直接に教えを受けた」と称している。

また禅宗のほうでも、たとえば道元は師匠に対する絶対帰依を説いている。

『仏道に入《い》るには、我がこころに善悪を分けてよしと思ひあしと思ふことをすてて、我が身よからん我が意《こ》ろなにとあらんと思ふ心をわすれて、善くもあれ悪くもあれ仏祖の言語行履（＝おこない）に随がひゆくなり。吾が心に善しと思ひ亦世人のよしと思ふこと、必らずしも善からず。然あれば、人めもわすれ、吾が意ろをもすてて、仏教に随ひゆくなり。』

（『正法眼蔵随聞記』第二巻）

『仮令《たとい》仏と云は、我が本より知たりつるやうは、相好光明具足し説法利生の徳ありし釈迦弥陀等を仏と知たりとも、知識若し仏と云は蝦蟆蚯蚓ぞと云はば、蝦蟆蚯蚓を是ぞ仏と信じて、日比の知解を捨つべきなり。此の蚯蚓の上に、仏の相好光明、種々の仏の所具の徳を求むるも、猶情見あらたまらざるなり。只当時の見ゆる処を仏と知なり。若し此の如く詞に随て、情見本執をあらためもて行かば、自《おのずか》ら契ふ処ろあるべきなり。然あるに近代の学者、自らの情見を執し、己見《こけん》を本として、仏とはかふこそあるべけれと思ひ、亦吾が存ずるやうに差へば、さはあるまじいなんど云て、自らが情量に似たることやあらんと迷ひありくほどに、大方仏道の精進なきなり。』（同、第一巻）

そうして禅宗で行なっている種々の修行や戒律・規定などは、ただ古来の連続した伝統であるがゆえに、それに絶対に随順すべきであると説く。

『戒行持斎を守護すべければとて、強ひて宗として是れを修行に立て、是れに依りて得道すべしと思ふも、亦これ非なり。只是れ衲僧の行履・仏子の家風なれば、随ひ行ふなり。是れを能事《よきこと》と云へばとて、必ずしも宗とする事なかれ。』（同、第一巻）

だから道元は、禅家の規定あるいは教説のうちの一つ一つの意義について、理論的考察を行なおうとする意図をもってはいたのであるが、それを徹底的に遂行することなしに、中途で放棄して、理論的考察よりも権威を先にたてている場合がある。たとえば、日常の人間の動作として、仏教では行・住・坐・臥の四種類をたてるのに、とくに坐についてのみ禅というのはなぜであるか、という質問に対して、次のように答えている。

『とふていはく「仏家なにによりてか、四儀（＝行住坐臥）のなかに、ただし坐にのみおほせて禅定をすすめて証入をいふや」。しめしていはく、「むかしよりの諸仏、あひつぎて修行し証入せるみち、きはめしりがたし。ゆゑをたづねば、ただ仏家のもちゐるところをゆゑとしるべし。このほかたつぬべからず。ただし祖師ほめていはく、坐禅はすなはち安楽の法門なり。はかりしりぬ、四儀のなかに安楽なるゆゑか。いはんや一仏二仏の修行のみちにあらず、諸仏諸祖にみなこのみちあり」。』(『正法眼蔵』弁道話、第六問答)

道元は古来の伝承を尊重する結果として、修行者はすぐれた師(明師)について修行せよ、ということを教えている。

『衆に随ふて行ぜば道を得べきなり。たとへば船に乗りて行《ゆく》には、我は漕ぎゆくやうをも知《しら》ざれども、よき船師に任せてゆけば、知たるも知《しら》ざるも、彼の岸に至るが如し。善知識に随て、衆と共に行じて、私《わたくし》しなければ、自然に道人となるなり。』(『正法眼蔵随聞記』第六巻)

ところで誰が「すぐれた師」であるかということを決定する者は、けっきょく道を求める修行者自身ではないか。その際の価値判断の基準となるものは、修行者自身のうちにおける普遍的な法の意識あるいは体験である。ここにおいてはやはり修行者個人の主観における理論的考察がはたらいているわけである。だから、理論的考察を行なわずにただよき師についてその言のとおりに修行せよ、という道元の主張を分析してつきつめると、けっきょく循環論法となってしまうのであるが、かれはこの点に触れようとはしない。かれはただ自己の崇敬する人格に対する絶対的帰投を命じているのである。

のみならず、このような態度はインドの原始仏教の立場とも異なっている。原始仏教においいては「弟子もなく、師もない」ということを尊重している。最初期の仏教はとくに個人主義的色彩の強いものであった。

ここで人は次のようにいうかもしれない――特定の一人の師に対する絶対帰投ということは、封建制社会におけるひとつの社会現象にすぎない。ここにわれわれは道元における封建的性格を認めることができる、と。いちおうもっともらしい説明であるが、われわれはこのように安直にかたづけてしまうことに躊躇を感じる。インドやシナの封建制社会における諸々の宗教家は、親鸞や道元のように特定の人格に対する絶対的帰投をさほど強調しなかった。インドでできた仏典においては「善知識に近づけ」ということが、じつにしばしば説かれているが、「善知識」とはサンスクリットの kalyāṇamitra の訳であって、「よき友」あるいは「親友」という意味である。しかるに日本において「善知識」という語が「宗教上の師」という意味に解されたのは、日本的思惟方法がそのように解釈の変更をさせたのである。インド人、ならびに多くのシナの仏教徒にとっては、宗教的意味における「法」は、特定人としての師から弟子に伝わるものではなくて、修行者がみずから体得するものなのであった。「法然上人にだまされて地獄に落ちてもよい」などという立言は、インド人の夢にも考えおよばぬものであった。だから親鸞や道元にあらわれたような前掲の思惟方法の特徴が、本来の仏教に属するものでないことはいうまでもなく、また封建制一般に属するものであると解することも困難である。〔日本の仏教僧のあいだでとくに重んじられていることに、「嗣法」という儀式がある。それは法統を嗣ぐことで、宗教的な意味において免許皆伝を受けることをいう。しかし、よく考えてみると、この話は矛盾を含んでいる。「法」(ダルマ)というものは、普遍的なことがらであり、誰から受けてもよい、あるいは自覚して体得してもよいはずのものである。特定の人から受けねばならないのなら、それはもはや「法」とはいえないではないか。〕

また道元だけについていうならば、右にあげたような性格が、かれの師たるシナの如浄から受けついだものだということもできない。如浄は道元とはむしろ反対のことを教えている。道元の師である天童如浄にあっては、権威をことさら踏みにじろうとする気風が、きわめて旺盛である。維摩居士のことを「賊」と呼び、臨済のことを「畜生驢馬」と罵り、祖師達摩の「廓然無聖」の立言を「自ら作り自ら破る」と評している。そうして『真正の参禅は仏祖を存せず』と極言している(『如浄和尚語録』巻下)。またシナ禅宗の一般的傾向にしたがって、特定の教説の権威を否定するような言句を吐いている。たとえば、『霊鷲山頭、師の句なく、少室峯下、妙を伝へず』(『如浄禅師続語録』)などという(霊鷲山とは釈尊が『法華経』を説いた場所であり、少室峯とは達摩大師が九年面壁の修行をした道場である)。道元個人はどこまでも師たる如浄の思想や態度をきわめて忠実に伝えたものであることを標榜しているが、しかし古来の伝承の権威に対する態度という点では、道元は師たる如浄と異なっているのである。

特定個人に対する全面的帰投の態度に由来するひとつの現象として、日本の各宗派の信徒のあいだでは、歴史的個人としての宗派の開祖に対する崇拝帰依の念が強烈であり、各宗派とも開祖中心の宗教形式を示している。真言宗における弘法大師、真宗における親鸞聖人、日蓮宗における日蓮聖人などの場合はとくに著しい例である。シナ伝来の諸宗派にあっても、その宗派の開祖よりも、むしろ日本におけるその宗派の確立者に対する崇拝帰依が著しい。比較的に開祖崇拝の傾向の弱い浄土宗でさえも、たとえば浄土宗の総本山知恩院の例をとってみても、阿弥陀堂よりも、法然上人の真影を安置してある御影堂のほうが比較にならぬほど大きい。そうして一般信徒はもっぱら御影堂《みえいどう》のほうに参詣する。真宗の本願寺の場合でも、信徒は本願寺の「御真影様《ごしんえいさま》」にお詣りするのである。

また禅宗はことに人格中心の立場をとり、師弟の人格接触によって、以心伝心するところにその生命がある。したがって禅宗では祖統法系を重んじ、祖師に仏菩薩以上の意義を与えるようになった。禅宗では祖師すなわち達摩大師に特別の位置を与えている。仏と祖師とを並べて「仏祖」という呼称が成立した。しかしシナ仏教ではその祖師が仏にとって代わることはなかった。シナの寺院においては、達摩大師像は、寺域の中心を占める大雄殿の後壁前に安置されてあるにすぎず、仏如来に代わるように殿の中央に安んぜられてはいないのである。ところが日本にくると、祖師を重んじる傾向がますます発展して、これに対して仏如来にとって代わる位置を与えるにいたった。祖師は仏如来と対等に扱われるようになった。すなわち仏如来とともに祖師にも絶対の信仰を捧げて、そのあいだになんの矛盾をも感じないのである。それは仏如来を軽視することではなくて、祖師を鑽仰することと仏に帰依することとは同一意義を有すると考えているのである。

じつに日本人一般のあいだには、天皇・君侯・長上・親分など特定個人に対して全面的帰投の態度を示すという現象が著しいが、それが宗教的方面においては、以上に述べたような諸形態をとってあらわれているのである。

宗教上の聖職者個人に絶対的に帰投するという態度は、他の国々にもあらわれている宗教現象である。たとえば、中世のカトリック教会における信徒の聖職者に対する態度、あるいはヒンドゥー教における師匠（guru）に対する信徒の態度がそれである。しかしこれらの場合には、もろもろの聖職者の宗教的資格が重視されるのであって、かれらのあいだの系譜はそれほど問題とならない。ところが日本にあっては系譜がとくに重視されているという点に相違が存するといえるであろう。

さてこのような思惟方法が、日本人のあいだに顕著な血統重視的傾向に助けられて、浄土真宗においては法主崇拝を成立させたのである。特定の人格、とくに法主にたよるという態度は、浄土真宗においては次第に顕著にあらわれてくる。覚如（一二七〇―一三五一）の著わした『改《がい》邪鈔《じゃしょう》』においては、すでに生き身の僧を阿弥陀如来に擬してあがめるという傾向があらわれている。かれは自分のことを『権化の清流』（『改邪鈔』奥書）と呼んでいるらしい。このような傾向が強まって、本願寺教団の統率者である具体的人格としての法主に対する崇拝が非常にさかんとなり、法主崇拝を中心として教団が維持され発展したおもむきがある。そうして教理の体得理解のほうは、一般信徒にむかってはなおざりに付せられていた。たとえば、浄土真宗の信仰の極致を直截大胆にかつ明快に表明している『歎異鈔』などを一般信徒が読むことは、昔は本願寺教団自身がこれを抑え止めていた。教団がおもてにかかげていたのは、もっぱら法主に対する信仰帰依である。

そもそも生死罪悪の凡夫としての自覚にたっている親鸞の教義と、特定の人格を絶対視する法主崇拝とは、全然無関係であるのみならず、理論的にはまったく相い矛盾するものである。ルターはきわめて親鸞と類似した信仰を表明したにもかかわらず、ドイツではルターの子孫を崇拝するなどということは全然起こらなかったのに、日本においては、このような特異な信仰形式が成立した。

もしインドに類例をもとめるならば、ヴァッラバ（Vallabha 一四七三―一五三一）の教団がそれであろう。かれの教団は現世肯定的であるが——その点で本願寺と似ている——それの法主職は父から子へと伝えられている。

父から子への法主職の継承という傾向は、極度に近代化・工業化・機械化した現代においても決してなくならない。明治維新のころから教派神道が急激に隆盛におもむき、また第二次世界大戦後には仏教系の新興宗教がさかんになったが、これらの大教団においても最高の地位は父子相続によって決められる。敗戦という未曾有の衝撃を加えられても、この傾向は決して粉砕されなかった。

ここにわれわれは民族の奥深く根ざしている根強い動きを認めざるをえない。このような宗教的・社会的現象はインドやシナの仏教にはあらわれなかった。インドやシナの仏教にも宗派はあるが、多くは普遍的な法を重んじているので、ややもすれば開祖の意識は不明瞭であり、宗派の開祖個人に対する崇拝帰依はさほど行なわれていない。いわんや法主崇拝のごときは、ヴァッラバ派とかシク教、シャンカラの学系など以外にはほとんど起こらなかった。シナ民族のあいだでも、ついぞ聞いたことがない。

現実にある特定人格に対する絶対帰投の態度は、また理想的人格としての仏に対する絶対帰依の態度とのあいだには、なんらかの対応関係があるのではないかと考えられる。具体的に両者の交渉を明示する証拠はさほど見あたらないが、ともかく日本においては仏に対する信仰が強調された。

この点においては日本の浄土教がとくに著しい発達を示し、信仰の純粋性を強調している。無量寿仏の誓った四十八願のうちでも、まごころをもって信ずることを教えている第十八願がとくに尊重された。法然は、従来の仏教のように修行者自身の修行によって解脱を得るのではなくて、もっぱら阿弥陀仏を信じ阿弥陀仏の誓願にたよることによって救われるということを説いた。法然の門下のうちでも成覚房幸西《じょうかくぼうこうさい》は、異端説とみなされる一念義の唱導者であるが、とくに仏に対する信仰を強調した。『行者の彼（＝浄土）に生るるは、ただ願力による。凡夫自身の自力によるにあらず。罪障の凡夫は煩悩の垢重くして、如来の報土は懸《はる》かに、分を絶つが故に。ただ仏願を仰ぐ、直ちに成就するが故に。』（『浄土法門源流章』）

つづいて浄土真宗になると、信の意義がますます強調されるにいたった。『往生浄土の為には、ただ信心をさきとす。其ほかをば、かへりみざるなり。往生ほどの一大事、凡夫のはからふべきことにあらず。ひとすぢに如来にまかせ奉るべし。』（『執持鈔』）シナの天台宗においては、仏教そのものを「教」と「行」と「証」（さとり）という三つの視点から考察するのがつねであって、それが日本天台にも継承されていた。浄土真宗の教学は天台教学のこの綱格から出発している。だから真宗の根本聖典は『顕浄土真実教行証文類』（略称『教行信証』）という。詳しい題名のうちには「信」の字が示されていないのは、古来の天台教学において「教行証」を説くが信をおもてに出さなかったためである。しかしこの書のうちでもっとも力説され考究されているのは「信」の問題である。しかも仏教一般においては、「信」が確立してのちに「行」が行なわれるのであるが、真宗においては「信」がそのまま「行」なのである。両者は別のものではない(『行具之信、信具之行』)。信心が「真心」なのである。こういうわけで信が仏教の中心におかれることとなったのである。

したがって親鸞にあっては、疑惑の心、自力に執する心が、逆罪よりも以上に貶し下しめられている傾向がある。そうして阿弥陀仏に対する絶対帰依は、浄土真宗を民衆化した蓮如によっては、いっそう人間的関係を思わせるような表現法によって説き示された。「たのむ」「たすけたまえ」というような表現のしかたは、主として蓮如からはじまったものであるらしいが、このような表現法はもっともよく一般民衆の心に訴えるものであった。

日本の浄土教がとくに信を強調して、阿弥陀仏の四十八願のうちで、信を高調している第十八願をとくに重視していることは、著しく日本的なのであって、シナ一般の浄土教徒の見解とはまったく相違している。近代シナにおける仏教復興運動の主唱者である楊仁山居士は、日本の浄土真宗の教義を批評して、浄土真宗が、とくに第十八願のみを重んじて真実とすることは、阿弥陀仏を侮辱するものであり、四十八願がみなすべていちいち真実であると主張している。

そこで次の問題が起こる。絶対他力を説く浄土教においては特定の人格あるいは仏に対する信が強調されたことは当然である。しかしこれと対蹠的立場にある禅宗については、そうはいえないのではないか、と。

しかしながら道元は、浄土教徒と同様に「信」の意義を強調する。まず「道元」という名そのものが、唐訳『華厳経』第一四巻の『信道元、功徳母、長養一切諸善法』という文章にもとづいている。「信」がみちのもとであると考えていたのであった。『このゆゑにいはく「仏法の大海は信を能入となす」なり。おほよそ信現成のところは、仏祖現成のところなり。』(『正法眼蔵』三十七品菩提分法)だから信仰がなかったならば、仏道修行を完成することはむずかしい。『不信の人は、たとひをしふとも、うくべきことかたし。』(同、弁道話)そうして道元の説くところは、自力の修行によってさとりを得るというよりは、むしろ究極においては理想的人格としての仏に絶対的に帰投して、仏によって救われるのである。自力というより他力といったほうがよい。『たゞわが身をも心をもはなちわすれて、仏のいへになげいれて、仏のかたよりおこなはれて、これにしたがひもてゆくとき、ちからをもいれず、こゝろをもつひやさずして、生死をはなれ仏となる。』(同、生死)

ところで道元の教えは、シナの禅宗(少なくともそのうちの主要な人々)の説くところと、ちょうど正反対である。シナの禅人はどこまでも自己の努力精進によってさとりを開くことをめざしていた。大珠慧海はいう、『当に知るべし、衆生は自ら度するものにして、仏は度すること能はざることを。努力《つとめ》よや、努力《つとめ》よや。自ら修して他の仏力に倚ることなかれ。経に云はく、夫れ法を求めむ者は仏に著いて求めず』(『頓悟要門』)と。すなわち仏にさえもたよってはならないのである。しかるに道元は、ひたすらに仏の力にすがろうとする。『ねがはくはわれたとひ過去の悪業おほくかさなりて、障道の因縁ありとも、仏道によりて得道せりし諸仏諸祖われをあはれみて、業累を解脱せしめ、学道さはりなからしめ、その功徳法門、あまねく無尽法界に充満弥綸《みりん》せらむ。あはれみをわれに分布すべし』(『正法眼蔵』渓声山色)といって、仏に願をたてるのである。この点でも、道元はシナの禅宗の思想のあるものとは正反対である。

またシナの禅宗においては、仏に対する信は仏道にすすむための入口にすぎない。だから仏に執着してはならない。シナの禅僧・丹霞天然《たんかてんねん》は、世人が仏像に執着して仏像を仏そのものと思っている僻見を打破しようとして、木製の仏像を薪にして焼きすててしまった。この故事がシナの禅人のあいだではさかんにもてはやされている。ところが日本の禅人にとっては、これはとんでもないことである。『設ひ泥木塑像の麁悪なりとも仏像をば敬ふべし。黄巻赤軸の荒品なりとも経教をば帰敬すべし。破戒無慚の僧侶なりとも僧体をば仰信すべし。内心に信心を以て敬礼すれば、必ず顕福を蒙るなり。破戒無慚の僧、疎相の仏、麁品の経なればとて、不信無礼なれば必ず罪を蒙るなり。然あるべき如来の遺法にて、人天(=人間と神々)の福分となりたる仏像経巻僧侶なり。故に帰敬すれば必ず益あり。不信なれば罪を受るなり』（『正法眼蔵随聞記』第三）と道元は教えている。しからば丹霞天然が木仏を焼きすてたのはなぜか、というと、それは『一段の説法の施設』であると道元は説明している。西洋の近代思想と対比される、種々注目さるべき主張をたてた禅僧・鈴木正三でさえも、『木像は唯木也。絵像は筆の跡也。更に尊〔き〕所なし』という見解を『不義至極』（『麓草分』二）と評し、『今人間に生れ来て、仏教を耳にふれ、尊形を絵像木像にあらはし、堂塔伽藍に安置せしむるを、拝み奉る事忝なしと悦て、直に仏御在世の思をなして、身命を抛って礼すべし。身体を抛つほどの信力なくんば、功徳有るべからず』（『麓草分』）と教えている。

　信を強調するという態度は、日蓮宗においてもまた著しい。日蓮は、ひとが救われるためには、かならずしも哲学的理解を必要とせず、堅固な信仰さえあればよいという（以信代慧）。『仏〔は〕、戒（いましめ）と定（瞑想）の二法を制止して、一向に慧の一分に限る。慧又堪へざれば、信を以て慧に代ふ。信の一字を詮となす。不信は一闡提《せんだい》（＝仏法を謗り、救われる望みなき人）謗法の因、信は慧の因なり。』（『四信五品鈔』）『上根上機は観念観法も然るべし。下根下機は唯信心肝要なり。』（『持妙法華問答鈔』）『有解無信とて、法門をば解て信心なき者は更に成仏すべからず。有信無解とて、解はなくとも信心あるものは成仏すべし。』（『新池御書』）とくに『仏法の根本は信を以て源とす』（『日女御前御返事』）というにいたっては、前掲の親鸞や道元の立言と一致しているというべきであろう。ここにわれわれは、日蓮宗がその母胎であるシナ以来の天台宗と相違しているひとつの特徴を認めることができる。

ひとり鎌倉時代に起こった新興諸宗教のみがこのように信仰を強調しているのではない。日本に古く伝えられたインド的あるいはシナ的な諸宗派でも、やはり仏に対する信仰を説いている。たとえば、律宗は、インドにおける伝統的・保守的な仏教の戒律を日本においてもそのまま遵奉しようとするのであり、この種の戒律においては仏像礼拝には少しも言及していないのであるが、日本の律宗寺院においては、仏像を安置し、読誦礼拝を行なっている。シナで大乗仏教哲学の最高峰を示すとさえいわれる天台や華厳の哲学も、日本に移入されて、日本人の実践のうちに生かされるということになると、やはり信を本とせざるをえなかった。天台宗では、たとえば円仁は信を強調していう、『もし初めて真言に入るには、応に信を以て首と為すべし。もし信無くんば、則ち手無きの人、大宝蔵の中に至るといへども、空しくして所得無きに同じ』（円仁『蘇悉地経疏』巻一、分別阿闍梨相品第二）。信の重視ということは、日本の密教化した天台宗（台密）をシナの天台宗から区別するひとつの標識である。また華厳宗でも明恵上人高弁はいう、『信なき智は仏法に順ぜざるのみにあらず、かへりて仏法のあだとなる也。信心を地にしての上に智恵（＝智慧）もあるべき也』（『却廃忘記』）。ここでは華厳哲学の合理主義的態度はまったく背面に退いている。

信仰についてのこのような変容は、またかすかながら、真言宗の場合にも認められるようである。興教《こうぎょう》大師（一〇九五―一一四三）は「無智の信受」を強調し、『無智の信受も、大いに順教の権修（教えにしたがった仮りの修行）に優れたり』と説く（『ヴァム字義』）。

一般にインドの諸宗教やシナの仏教は観想的であって、真理を見ることに中心がおかれていた。このような諸宗教においては、信は宗教の深奥に入るための前段階にすぎない。それは単に予備的なものである。ところがこのような宗教が、日本に移し入れられるとともに、信のうちに宗教の本質を認めるようになったのである。だから日本の仏教はどこまでも信仰を中心とする仏教であった（信心為本）。日本人は信仰の純粋性を強調する。〔比較的に信心を重んじない禅宗にさえも、日本ではやはりこのような傾向を認めることができる。〕そうしてその信仰なるものは、（一）現実の特定の人格（祖師・開祖・師匠など）に対する信仰と、（二）理想としての特定の人格（特定の仏・菩薩）に対する信仰とに分かれる。しかも実際には両者がからみ合ってあらわれているのであって、判然と区別することがむずかしい。ともかくいずれにしても個別的な人格を中心とするものである。

シナ仏教と日本仏教とのこの相違点について、稲葉円成《えんじょう》は次のように批評した。『〔シナ仏教の〕この考えの欠点は、真理というような抽象的な「法」、それは具象的な「人」を引離した法を、宗教のモットーとして、仏教を取扱った点にあるのである。全人の生命となり力となる宗教としての仏教は、決してそんな単なる真理の法に中枢を据えて居るものではなく、その法が血もあり涙もある人の上に具現された所に、その法が初めてわれら人類に潤を齎らし来るのである。……単なる法を本尊とする宗教が、宗教的な情熱を要求するのは無理な話である。「人」に絶対帰依を捧ぐる所にこそ、初めて五体投地（＝両膝と両臂と頭を地につけること）して恭敬礼拝し衷心より祈りを捧ぐる情操が味わるるのである』（雑誌『無尽灯』大正七年）と。また羽《は》渓了諦《たにりょうたい》は日本仏教の特質について次のようにいう。『印度及び支那に於ては仏教の考うべき方面と行うべき方面とが実に遺憾なく発達いたしました。然るに、仏教の宗教的生命たる信ずべき方面は、印度及び支那に於ては未だ充分な発達を見るに至らなかったのであります。その方面の発達は我が国に於て初めて完成せられたのであります。わが日本仏教はその考うべき方面その行うべき方面に於ては殆んど印度支那の仏教よりも特に発達した跡を認めることは可能《でき》ませんが、その信ずべき方面に於ては実にわが日本仏教の特色を発揮いたしました。』（『日本仏教の精華』）

日本の仏教には、たしかに稲葉師や羽渓博士の指摘するような特徴がある。ただ「仏教の宗教的生命」がインドやシナでは十分にあらわれないで、日本においてはじめて発現したという主張については、われわれはなお検討を加える必要があるであろう。のみならず日本人の考えるこのような「信」は、インド仏教徒の眼から見ると、完全な信ではなくて、ただわずかに信の入口にあるものにすぎなかった。試みに『涅槃経』（第三六巻）の次の文を参照されたい。

『善男子よ。信に二種あり。一つには信、二つには求なり。かくの如きの人、復《ま》た信ありと雖も、推求する能はず、この故に名づけて信不具足（＝信を完全にそなえていない）と為す。信に復た二種あり。一つには聞より生ず、二つには思より生ず。この人の信心は、聞より生じて、思より生ぜず。この故に名づけて信不具足と為す。』（北本『大般涅槃経』第三六巻）

インド人の考える「信」は非常に理知的なものであった。そうして単純な信は低い意義のものであり、理知的な信のほうが高い価値がある、とインド人は考えていたのであった。だから信に対する価値評価のしかたが、インドから日本にくると、まったく正反対のものとなったのである。

インド仏教における伝統的立場は「法に依るべし、人に依るべからず」ということであった。ところが、日本仏教はちょうどそれと正反対の立場をとることになったのである。このように、日本仏教における信は、主として理想的あるいは現実の特定の人格を信頼することであり、これに反してインドやシナの仏教における信は普遍的な理法に対する信頼帰投であった。だから、これと関連ある現象として、インドやシナの仏教徒が「法身」の仏すなわち永遠の理法としての仏を重視したのに対して、日本の仏教徒は「報身《ほうじん》」の仏、すなわち修行を完成してすべての理想的な徳をそなえた仏を崇拝の対象とする傾向が強かった。

そうじて信を強調するということは、インド仏教でも西紀少し前からあらわれ、またヒンドゥー教やジャイナ教でも、ほぼ同時に相い前後してあらわれている。そうして西洋における信を強調する宗教と相い並んで発達している。しかし信が特定個人を対象としているところに、多分に日本的な特徴が認められるのである。

また、特定の人格に対する信という点では、日本仏教の信は西洋の宗教における信と類似している点が存する。たとえば、親鸞の信はパウロの信仰と非常に類似しているように見える。しかしパウロにあっては、神と人とのあいだには絶対の差別があり、人が敬虔な心情をもって神に対してどこまでも祈願的態度をとり、ゆるしを乞うのである。しかるに親鸞にあっては、阿弥陀仏と生ける凡夫とのあいだにへだてをたてない。生死罪悪の凡夫が阿弥陀仏の大慈悲によって救われてあみださまと同じものにしていただくことなのであり、念仏とは大慈悲に摂せられたよろこびと報恩のために、おのずからとなえるところのものである。だから真の念仏者は祈らないのである。現世的なことがらにもせよ、宗教的なことがらにもせよ、祈願的態度をとるということは、阿弥陀仏の本願に反することであるとして、これを排斥しているのである。

そうじて信を強調するということは、他の国または他の文化圏においてもとくに中世に顕著であったといいうるであろうが、しかし日本におけるそれは、やはり他の国または他の文化圏の場合とは異なる特異な性格をもっていたということは、否定できないであろう。

八　権威の尊重と外国崇拝

教祖・宗祖・師匠に対する絶対帰投の態度は、おのずから一般的には権威に対する絶対随順の態度となってあらわれている。

一般に権威というものは、国家、社会または団体によって特定個人（または法人）に付与され、それがその成員によって承認されている場合に成立する。人間関係が強固であり、安定している場合には権威が成立しやすい傾向がある。

まず宗教面について考えると、それはまず聖典の権威への絶対随順という点で著しい。シナの仏教徒は、ただ聖典にたよっているだけでは不十分であって、聖典の文句をたよりにして自分でよく考えて真理を体得せねばならぬと主張する。ところが日本の仏教徒は、聖典の権威を絶対視している。シナの仏教諸宗派は、経宗（特定の経典にたよる宗派）と論宗（特定の論書にたよる宗派）とがほとんど相いなかばしているが、日本の仏教は平安時代以後はすべて経宗のみである。ただし禅宗は特定の聖典を有しない。

歴史的に見ると、まず実質において日本仏教の祖師ともいうべき伝教大師最澄は、シナの天台宗を移入するにあたって、とくに天台宗が法華経宗であるということを強く主張したが、これはシナ天台宗の天台大師や妙楽大師には認められない特徴であるといわれている。

つづいて鎌倉時代の仏教についてみても、親鸞の主著である『教行信証』は、その詳しい名は『顕浄土真実教行証文類』であって、「浄土の真実の教と行と証とをあらわす経文の抄出集成書」という意味である。すなわち親鸞は自分の信仰が経典の教えに典拠のあるものであるということを述べて、自己の教説の正統性を主張しているのである。また日蓮の多数の著作も、けっきょくは、そのときの日本においては『法華経』をひろめることが釈尊の真趣意に合致しているということを、多数の経文に即して教学的に論証しているのである。かれは、哲学的な問題はほとんど天台の一念三千（人間の一念のなかに三千のありかたを内含しているという主張）の教義に任せきっている。そうして日蓮教学の出発点となった天台教学の教説のたてかたのひとつであるところの「教、行、証」という綱格によると、シナの天台大師およびそれを受けている日本の伝教大師最澄は心をしずめて止観の修禅をつとめ、「行」と「証」とを主としていたが、日蓮はむしろ「教」を本位としていた、ということが日蓮宗学の立場から承認されている。一般に日本の多くの仏教家にとっては、自説の正統性を主張することが最大関心事であって、壮大な哲学体系を樹立しようという意図は、さほど認められない。

固定的な伝統的教説にとらわれないはずの禅宗でさえも、日本においては、権威至上主義に転化している。日本に臨済宗を移入した栄西にあっても、『禅関の宗門』を開くことは、また伝統的教学であったところの『叡嶽の祖道』を継承することと並立しうると考えていた。かれの主著『興禅護国論』のうちには多数の大乗経典の文句が引用されているが、そのうちでもとくに『金剛経』と『維摩経』とがよりどころとされている。かれもけっきょく権威にたよっていたのであった。

このような態度は道元の場合には、いっそう明白にあらわれている。シナの仏教は宋代になるとほとんどすべて禅宗に化したのであるが、宋代の仏教徒は経典の意義を軽視し、経典の説にとらわれてはならぬということを主張していた。『近来大宋国に禅師と称するともがらおほし。……かれらおのれが愚鈍にして仏経のこころあきらめがたきをもて、みだりに仏経を謗ず、さしおきて修習せず。』（『正法眼蔵』見仏）

ところが道元によると、これはとんでもないことである。道元は、このようなシナ仏教一般の風潮を目して『外道の流類』と呼んでいる。道元は経典の絶対的意義を主張する。かれによると、釈尊の真の趣意は経典のなかにのみ説かれているのである。仏教においては古くから仏の教説の説きかたに十二部類をたて、それを十二分教《ぶんきょう》と呼んでいるのであるが、かれは『十二分教をみるは、仏祖をみるなり。仏祖を道取するは、十二分教を道取するなり』といい、『三乗十二分教等は、仏祖の眼睛《がんぜい》なり。これを開眼せざらんもの、いかでか仏祖の児孫ならん。これを拈来せざらんもの、いかでか仏祖の正眼を単伝せん』（同、仏教）と説いている。したがって経典の学習につとめねばならぬということをすすめている。『参学の一箇半箇、かならず仏経を伝持して仏子なるべし。』（同、仏教）『学人初心のときは、道心ありても無ても、経論聖教等を能々《よくよく》見るべし、まなぶべし。』（『正法眼蔵随聞記』第四巻）シナの禅僧は経典の権威を軽視し、「経典は不浄を拭うふる紙」などということを平気で口にしていたのに、道元にあっては、この点で正反対になっている。

ところで古来禅宗の基本的信条のひとつに「教外別伝」ということがある。それは、達摩大師によってシナに伝えられたところの祖師禅は、ことばや文字にたよる教説のほかに、心から心に伝えられるものがある、という意味である。「文字を立てず」というのと同一趣意である。ところが道元の前掲の主張は明らかに、禅宗のこの伝統的立場と矛盾している。しかし道元はみずから古来の伝統的権威に絶対随順の態度をとっているから、「教外別伝」という禅宗古来の標語を捨て去るわけにもいかない。そこで、かれは、これに対して苦しい曲解を施している。かれによると「教外別伝」という場合の「教」とは、後漢の明帝永平十年（西紀六七）に迦葉摩騰・竺法蘭等がシナにはじめて伝えた仏教をさしていうのであり、「別伝」とはそれに対して、べつにのちに達摩の伝えたところの仏法を意味するのだという。だからシナ禅宗本来の見解によると、「教外別伝」とは、絶対の宗教的真理は文字言説によってはいい表わすことが不可能であるということをいうのに対して、道元によるとそれは、正しい伝統にしたがっている文字言説によってのみ人々に伝えることが可能であるという意味に変ぜられている。シナにおいては特定の教説の権威の否定としてたてられたこの標語が、日本の道元によっては特定の教説の権威への絶対随順の意に転化されてしまった。

道元は権威尊重の立場にたったために、ついにある場合にはシナの禅宗の伝統的な合理主義的精神を排斥してしまった。禅宗に古来伝統的な教説のひとつとして、「人間の本性を徹見することによって覚者となりうる」（見性成仏）ということが説かれている。ところが道元は真正面からそれに反対するにいたった。『仏法いまだ共要見性にあらず。七仏、西天（インドと中央アジア）二十八祖、いづれのところにか仏法ただ見性のみなりとある。六祖壇経に見性の言あり。かの書これ偽書なり、付法蔵（宗教の本質を伝える）の書にあらず、曹谿（曹洞宗の祖師）の言句にあらず。仏祖の児孫、またく依用せざる書なり。』（『正法眼蔵』四禅比丘）

道元が師の権威と聖典の権威とをともに尊重していたのに対して、日蓮はかならずしも師の権威を重要視しなかった。日蓮は、当時の仏教諸派の教説の内容がたがいに矛盾していて、いずれに依るべきかということに思い悩み、煩悶のあげく、『父母師匠等に随はずして、仏法を窺ひし』人であったが、かれが最後の決定をくだした基準は、哲学的理論ではなくて、経典の権威であった。かれは、『法華経』第五巻の『此の法華経は、諸仏如来の秘密の蔵なり。諸経の中に於いて最も其上に在り』などという文句によって、『法華経』が最上の経典であると信じて、『法華経』に準拠して、かれの教義を建設したのである。経典絶対視の態度は、日蓮においても絶対的である。『事を権門に寄せて日蓮をどさんより但正文を出せ』(『妙一女御返事』)といいきっている。

インドでは教祖釈尊に仮託した経典が相い継いでぞくぞくと作製され、シナでも若干の経典が偽作されたが、日本ではほとんど作製されなかった。それには種々の理由もあるであろうが、日本では経典が特別に神聖視されて、なにかしら特別なものだと考えられていたためでもあろう。

経典の権威が尊重されていたということは、経典の内容の理解にむかって努力がなされることにはならないで、むしろその反対に、経典の内容は若干の象徴的表現にまとめられ、このような象徴的表現にむかって、日本人は絶対随順の態度をとっていたのである。〔このことは、のちに第四章で論ずることとする。〕

伝統的規定に対する忠実な態度は、仏教美術の方面にもあらわれている。シナ人はインド人の定めた儀規の規定を無視して無規則奔放に仏像を作製したが、日本の仏教美術は唐代に伝えられたインドの儀規のとおりの規定を忠実に遵守している。

仏教の受容形態を通じて認められる以上の特徴は、学者の指摘するところによると、また儒教ならびにシナ思想一般の受容形態を通じても認めることができるようである。

日本人がシナの文物に接したときには、それがそのときまでに日本人のもっていた文物よりもはるかにすぐれていることに驚嘆し、新しい事物・新しい典籍が伝えられてくるごとに、ますますそれに対する崇敬の情を深め、それに圧倒された。したがってそこには批判が行なわれなかった。当時の日本人は、シナの思想や文物を批判するだけの力をもっていなかった。かれらは、シナの典籍に記されていることが絶対の真理であると考えた。かれらは儒学の書の立言を絶対神聖視していた。したがってシナの文字および概念を移入しそれを用いて日本の事物を説明し論述する場合にも、シナ思想を標準とし、あるいはその型にあてはめて取り扱ったのであった。したがって、そのシナの概念あるいは思想が実際に日本の事物あるいは日本人の思想および生活に適合しているかどうかということについては、深く考慮しなかった。たとえば、シナ人が神々を天神と地祇とに分けていたために、祭祀の対象である日本の神々を天神か地祇かのいずれかのうちにあてはめた。また天皇をシナの皇帝と同一視し、皇位を天の授けたものとして解している。

だから儒者のあいだにあっては、「聖人の道」が絶対の権威として君臨していた。近世になると儒教古典についての批判的研究が行なわれたけれども、その最先端にあった荻生徂徠でさえも、先王の道を最高の道徳的規範と考えていた。かれはいう、『先王の道に非ずと雖も、凡そ以て人を利し民を救ふべき者は、皆これを善と謂ふ。これ衆人の欲する所なるが故なり。先王の道は、善の至れる者なり。天下にこれより尚《とうと》きはなし。故に至善とは、先王の道を賛するの辞なり』(『弁名』上、善良三則の項)。

特定の師に絶対随順するという態度は儒学受容の場合にもあらわれている。たとえば山崎闇斎は朱子に絶対帰依して、ほとんど宗派的な情熱をもって宣伝につとめた。『朱子を学んで謬らば、朱子とともに謬るなり。何の遺憾かこれあらん』とさえ極言した。これは法然に対する親鸞の態度を思わせるものがある。

権威に対する絶対的帰投の態度は、また仏教や儒教を排斥した国学者の場合にもあらわれている。本居宣長によれば、学問とは古への道を明らかにするということだけにつきていた。『学者はたゞ、道を尋ねて明らめしるをこそ、つとめとすべけれ、私に道を行ふべきものにはあらず。されば随分に、古の道を考へ明らめて、そのむねを、人にもをしへさとし、物にも書《かき》遺《のこ》しおきて、たとひ五百年千年の後にもあれ、時至りて、上にこれを用ひ行ひ給ひて、天下にしきほどこし給はん世をまつべし』(『うひやまぶみ』)と、かれはいう。国学は徳川時代においては明らかに新興の学問であったけれども、しかもなおすでにはやく特定の師に傾倒し師の権威を重んじるという思惟傾向を成立させた。自分の師・賀茂真淵に対する本居宣長の純情にみちた帰投、また宣長に実際に師事したかどうか不明であるにもかかわらず師として宣長の権威をたてていた平田篤胤の態度などを思い浮かべるならば、思いなかばにすぎるものがあるであろう。

このように特定の人格に対して絶対的に帰投信頼するという態度は、過去の日本人一般に通じて共通に認められる思惟方法の特徴である。そうして一人の師、一人の仏に対して全面的に帰投するということは、日本人のあいだに顕著な忠臣は二君に見《まみ》えず、とか、子分が親分に対して献身的であるとかいう実践上の社会的習性に対応しているものである。これをかならずしも封建的とのみ呼びえないことは、すでに述べたとおりである。

そうして特定権威に対する全面的帰投の態度は、決して過去の日本人にだけ認められる現象ではない。現在においてもわれわれ日本人のあいだに根強くはたらいている。ことに日本の過去の思想に対して批判的攻撃的であってみずから進歩的と称する人々のあいだにあっても、特定権威に対する全面的帰投の態度は、依然として顕著である。このような傾向が、日本人のあいだに顕著であるわけは、日本人が狭い範囲に形成された共同生活において、人格と人格との緊密な結びつきを要請し、人々のあいだに親和結合感が顕著であることによるのであろう。しかしそれは他面では自我の独立性の意識を稀薄ならしめ、権威に追従し、付和雷同する傾向を濃厚にさせるおそれがある。民族を一貫するこのような思惟方法に対して、われわれは深く検討を加える必要があるであろう。

以上は国内における権威志向だけを問題としたが、日本の文化は外国のすぐれた文化を摂取移入することによって育成された点が多いから、源泉としての外国の文化を高く仰ぐことになる。

最古代の日本には文字がなかった。そこで、漢字が用いられていたわけであるが、移入された漢字が文字として用いられ、のちにカナモジが発明された。そして、日本人は漢字を「真字」とか「まな」と呼び、カナモジを「仮名」(仮りの名、仮りの家)と呼んでいた。これは、日本人の立場から見るならば、本末顚倒である。カナモジこそ日本人独自のものとして、誇るべきものではないか。ところが、東アジア一般にわたる漢字の重圧があまりにも大きかったのである。

思想的な書物を、カナモジを交えて書くということは、非常に遅くはじまった。平安時代の『三宝絵詞』あたりがそのはしりであり、鎌倉仏教の祖師たちによってようやく一般化した。しかしかれらでも、本式の書は漢文で書き、くだけた書物や手紙だけをカナまじり文で残している。それほどにまで漢文の重圧が強かったのである。

〔これは日本だけに見られる現象ではない。朝鮮では新気運の出現はさらに遅れている。ハングル文字が作られたのは、十五世紀半ばである。鎌倉仏教の祖師(道元など)とほぼ同時代にヨーロッパで新思想を展開したエックハルトでも、正式の書物はラテン語で書き、他方、ドイツ語で書かれたものは、女性を相手にしたものが多いという。日本でもカナモジは、女子供のものだと考えられていた。」

シナ思想をカナモジまじりで書いた思想家はさらに遅れて、徳川時代にあらわれたものが最初ではなかろうか。

日本的な独特の思想を展開した人々でも、その態度としては、大陸の思想的伝統に対して、尊敬恭順の意を表している。道元は自著にみずから「入宋沙門」と明示していた。宋へ行って受けた伝統であるから、まがいではないというのである。荻生徂徠は、江戸の品川に住んでいた。江戸のうちの西の地域で、それだけシナに近いからだ、とみずから公言していたという。

民衆のための物語作者のあいだでさえも、シナが本家であるという意識があった。

江戸時代の読本《よみほん》作者であった都賀庭鐘《つがていしょう》はシナの小説などを粉本としながら、わが国の古代の伝説や歴史物の知識を導入して日本化したが、その翻案の方法には（一）繋ぐ（シナの小説と日本説話とを関連させる）、（二）仮りる（粉本によりながら自己のテーマに従い自由に改変する）、（三）翻する（忠実に粉本を踏襲しつつ自己固有のものを表白する）の三つがあるということである。自由に創作することを「仮りる」というのは、本体はかなた（シナ）にあるということを前提としている。自由な創作こそ重要であるという意識にとぼしかったのではなかろうか。

そもそも思想家は「自分で考える」ということをしなければならぬ。ところが明治以後の思想の学問は、極言するならば、西洋で有力な思想を紹介し祖述することにすぎなかったのではないか、という疑問がもたれる。――つまり、あちらのもの、横に書かれているものを縦に直すだけではなかったか、と。

東洋の思想の研究もおおいになされたが、厳密にいうと、文献研究が主ではなかったか。たとえば、インド哲学研究の領域でも、インドの哲学を研究するというよりは、インドの哲学文献の研究にすぎなかったのではないか。韓国の学者たちは、「日本の学者は訓詁註釈ばかりやってますね」といって、笑っている。

これらは、いずれも系譜尊重と結びついた外国崇拝にほかならない。外国のブランド品ばかりを愛好し、にせであるとわかってもなおよく売れるという庶民のあいだのブランド志向と決して無関係ではないであろう。

九　帝王崇拝

差別的な身分的秩序を尊重し、かつ生ける人格としての特定人をもっとも尊いものと見なす思惟方法は、日本社会のヒエラルキーの最頂上に位置する個人を、最高者と見なし、絶対神聖視するにいたる。ここに天皇崇拝が成立する。しかしこのような思惟傾向の所産としては、天皇崇拝が唯一のものではない。かつては将軍が、あるいはその先祖が神的権威を標榜することも行なわれていた。たとえば、徳川時代には徳川家康は東照大権現と呼ばれ、「権現様」といえば家康のことをいうのであった。ところで徳川将軍のことを、オランダ人はKaiserと呼んでいた。ゆえに天皇崇拝も将軍崇拝も一括してまず帝王崇拝（Kaiserkultus）という類型として考察し、次に天皇崇拝の特別の意義を考えねばならない。このようなみちすじをとって述べるのが理論的には当然であるが、いまはその余裕がないので、天皇崇拝にだけ若干言及することにしようと思う。

前に指摘した特定個人に対する全面的帰投の念が、国家の元首に対してむけられたとき、帝王崇拝となるのである。封建時代には封建諸侯に対して捧げられていた絶対献身の態度が、明治維新以後、先般の敗戦にいたるまでは、天皇にむかって捧げられていた。明治四十年に、芳賀矢一は、『久しい間武家で養成した武士道精神は今や天朝に向ってのみ捧げられる事になった』（芳賀矢一『国民性十論』）といったが、まさにそのとおりであったのである。ルイ十四世は「朕はすなわち国家なり」といったが、それは『我国の天皇にして始めて宣うことの出来る詞である』とさえ評せられていた（同）。『国家とは国王のことにほかならぬ』（"rājā rājyam". Kauṭilya: Arthaśāstra）という立言は、古代インドのもっとも有名な政治論書のなかに述べられているが、しかしインド人のあいだでは天皇崇拝のような習慣はついに成立しなかった。〔アクバル帝の神的権威は、作為的なものにすぎなかった。」

国家至上主義が、現人神としての天皇崇拝と表裏の関係をなして発展したことはいうまでもない。昭和二十年までは、天皇崇拝が日本におけるもっとも力強い信仰形式であったといいえよう。そうして敗戦後の今日にいたっても、なお天皇は日本国民統合の象徴としての意義を有するものとして、その地位を認められている。日本人は、生ける人格としての天皇個人のうちに、日本国民の集約的表現を見いだそうとする。これは他の民族には認められない現象ではないが、日本では特別の意義を有するのである。

これについて芳賀矢一は、次のようにいった。『伯林の凱旋路《ジーゲスアレー》の一端には、高幾十丈の凱旋塔の上に、金色燦爛たるゲルマニアの女神の像が置かれてある。これは独逸の国家を代表する為に、殊にゲルマニアと称する空想的人物を作り出したのである。英国でも之と同様ブリタニカ、仏国ではガリアという空想的人物を拵えて居る。政体幾たびも変り、王室屡々更代する外国に於て、古来の歴史を思念させ、国家的観念を養成する必要上から自らこういうものを拵え出したのである。独り我日本では国土と皇室とは神話以来已に離るべからざるものである。国の為君のためということは同一の意味と解釈せられる。』（『国民性十論』）天皇が国家そのものと考えられるにもせよ、あるいは国民的結合の象徴と解せられるにもせよ、天皇制は日本に独特のものであり、他の民族には認められぬものであるということに注意しなければならぬ。いまここでは天皇制の政治的・社会経済的根拠を問題とするのではなくて、天皇崇拝ということが、日本人一般の思惟方法を直接にどのように規定していたかということを検討してみたい。

ところでこのような思惟傾向は、明治以後になって突発的にあらわれたものではなくて、萌芽としての傾向は、すでに古代から存していたのである。

『古事記』の神話によると、天地がわかれてのち、伊邪那岐《いざなぎ》、伊邪那美《いざなみ》の二神がおのころ島に下って、まず大八嶋《おおやしま》の島々（日本の国土）を生んだ。それについで、さらに他の神々を生み、風や木や山の神などが生まれ、最後に女神は火の神を生んだために、その火傷によりついに崩御した。さてその男神はその女神に会いたいと思い、夜見の国に行って、女神を見た。そうしてこの世に帰ってからその穢れを洗うときに、目鼻から、天照大神《あまてらすおおみかみ》、月読命《つきよみのみこと》、須佐之男命《すさのおのみこと》の三神が生まれた。この天照大神が皇室の祖先だというのである。ここでは王室の祖先を物語る神話が、宇宙開闢神話に結びついている。これは他の民族にはおそらく類例のないことであろう。少なくとも東洋の他の多くの文化民族においては、この両種の神話は分離しているのであるが、ここでは、皇室が、その系譜を天地開闢神話に結びつけて、その神聖な権威を主張しているのである。

また古語において、オオヤケ（公）というのは、もとは大家《オオヤケ》の義であり、それは皇室のことを意味していた。これに対して一般臣民は小家《コヤケ》と呼ばれる。ここでは皇室が一般日本人の本家、宗家と見なされているのである。したがってもとは日本には public, öffentlich という観念がなかった。日本人においては公共性とは皇室に対する関係にほかならなかったのである。

天皇を神聖視する思想は、日本では最古代から存在していたらしい。『古事記』および『日本書紀』に説かれている多数の神話を見ると、上代人は、その信仰する神々の偉大さをあらわすために神々を物語ったのではなくて、ただ天皇の神聖性をあらわすためにのみその根源としての神々を、およびその歴史的な血縁関係を、物語ったのであった。ひとつの民族の神話として、このような現象が成立したということは、まったく世界において類例のないことである。西洋においてもアレクサンドロス大王やローマ皇帝が神聖視されたという事実があるが、それはかれらが個人として神化されたのであって、ひとつの民族の原始信仰に根ざした民族的な神話とは全然別のものである。近世ヨーロッパの王権神授説は、キリスト教の神を前提とし、この神の意志によって君主の権力を根拠づけようとするのである。中世インドにおける王権神授説についても同様に解すべきである。そうして日本最古代の宗教においては、民族の生きた全体性を、皇祖神およびその伝統の神聖な権威において把捉した。神代史の物語を統括する意図は、そこにあったのである。

したがってもろもろの血縁的あるいは政治的な諸団体の全国的統一としての民族が、その全体意志を具現するのは、祭り事を知ろしめす皇祖神あるいは天皇を通してであった。そうして当時の祭事的団結の社会にあっては、社会の全体性の権威に帰依することと背くこととは、この権威を具現している統率者に帰服すると否との別であり、究極において、皇祖神の権威に服すると否とに帰着する。そうして善と悪との区別は、全体性の神聖な権威への帰依と不帰依とにほかならぬものであり、したがってそれは天皇への従順と不従順とを意味するものだと考えられていた。そうして日本人は一般に、皇室が代々日本を統治することは、むかしから日本人の祖先であった人々の総意にもとづいて行なわれたことであると考えていた。

皇室は本来民族全体を統治すべき地位にあるものと考えられていたために、皇室には姓がない。そうして皇室にとってかわって最高の統治者となろうとめざす者は、かつてほとんどあらわれなかった。もちろん日本の長い歴史のうちには、皇室に対して叛逆を企てた者も絶無ではない。普通には平将門や源義朝や源義仲が叛臣と考えられている。しかし、かれらとても皇室にとってかわろうとしたかどうかは疑問である。かれらは朝廷のある官位を欲したのであるが、それが得られぬために、不平のあまりに叛乱を起こしたのである。だから叛臣といえどもなお皇室の権威を認めていたといわれる。弓削の道鏡の場合がおそらく唯一の例外であろう。足利尊氏といえども、北朝の天子をいただくことによってはじめてあの大事業を完成しえたのである。

天皇を神聖視する観念は、そののちにおいても、ひとつの宗教的な伝統となっている。大化の改新直後の詔勅においては、天皇は明神《あきつみかみ》と呼ばれている。天皇の勢威の強まったときには、天皇の詔勅のうちに『夫れ天下の富を有する者は朕なり、天下の勢を有する者も朕なり』（聖武天皇天平十五年十月大仏造営の詔勅）という文さえもあらわれている。日本にとくに発達した神国観念ないし国家至上主義は、天皇崇拝と密接な関連をもっている。日本が万世一系の天皇によって統治されているという点に、日本の国家の独自性を認めようとしたのである。

　過去において日本人はシナの思想文化を大規模に受容したけれども、日本国家のこの独自の性格をそこなわぬようにということに、細心の注意をはらった。上代日本の行政司法を規定している法律としての律令は、だいたいシナのものの模倣であるが、シナ古来の革命の思想は、これを拒否した。国家統治にあたっては、シナの二十一史を参考にしたが、禅譲放伐という政治的慣習は、これを学ぼうとしなかった。『孟子』を日本に移入しようとして船に載せて日本にむかったが、その船が海上で嵐にあって遭難したために、なかなか容易には日本に伝えられなかったという伝説がある。これはつまり孟子の説く禅譲放伐の帝王観が、日本の天皇観ないし古来の統治方式と一致しなかったために、『孟子』の普及を好まない人々あるいはそれを恐れている人々の危懼がこのような伝説を生じさせたのである。

　『周の創め、武王一度怒りて天の下の民を安くす。臣として君を弑《しい》すと云ふべからず。仁を賊《ぬす》み義を賊む一夫の紂を誅するなりと云ふ事、孟子と云ふ書にありと、人の伝へに聞き侍る。されば漢土《もろこし》の書は、経典、史策、詩文に至るまで、渡さざるはなきに、かの孟子の書ばかり、未だ日本に来らず。此の書を積みて来る船は、必ずしも暴風にあひて沈没《しず》む由を云へり。夫れを如何なる故ぞと問ふに、我が国は天照大御神の開闢《ばつくにし》知ろしめししより、日嗣の大王《きみ》絶ゆる事なきを、かく口賢しき教へを伝へなば、末の世に神孫を奪ふて、罪なしといふ敵《あだ》も出づべしと、八百万の神の悪ませ給うて、神風を起して船を覆し給ふと聞く。されば彼の国の聖の教へも、こゝの国土に相応《ふさわ》しからぬ事尠なからず』（『雨月物語』一）

ただし悪王を追放するのは正当であるという思想は、日本にもあらわれていた。例外的な事実として、家康は、周の武王が臣として殷の紂王を討伐したこと、いわゆる湯武放伐論を藤原惺窩にも林道春にも聞いている。

『家康は道春を召して道のことを論じたが、そのうちに、武王が臣として君を伐った。これは悪ではあるが善でもある。いわゆる逆取順守というものであるといった。すると道春は、自分はそうは思わない。武王は天に順い人に応じたもので、少しも私慾はない。天下の人のために大悪人を除いたもので、善といえども悪というようなものではない、といったという』（『駿府政治録』に見えている話）。しかしこういう正当化（justification）は、日本では一般化しなかったようである。

シナの儒教は日本に移入されるにあたっては、ほとんどなんらの摩擦軋轢を生じなかったのであるが、ただ禅譲放伐説だけは若干の問題を提供した。それは天子が天命を受けているあいだは天子の位にあるが、天の信頼を失ったならば、その地位を去らねばならぬというのであり、日本の伝統的な天皇観とはどうしても一致しがたいものである。したがってこの点が識者の問題となった。菅原道真の遺言として次の言が伝えられている。『凡そ神国一世無窮の玄妙なる者は、敢へて窺ひ知るべからず。漢土三代周孔の聖経を学ぶと雖も、革命の国風、深く思慮を加ふべきなり。』(『菅家遺誡』)

したがって、儒学もまた決して全面的に日本に受容されたのではなかった。水戸学者藤田東湖は、儒教の教説のうちで、神州において『決して用ふべからざるもの』が二つあるとして、『曰はく、禅譲、曰はく、放伐。虞夏の禅譲と殷周の放伐とこれなり。秦漢以降、孤児寡婦を欺いて、其の位を簒ふ者、必ず口を舜禹に藉り、宗国を滅ぼし、その主を弑して、天下を奪ふ者、必ず名を湯武に託す。歴代の史、既に二十を過ぐ。たゞに上下位を易ふるのみならず、或は内外の分を併せてこれを失ふ』という。シナでは、皇帝が皇帝としての徳を失ったならば、その位を失わねばならぬ。ところが日本においては、皇帝の位が永遠に同一の血統にのみ伝えられねばならぬ。したがってここでは徳の有無は問題とならぬのである。『赫々たる神州は、天祖の天孫に命じ給ひしより、皇統綿々、これを無窮に伝ふ。天位の尊きこと、猶ほ日月の踰ゆべからざるがごとし。すなはち万世の下、徳は舜禹に匹し、智は湯武に侔しうする者ありといへども、また唯だ一意上を奉じ、以て天功を亮くる有るのみ。万一その禅譲の説を唱ふる者あらば、凡そ大八洲の臣民は、鼓を鳴らしてこれを攻めて可なり。』（『弘道館記述義』）

もちろん、すべての儒学者がこのようにはっきりと明言しているのではない。かれらとても、日本古来の政体と儒学の教説とのあいだに矛盾のあることに気づいてはいたが、沈黙をまもっていて、その矛盾に触れることを避けていたのである。ひとたびこの矛盾を取りあげて問題とするならば、どうしても藤田東湖のような解釈をせざるをえなかったのである。

なるほど儒者のうちには、シナ文化に極度に心酔していた人々もある。しかしみずから「東夷之人」「夷人」と称した荻生徂徠でさえも、なお、やはり尊王心を懐いていた。

さて右に述べたような思惟方法を徹底させていくと、帝王としての権威は、帝王のうえにある別の原理から導き出されるのではなくて、帝王自身の人格のうちに内在していると考えねばならぬことになる。たとえば、熊沢蕃山は日本の天皇の神聖性を強調する。『日本の帝王は天の神の御子孫、疑ひなし。』『日本のみ帝王の宗をたがへず。武家の世と成ても、天下を取る人、王と成ことあたはず。三種の神器、自然に神威おはしますゆへ也。』（『三輪物語』第一）また山崎闇斎は儒学に造詣が深かったにもかかわらず、儒学の立場から神道を理解しようとはしないで、儒学の諸観念を用いながらも、神道を神道自身にもとづいて理解しようとつとめた。かれによると、造化神とは人体をそなえた神であり、とりもなおさず皇室の祖先なのである。『此処に所謂神聖は、天人を合せて云へり。是大元の尊神にして則ち帝王の御大祖御人体御血脈の本源と拝み奉る御事也。』天皇はシナ思想における天子とは異なったものである。『異国には大君の上に天帝あり。勅命の上に上天の命あり。吾国の大君は、所謂天帝也。勅命は所謂天命と御心得べし。』（和辻哲郎『日本倫理思想史』下巻）天皇は天命を受けた天子なのではなくて、天命を与える天帝であるとされている。

したがって天皇が犯した過失についての反省はほとんど伝えられていない。これがシナとおおいに異なるところである。前漢の文帝の世（前一七八）に日蝕が起こったが、文帝は「これは自分の不徳の致すところである」といって、「自分の知見の及ばないところを朕に告げるように、また直言極諫できる者を推挙して、朕の意の及ばぬところを匡せ」と明言している。日本では古い時代にはこういう事例は起こらなかったようである。

むしろ日本の天皇は、災害が起こるのは神祇のたたりと見なす場合が多かったようである。そうして仏教が広く行なわれるようになってから、「朕の不徳の致すところ云々」という表現があらわれている。そうして日本の国家至上主義者たちは、こういう反省を嫌悪した。

だから熱烈な尊皇思想の唱導者は、儒教を学びながら、しかもそれを全面的に正反対に転換させている場合がある。孟子にはたしてデモクラシー的な思想があるかどうか、問題であるが、ともかく孟子は国君を「民主」と呼び、人民の立場を顧慮すべきであるという立言を述べている。ところが吉田松陰は、儒学を講じながらも、孟子の民主主義的なニュアンスを与える立言を排撃している。孟子は『民を貴しとなし、社稷これに次ぎ、君を軽しと為す』（『孟子』尽心篇下、第一四章）というが、松陰は孟子のこの思想をそのまま受けとることができなかった。かれは孟子のこの言は『人君より視れば人民程貴き者はなし』という意味に解する。そうして、かれは西洋のデモクラシーを排撃して、シナ思想の全面的な転換をめざしている。

『此義を弁ぜずして此章を読まば、毛唐人の口真似して、天下は一人の天下に非ず、天下の天下なりなどと罵り、国体を忘却するに至る。惧るべきの甚しきなり。近聞く、明倫館の文題に天下非一人天下説と云を出されし由、余因て考ふるに、天下非二一人天下一と云は六韜に出る語にて、必しも聖経に出るに非ず。漢土にても通論とするに非ず。思ふに禅譲放伐の事に因て云ふなるべし。普天之下、莫レ非二王土一、率土之浜、莫レ非二王臣一と云へば、明かに天下は一人の天下とするなり。』（『講孟箚記』第四巻）

『天下は一人の天下に非ず』というシナ思想が、いまや反対に『天下は一人（＝天皇）の天下なり』と改められたのである。

ゆえに、儒教が摂取されて一般に普及したにもかかわらず、シナの儒教と日本の儒教とでは、その強調する面を異にしている。シナ儒教の根幹となっているものは、孝の道徳である。そうして易姓革命の思想的立場にたつために、忠の思想は一般道徳の中心的位置を占めることができなかった。ところが日本においては、社会の階級的構成のゆえに、とくに「忠」の道徳が、あらゆる徳のうちで最高の地位を占めることとなった。

帝王の権威に関する、シナと日本とにおけるこのような思惟方法の差異は、また歴史書編纂のしかたの差異となってあらわれている。シナで歴史書、ことに正史が多数編纂された実際上の原因は、帝王の権能をあらかじめ平和的に抑制して、不当に逸脱させないようにしようとすることにあった。だから史官は天子の行動を善悪双方にわたって記録し、読む人々――それは天子であろうと官吏であろうと――をしておのずから批判しかつ反省させようとしたのである。ところが日本においてはこのような意図がなかった。日本の歴史編纂の事業の目的を見るに、記紀編纂の理由は、『邦家之経緯、王化之鴻基』（『古事記』序）を明らかにすることであった。すなわち日本の対外的な国家的自覚にもとづいて、皇室の系譜を中心として日本の歴史的事実を採録記載しようとしたのである。だからそこには批判的精神は表面にあらわれていない。

人間の理法にもとづく批判的精神の欠如ということは、すでに考察したように、日本人の思惟方法の顕著な特徴のひとつであるが、生ける天皇を神聖視するという思惟方法において、この欠点が露骨にあらわれている。

それでは日本民族一般のあいだに古来根強く存在していた天皇崇拝の思想は、仏教の受容形態にどのような影響をおよぼしたのであろうか。仏教の場合には、天皇崇拝と結びつくことは、理論的に困難であるにもかかわらず、日本ではついにその結合をなしとげてしまった。

　国王の尊厳と恩恵を強調する思想は、インドではバラモン法典にあらわれているのであって、一般の仏教徒はこれに反対していた。ただ後世の大乗仏教においては、まれにこのバラモン教思想を摂取採用したことがある。ところが日本人は仏典のなかのこの例外的な思想に注視した。『大乗《だいじょう》本生《ほんしょう》心地《しんじ》観経《かんぎょう》』第二巻においては、四恩として、父母の恩・衆生の恩・国王の恩・三宝の恩をあげて、いちいち説明している。そこで国王の恩を説く個所においては、「人民の幸福は国王にもとづくものであり、国内の山河・大地はすべて国王の所有である。国王は仏にひとしい権威を有し、神々（三十三天の諸天子）の特別な保護を受けている。ゆえに国王に対して叛逆を企ててはならない」と教えている。このような国王観は、仏典においてはまったく例外的なものである。むしろ仏教の理想を政治活動のうえに実現することに全身全霊を傾注したアショーカ王は、その詔勅のなかにおいて、国王が人民から受けている恩を公に表明しているほどである。

　ところが仏教としては例外的なこの四恩の説が、日本においてはとくに重要視せられた。しかも経典の文においては四種の恩がただ併挙されているだけであり、その内容に関しては三宝の恩に絶対的意義を認めているのに、日本においてはとくに国王の恩が強調され、それに最上の地位が与えられている。たとえば、清和天皇の貞観四年十月七日に、中納言兼民部卿皇太后宮大夫であった伴宿禰善男が、深草の別荘を寺院にして寄進したいと上奏した文のなかにも、『大乗本生心地観経』の四恩の説を引いた後で、『上は聖主覆載の恩に答へ、下は法界顧復に酬ゐん』と結んでいる（『三代実録』第六巻）。また平重盛が平清盛を諫めたことばのうちにも『且《しばら》く心地観経を見候ふに、一には天地の恩、二には国王の恩、三には父母の恩、四には衆生の恩、是也。以《て》レ知《るを》レ之《を》人倫とし、以《て》レ不《ざるを》レ知《ら》鬼畜とす。其中に尤重きは朝恩也』（『源平盛衰記』第六巻）という。しかし『朝恩』がもっとも重い、という思想は、『心地観経』の説ではなくて、日本人がそれに託して表明しているものなのである。このような通俗的見解を受けて、後世の禅僧、たとえば沢庵も『人皆朝恩軽んずべからず』ということを強調している（『東海夜話』下）。

日本人の伝統的な天皇崇拝の思惟傾向は、思いがけぬところで仏教家に影響をおよぼしている。親鸞のような宗教家は、無量寿仏に対する絶対帰依を説いているのであって、天皇崇拝などということは、かれの眼中になかった。しかしそれにもかかわらず、無量寿仏が生けるものどもを救うために、はからい呼びよせることを「勅命」と呼んでいる。また日蓮は、仏のお告げについて「仏勅」とか「勅宣」とかいう語を用いている。おそらくこれらの宗教家は、日本人一般にむく表現法としてこのような語を好んで用いたのであろう。〔戦前は仏教者がこのような語を用いることを、軍閥政府が禁止していた。〕

とくに日蓮の場合にあっては、天皇崇拝の念が、無意識のうちにかれの教義形成に影響しているようである。かれは少年時に、隠岐の法王と北条氏とどちらが日本の真の主権者であるかということに疑問を懐いたことを記しているが、同様の疑問がかれをして多数の経論のなかから『法華経』を選びとらせたのである。『世間を見るに、各々我も我もといへども、国王は但だ一人なり。二人となれば国土穏かならず。家に二の主あれば其家必ず破る。一切経も亦斯の如くやあるらん。何れの経にても在せ、一経こそ一切経の大王にては在すらめ。而るに十宗七宗まで各々諍論して随はずば、国に七人十人の大王ありて万民穏かならじ。何んがせん』（『報恩鈔』）という疑問を懐いて、経典の価値批判を行なったところが、『法華経』のうちに『此の法華経は諸経の中に於いて最も其上に在り』等という文を見いだして、かれは『法華経』に絶対帰依を表明するにいたったのである。日蓮の立言および態度のうちには、きわめて武士的な気風が多く認められ、また皇室に対する誠実な態度が示されているが、ただ一人の主君あるいは国王に対する絶対的献身の態度が、諸経典のうちでも、ただひとつの主を定めさせずにはおかなかったのである。〔インド人はこういう必要性を認めなかった。〕

仏教が日本において一般化するとともに、天皇崇拝は、また仏教徒一般にもはや常識として認められるようになった。兼好法師の『徒然草』にさえも『帝《みかど》の御位はいとも畏《かしこ》し。竹の園生の末葉まで、人間の種ならぬぞ、やんごとなき』という。

われわれはすでに、日本的な儒学者たちが、皇統の連綿とつづいていることのうちに日本国の優秀性を認めようとした事実を指摘しておいたが、若干の仏教者もまたそれと同じことを述べている。過去の日本における仏教史としてもっとも重要な『元亨釈書』の著者である虎関師錬は、日本に三種の神器が伝えられているという伝説のうちに、日本の国家が他の国々よりもすぐれているゆえんを認めようとした。『かの支那は大那と号し土地は曠遠なりといへども、受命の符は皆な人工にして天造にあらず。我が国は小なりといへども、基を開くの神なる、〔神〕器を伝ふるの霊なる、日を同じうして語るべからざるなり』(『元亨釈書』第一七巻)という。また洪川はいう。『わが朝には皇極の道あり。これ天祖神明の大道にして、王者の正教なり。その授受の悠久なるや、神孫一統にして他姓を交へず、…神武天皇継述したまふてよりこのかた、年代三千に近しといへども、未だかつて一人として敢へて天位を簒奪し神系を紊乱する者あらず。皇家の威徳、巍々たり。これわが王道が万国に特絶する所以なり。』(『禅海一瀾』)かれらは皇室の権威をつねに高く仰いでいたのである。

このような思惟の行きつくところとして、やがて、「天皇が即ち国家である」とさえ説かれるようになった。東嶺はいう。『天地広しといへども日月は二つとなし。国家の興廃は上み一人に帰す。』(『宗門無尽灯論』)

われわれはすでに日本人のあいだに自然主義的な傾向のあることを認めたが、これが系譜尊重の観念や天皇崇拝と結びつくと、仏教者までが、究極の意味における自然というのは、天皇の系譜が永久につづくことであるという異様な発言をなすにいたった。虎関師錬はいう。『日本は醇乎として醇なるものなり。邦家の基は自然に根く。支那の諸国は未だ嘗つて有らず。是れ吾が国を称ふる所以なり。其のいはゆる自然とは三神器なり。三器は、神鏡なり、神剣なり、神璽なり。此の三は皆自然天成に出でたるなり。我国は一種の系連緜邈無窮なるは天造自然の器の致す所か。是に因つて言へば、千万世の後と雖も、攙奪の虞あらじ。豈に其れ天造の神器は佗氏異冑の玩弄する所ならんや。』

　この見解は、ちょうど前掲の山崎闇斎の主張に対応するものであるが、こういう自然観は、インドやシナの仏教者には絶対に見られぬものであり、おそらく西洋人も奇異の眼をもってながめるであろう。

　直前に紹介したのと同様の論理によって、皇祖天照大神とは絶対者のことであると、仏教者自身が説くようになった。東嶺はいう。『おほよそ神とは心なり。心垢滅尽して鏡の明了なるがごとき、これを神といふ。この故に神乗は鏡を表体となす。……心鏡は本来円明にして、物として現ぜざること無し。これを天照大神といふ。』（『宗門無尽灯論』流通第一〇）ここには異教の神という意識は微塵も存在しない。

　そのほか天皇崇拝は仏教の諸観念に対して、奇妙な変容や曲解を加えるにいたった。仏教の五戒のひとつに不偸盗戒という戒がある。インドにおけるそれの原義は「他人から与えられないものを取ってはならぬ」という意味であった。ところが日本の仏教徒のうちには、天皇崇拝と結びつけて解釈する傾向さえもあらわれた。慈雲尊者飲光《おんこう》は説いていう。『山川区別して国に封疆あり……。此ノ日本天子の御系統神代より今に絶エぬ。是レ即不偸盗戒自然と相備ハる所じゃ。唐では天子の系統乱レて匹夫下郎の差別なく、時の運に任せて天下の主となる。』(『双竜大和上垂示』下)

天皇を神聖視する思想は、「十善」の徳と帝王との連関についての仏教本来の観念を変容させるにいたった。人間一般のとくに守るべき戒律を、すでに原始仏教以来、十善または十善戒と呼んでいた。それは十悪の反対の徳目であって、不殺生・不偸盗・不邪婬・不妄語・不両舌・不悪口・不綺語・不貪欲・不瞋恚・不邪見をいう。帝王はこの十善を人間のうちに実現するものであらねばならぬということを、仏典のなかではしばしば教えている。『如来の説きたまふところの十善の真実の法において、かの王は能く奉行し、法に依りて世を治む。』(『諸法集要経』)王みずからが十善業道を修行するとともに、人民一般に十善を実行させねばならない。『かくの如く、人王は〔人民をして〕十善を修せしむれば、福徳の主と名づけ、もし修せしめざれば、非福の主と名づく。』(『大乗本生心地観経』第二巻)『〔王は〕過去の転輪聖王の如く、十善業道を以て衆生を教化すべし。』(『雑宝蔵経』第八巻)善財童子が教えを受けた無厭足王は

『永く殺・盗・邪婬を断ぜしめ、また妄言・両舌・悪口・綺語を禁止せしめ、また貪・瞋・邪見を遠離せしむ』（唐訳『華厳経』第六六巻）といわれている。

〔この見解は日本人一般の天皇観にも著しい影響をおよぼしている。日本の古典においてはしばしば天皇のことを『十善のあるじ』（『増鏡』藤衣）、『かぎりなき十善の王』（『栄華物語』日かげのかつら）と称し、皇位のことを『十善の床』（『増鏡』草まくら）、『十善万乗の帝位』（『平家物語』三）と呼び、天皇は人間結合のうちに十善を実現すべきものと考えられていた。『十善の正法を行ひて国を治む』（『神皇正統記』一）。これらの観念はみな前掲の仏教の政治論を前提としているのである。〕

ところが日本にくると、そのほかに、他の見解を成立させた。日本人はシナ思想と接触したのちには、天皇をシナ人の考えた天子と同一視し、したがって「天の子」と考えていたのであるが、仏典においては一般に、人が善いことを行なうと天に生まれると説かれているので、この両種の見解を結びつけて、天皇は過去世において十善の戒をたもったので、その功徳によって現世に天皇として生まれたのであると解するようになった。『十善の戒力にて天子とはなり給ふ』（『神皇正統記』四）などという。十善を修したために国王として生まれるという立言は、仏典のうちにはおそらく典拠のないことである。天皇を神聖視する日本人一般の思惟傾向が、このような観念をつくり出したのである。仏教によれば、国王は十善を実現すべきであり、それによってこそ真実の国王としての意義が実現さるべきものであるのに、日本人によると天皇はそれをすでに実現しているのである。国王の神聖性は、仏教によると未来に実現されるべきものであり、当為的であるが、日本人によると、すでに付与されているものであり、過去的なものであるとして、解釈しなおされたのである。

これと同様の思惟方法の特徴を、われわれは聖徳太子伝説のなかにも認めることができる。聖徳太子は、後代の日本人一般の観念によると観世音菩薩の化身であった。しかしこのような伝説は、インドにはあらわれなかった。アショーカ王の仏教援助はその世界史的影響という点では聖徳太子とは比較にならぬほど大きいが、インド人のつくったいくたのアショーカ王伝説においては、アショーカ王は前世に幼童として仏に砂を奉った功徳があるとされているだけである。仏教を保護したインドの他の諸帝王にも、このような伝説は認められない。だから聖徳太子尊崇のしかたには、多分に日本的な天皇崇拝の傾向が潜在しているのである。

こういうわけで天皇の権威は、仏よりも以上であると考えられた。『「仏は九善、王は十善」ということがどこまでも国民の信じて居る金言である』（芳賀矢一『国民性十論』）とさえ考えられた。日本の仏教諸寺院では「聖寿万歳、玉体安穏」を祈るのがつねであり、「今上天皇陛下聖寿万安」と記した位牌が安置されている。

ここに注目すべきことは、日本人一般のあいだに、古来、国家至上主義的・帝王崇拝的傾向があったので、日本の諸宗教は意識的あるいは無意識的にそれに順応していったのであるが、日本国の主権者としての天皇とおよび皇族とには、かならずしも自分らを神聖化しようという努力がなされていたのではない。ことに仏教に帰依した天皇および皇族には、このような意識は少しも存在しなかった。聖武天皇の「三宝の奴」という信仰告白はいうまでもないであろう。花山天皇は、『大集経』(第一六巻)に出てくる『妻子と珍宝と及び王位とのうち、命の終る時に臨んでは随ふ者なし。唯だ戒と及び施と不放逸とは、今世と後世とに伴侶たり』という詩句を見てから、『御心おこりて、げに此世は夢幻のほどなり。国のたから、王の位よしなしとおぼしめし取りて、たちまちに十善の王位を捨てて、一乗菩薩の道に入らせ給ひにけり』と記されている(『十訓抄』第六)。国家の元首といえども、一個の人間として、ひとり淋しく死なねばならぬ、ということを痛感していたのであった。

また国王といえども、もしも悪行を行なったならば地獄の審判の前にたたねばならぬから、仏教に帰依して、みずからつつしまねばならぬ、という思想も、やはり皇族によって表明されている。たとえば醍醐天皇の和歌と伝えられる『いふならく奈落(＝地獄)の底に入ぬれば刹《せっ》利《り》(＝王族)も首陀《しゅだ》(＝隷民)も異《かわ》らざりけり』(『源平盛衰記』第八巻)という歌は、宗教的な意味で平等観を表明したものである。そのほか歴代天皇の和歌のうちには、これと同趣意のものがかなり存する。清和天皇の貞観元年四月に、皇太后の願によって安祥寺に年分《ぶん》度者三人をおかれたが、その願文のなかに『上界の天人すら猶ほ以て〔衰滅を〕免れず。下界の凡夫、何方ぞ遁るるを得ん。況んや復た奈河（＝三途の河）の渡りには、平生の財も随はず。平等（＝閻魔王）の前には君臣の序も弁ふること無し。独り生れて独り死す』（『三代実録』第二巻）と述べられている。

またわが身の罪障深重なることの自覚と、悪人をも救う阿弥陀仏の誓願に対する歓喜が、表明されている和歌も少なくない。天皇といえども、みずからの罪障に関する深刻な自覚があった。

『心だに西に向はば身のつみを写すかがみはさもあらばあれ』（後柏原天皇『詠百首』中）

そうしてわが身の罪障が深く重く、煩悩がもえさかっていることを自覚して、阿弥陀仏の誓願の不思議を思うにつけても、悪人正機の教えに対する歓喜が表明されている。

『誓ありとおもひうる身になす罪のおもきもいかで弥陀はもらさむ』（後土御門天皇『紅塵灰集』）

『憂き身とも思へば言はじ逢ひ難き弥陀の誓ひを頼みてしかば』（土御門天皇『土御門院御集』）

ここにおいては天皇も、まったく一個の凡夫として自覚されている。

このような信仰にもとづいて天皇および皇族の出家修行も行なわれたのであった。淳和天皇の崩御ののちには、遺詔にしたがって『御骨を砕き、粉にして、大原野の西山の嶺の上に散じ奉れり』（『続日本後紀』第九巻、仁明天皇承和九年の条）と記されている。とくにわざわざ「山陵をつくってはならぬ」と遺詔した天皇もかなりある。旱《ひで》りの時の清和天皇の詔勅には『朕の不徳なり。百姓に何のつみかあらん。……朕の服御・常膳等の物は、すべて宜しく減撤すべし』とある。亀山法皇は、鎌倉時代の末に南禅寺において修行したが、その師たる無関普門の小祥忌には賄所に出て、みずから米粒菜根を手にして、その日の斎食の用意にあたり、参集せる衆僧供養に奉仕した。

ここには、もはや当時の皇室に、現人神としての権威を標榜しようとの意図が、毛頭なかったと断言してさしつかえないであろう。皇室の宗教的信念は、明治維新の以前はだいたいこのようなものであった。

ところがそれにもかかわらず、幕末の尊王論におしすすめられ、明治維新以後には天皇崇拝が強権をもって執行され、最近の日本ではそれが最高絶対の宗教形態となっていた。それは、国民の全体に強制された新興宗教となったのである。ゆえに天皇崇拝の宗教形式は、単に皇室の主観的・恣意的意図に出たものだとはいいえない。そうではなくて、日本民族の奥底に存する根強い動向によって、ある時代から異常なすがたをとってあらわれたのである。そうして潜在的に存することの思惟傾向が、仏教の受容形態を顕著に規定していることは、すでに述べたとおりである。このような傾向はインドやシナの宗教にはほとんど存在しなかった。だから現人神崇拝の信仰様式は、単に東洋社会的な諸条件だけに制約されて成立したものではない。また単に「封建的」というレッテルを貼るだけではすまされない複雑な問題がひそんでいる。古代東方あるいはローマの皇帝崇拝との比較研究については、なお今後の研究を要する。

一〇　宗派的・派閥的閉鎖性

有限にして特殊なる人間結合組織を絶対視する傾向のひとつのあらわれとして、日本においてはまた宗派的・派閥的傾向が著しい。これが現代日本においてもなお顕著であることは、今日一般に指摘されている。このような傾向は決して今日になってはじめてあらわれたことではなくて、きわめて古い時代から日本人のあいだに根強く存しているものである。

われわれはいまここではこのような傾向を、まず日本における仏教教団の構成組織と信徒の崇拝形式とについて指摘することにしたい。日本の仏教においては、普遍的な教理よりも、限定された具体的な人間結合組織としての個別的教団そのもののほうが重視された傾向がある。

日本人のあいだに顕著なこの宗派的派閥性を、われわれは日本最大の教団である本願寺教団の成立過程について、実際にたしかめることができる。浄土真宗の開祖である親鸞そのひとは、みずからひとつの宗派を開くという意識は少しもなかった。すでに述べたように、かれ自身はどこまでも師たる法然の教えに随順し、その真趣意を顕示するという立場にたっていた。そうして、親鸞は、教えの普遍性を認めていた。『如来の教法は、総じて流通物《るずうもち》なればなり。』（『口伝鈔』）この立場にもとづくからこそ『親鸞は弟子一人も、もたずさふらふ』（『歎異鈔』）というきっぱりとした立言ができるのである。『みな如来の御弟子。』『みなともに同行なり。』（『口伝鈔』）ところが当時の念仏行者たちは、これはわが弟子、これはひとの弟子、といってたがいに弟子を争っていた。親鸞は極力このような傾向をいましめていたが、真宗教団の内部においても、この傾向はつのる一方であった。やがて真宗の信徒は『本願寺の聖人の御門弟と号するひとびと』（『改邪鈔』）となってしまった。そうしてその後、本願寺教団は、全国的な大組織となって発展しながらも、法主を中心とする閉鎖的な教団を構成した。信徒にとっては、教団に加えられるか、あるいは教団から放たれるか、ということが大問題となった。蓮如は一揆の発生を避けようとして、門徒をいましめて、『諸門下に於いて悪行を企つるの由、その聞えこれあり。言語道断の次第なり。所詮向後かくの如きの張行を致すの輩に於いては、ながく聖人の御門徒を放つべし』（『専光寺文書』）という。この教団の信徒は「門徒」という呼称をもって呼ばれたが、このようにして、この呼称は緊密な閉鎖性を連想させるものとなったのである。各寺院は門徒にとっては「手次《てつぎ》の寺」としての意義をもつものとなった。

親鸞は在家仏教を唱導したと一般にいわれている。しかし、かれの立場は「非僧非俗」であり、僧であってしかも家庭をもっているというにほかならない。だから僧侶一般を認めないところの在俗宗教運動ではなかった。この点で西洋のクェーカーなどの宗教運動とは、似ていながらも、しかも異なっている。真宗教団においては、世襲的な職業僧侶が中心であった。ただ初期の真宗教団が在俗宗教運動にもっとも近いものであったということは断言できる。かつては寺院というものもなかったらしい。それにもかかわらず、この教団が宗派性の著しいものに転じたというところに、われわれは日本人一般に通じる特徴的な思惟傾向を認めうるのである。

このような排他的・閉鎖的傾向は、日本的特徴が著しいといわれる鎌倉仏教の他の諸宗派においても、やはり顕著である。日蓮の「念仏無間、禅天魔、真言亡国、律国賊」という四箇《しか》格言において示されるように、日蓮宗がとくに著しい強烈な宗派意識をもっていることは、周知の事実である。もともと『法華経』は、いかに愚昧低劣なる者でもまごころをもって仏道修行しているならば、みなすべて絶対完全の境地に到達しうるということを教えているのであって、もっともおおらかに寛容宥和の精神が表明されているのであり、『法華経』を鑽仰する人々は、ほとんどみなこのような態度をとっていた。しかるに日本にくると『法華経』に絶対帰依の態度をとる日蓮宗は、ややもすれば宗派的・閉鎖的となり、その一部にはきわめて排他的な傾向もあらわれた。その一派である不受不施派にあっては、『法華経』の信者にあらざる者から施しを受けてはならぬ。また、かれらに施しを与えてもならぬ、と主張した。

鎌倉時代から足利時代にかけて、浄土教の信徒のうちには阿弥陀仏以外の諸仏・諸菩薩・諸神を崇拝しないで軽蔑する者が非常に多かった。浄土真宗のうちにも、このような傾向が著しくあらわれた。それだからこそ蓮如は信徒にむかって、諸仏諸神をとくに崇拝する必要はないが、しかし侮辱してはならぬということを繰り返し教えている。禅宗にはこのような傾向が比較的に稀薄であるが、しかし道元などの場合には、他の思想あるいは宗派に対する非常に潔癖な態度があらわれている。道元はみずから、師である天童如浄の法を忠実に伝えた者であると確信し、他の諸思想を採用したり妥協したりすることを好まない。しかるに如浄自身の語録を見ると、やはりシナ一般の三教一致説にある程度まで近づいている。ゆえに道元は、その標榜する意識的態度に反して、道元自身のしかたにおいて、あのような教法を選びとったのである。したがってシナの隋・唐時代における三階教のような、法の差別なく、仏を選ぶことなく、普法普仏を説くような教義は、日本には成立しなかった。

信仰よりも人間関係を重視する傾向に促されて、日本の仏教においては多数の宗派が分立し、各宗派は排他的・閉鎖的傾向があった。これは日本人一般のあいだに根強い派閥的傾向にも関連のあるものであろう。たとえば、禅宗において多数の分派が存するのは、信仰あるいは教義の相違にもとづくものではなくて、師資相承というような単なる人間関係にもとづくものである。そこでは師弟関係が非常にやかましい。法脈相承をやかましくいいたてるのは、日本の仏教のひとつの特徴である。今日のように思想伝達の機関が発達して各個人が多数の人から教えを受け思想的影響を被っている時代に、なお弟子に対してただ一人の師匠としての権威を保持することは、派閥的関係を助長する傾向におもむかざるをえない。「法に依るべし。人に依るべからず」という仏教本来の立場とはちょうど正反対になってしまった。

師資相承を重んじると、おのずからそこに秘密口伝的伝承を成立させる。天台宗では日本にはいってから「三重七箇の法門」と呼ばれるところの口伝が成立した。これは師匠から弟子に伝える秘密の口伝の法門である。それが成立したのは、覚超（九六〇—一〇三四）以後、東陽忠尋（一〇六五—一一三八）以前の時代であると考えられるが、日本の天台教学においては、きわめて重要な意義を有するものとなった。島地大等師は『いわゆる口伝法門の或るものは、その起原に於いて作者年代共に不明なりと雖も、その実、中古日本天台教学の特色とし根本とするものは、むしろ口伝法門に在る』（『天台教学史』）と説いている。それの作者が不明であるということは、それが特定人の権威に結びつかないで成立したこと、したがってそれをつくり出したのは日本的思惟傾向そのものなのである、ということができる。

この傾向は、禅宗においてもまた認められる。臨済宗にあっては、いくたの公案を商量せねばならぬのであるが、そのためにはおびただしい成語故事を修得せねばならぬ。それは外国人である日本の禅僧にとっては非常な努力を必要とすることである。そこでその能力に恵まれない者は、ある特定の一書をかぎって精読し、これに自己一流の著語（批評のことば）を加えて、それを己の「家伝」とする伝授的傾向を生じた。伝授的傾向は、日本の禅宗においてとくに顕著となった。印可ということは、シナにもあったことであるが、ただ、さとりを開いた瞬間の行為として受けとられるだけであった。日本においてはじめて相承思想に裏づけられて強調されるのであり、妙心寺派では印可状のかたちで伝授的傾向が表現される。そうして禅宗諸派を通じて、公案に対する著語または下語《あぎょ》の形式を特別に重視し、その形式の口訣伝授的な傾向を発生させた。

こういうわけで、諸宗派とも本寺末寺の関係がやかましい。そうして終極においては本山に帰属するという構成になっている。このような傾向は、すでに新興の教派神道の教団にもあらわれはじめている。また宗派間の対立が政治的事情に由来している場合も少なくない。たとえば東・西本願寺の分立のごときは、徳川幕府の分離政策にあやつられて起こったのであって、教義の相違はあとで成立したものであるが、それもいうに足りないものである。以上に指摘したような事情は、多かれ少なかれ一般にどの宗派についても認められる。

このような意味における宗派の対立はインドにもシナにも朝鮮にも認められぬ社会現象である。インド仏教においても多数の部派があるが、それらは多くはむしろ教義の相違に由来する学派の名称である。〔部派はsectというよりは、むしろschoolと呼ばれるほうが適切である。〕マウリヤ王朝（西紀前三二〇―一八〇頃）以後の時代になってからそれぞれの寺院あるいは僧院はいずれかの部派に所属するようになったが、それはそれぞれの寺院あるいは僧院を管理するための必要から出たものである。このような建造物の本質はどこまでも「四方の僧衆を宿すため」のものであり、他の部派の僧侶を拒むということはしなかった。同一の建物のうちに異なった宗派の人々がともに住むこともあった。またシナにおいても同様の事情にあったらしい。近代シナや朝鮮の寺院はほとんどすべて禅宗であるが、また念仏をも修している。同一寺院のなかで同一の人々が坐禅を修するとともに、また浄土念仏の修行をも行なっている。禅浄兼修である。

ところが日本においては多数の宗派が分立し、それらはたがいに排他的・閉鎖的である。たとえばシナにおいてはまったく融合していてなんの矛盾をも感じていない禅と浄土教とは、日本において別々の宗派を形成して相い容れないものになっている。〔ちなみにインドにおいてもこの両者ははっきりと区別されてはいなかった。〕日本でもたとえば道元のごときは、極力宗派名を嫌い、禅宗と称することをさえも拒んだのであるが、現実の禅宗は、細かに宗派（あるいはさらにその細分）を分立させている。

こういうわけであるから、シナで、もしも宗派の区別をたてる必要があるときには、人についていう。ところが日本では各寺院ごとに宗派別が定まっている。シナでは寺院の宗派別は、住職その人により、時に応じて変わるけれども、日本では寺院の宗派別は人のいかんによっては変わらない。

日本仏教において寺院にこのような宗派の区別をたてるのは、おそらく徳川幕府の宗教政策に起因し、それが今日にまで継続しているのであると考えられる。しかし日本人の思惟方法のうちにこのような制度を成立せしめるための基盤がなかったならば、その確立を強行することもできなかったであろう。

仏教教団がそれぞれ宗派的・閉鎖的性格を有し、他方一般信徒の側にあっては家の制度が確立していたために、両者が相い呼応したところに檀家制度が成立した。檀家制度とは、檀家が特定の寺院に、一家の葬式、法事などの諸仏事、墓地管理などを依頼し、これに対して寺院の側からは、諸仏事の依頼に応ずるかわりに、諸仏事料はもちろんのこと、堂の建築・修復、その他直接・間接の寺院経営費を檀家に負担させるという関係が制度として固定しているものをいう。これは中世末期に自然に成立したものであるが、徳川幕府がこれを取り上げて強行した。〔徳川時代にはさらに寺請制度なるものが制定されていた。そうしてキリシタンでないということを確かめて、「宗門人別帳」というもののなかに登録されていた。」

ここにおいては、日本人はそれぞれの家を単位としていずれかの寺院に所属し、それを通じていずれかの宗派に所属することとなったのである。だから過去の日本においては、個人がひとつの宗教を信奉するのではなくて、家がひとつの宗教を信奉していた。個人の宗教は家の宗教を通して成立していただけにすぎなかった。檀信徒と寺院とは、かならずしもつねに信仰によって結びついていたとはいいがたい。その結合関係は多くはまったく慣習的なものであり、個人の回心とか、救われた喜びというものをともなわなかった場合が多い。今日の一般日本人が無信仰だといわれることも、歴史的・社会的に理由のあることなのである。

排他的・閉鎖的態度はひとり仏教教団にのみ特徴的であったのではない。神道諸派の場合においても事情は同様であった。このことは日本人自身が承認している事実である。松宮観山は『世の神学を講ずる者、多く秘事密伝独知を自負し、あまねく人に示すことを欲せざる者、みな小節に拘りて云云』（『三教要論』）と批評している。ことにその閉鎖的態度は、ひとり神道のみならず、もろもろの芸能の領域にまでおよんでいるという事実を富永仲基が指摘している。

『扨又神道のくせは、神秘秘伝伝授にて、只物をかくすがそのくせなり。凡かくすといふ事は、偽盗《いつわりぬすみ》のその本にて、幻術や文辞は、見ても面白く、聞ても聞ごとにて、ゆるさるるところもあれど、ひとり是くせのみ、甚だ劣れりといふべし。それも昔の世は、人の心すなほにして、これををしえ導くに、其便《たより》のありたるならめど、今の世は末の世にて、偽盗するものも多きに、神道を教るものの、かへりて其悪を調護することは、甚だ戻れりといふべし。彼あさましき猿楽茶の湯様の事に至るまで、みな是を見習ひ、伝授印可を拵《こしら》へ、剰《あまつさえ》価を定めて、利養のためにする様になりぬ。誠に悲むべし。然にその是を拵へたる故を問ふに、根機の熟せざるものには、たやすく伝へがたきがためなりとこたふ。是も聞ゆるやうなれども、其かくしてたやすく伝へがたく、又価を定めて伝授するやうなる道は、皆誠の道にはあらぬ事と心得べし。』（『翁の文』第一六節）

またかならずしも閉鎖的とはいいえないかもしれないが、平田神道においては、排他的な宗派主義はいよいよ極端にまで達したといいうるであろう。

明治維新後になってから、教派神道は急激な勢いをもって普及した。それに対してはもはや国家の干渉や指導はほとんど存しなかったにもかかわらず、仏教教団におけるとほぼ同様な現象があらわれている。しかも本願寺教団や新興神道諸派の教団のかつての組織が、天皇制の模倣の形態において成立していたことは、とくに注意すべきであろう。

日本人の宗教意識にこのような傾向があるのは、もはや信仰の純粋性を尊重するからであるとはいいえない。それはむしろ、限定された閉鎖的な人間関係を形成しようとする日本人一般の社会的習性にもとづくところが多いようである。少なくとも今日、一般日本人が宗教教義に無関心であるのに、諸宗派が細かに分立してたがいに排他的・閉鎖的となっている状態は、もはや信仰の相違にもとづくものだとはいいえないであろう。

それでは、そこで一般日本人のあいだに宗派的・派閥的傾向が顕著であるのはなぜであるか、ということが問題となるが、これは日本人一般が閉鎖的な小規模の集団生活を愛好する思惟傾向があるからであると考えられる。ただしこのような小規模の諸集団のあいだにたがいに排他的な傾向が著しいという現象の実在根拠をたずねてみると、風土に即した社会生活ということを考慮にいれなければならない。むかしから狭隘な土地に稠密な人口を擁していたという事実は、日本の社会生活が比較的安穏で容易であったことを証するとも考えられるが、また他方ではそれが排他的性格を成立させる原因となったのではないか、とも考えられる。これはあらためて独立に考究されねばならない問題であるから、いまここでは一般日本人のあいだにこのような特徴が認められるという現象的性格を提示するにとどめておく。

さて以上の諸項にわたって詳しく指摘したように、日本人は、家・主従関係・仲間・国家（あるいは天皇）というような有限にして特殊なる人間結合組織を重視し、普遍的な世界宗教をもこのような傾向に適合するように変容したのである。そうしてそれらの人間結合組織をこえて万人の遵守すべき永遠の法に対する顧慮が、とぼしかった傾向がある。一般的にいえば、日本人が外国の宗教を摂取する場合には、まずなんらかの具体的な人間結合組織を絶対視していて、それをそこなわないかぎりにおいて、あるいはそれを助長し発展させると考えられる場合に、摂取採用したのである。宗教を心から信仰していた個々人の意識においては「帰依随順」であったにちがいないが、日本人の社会全体としてはやはり「摂取採用」したにすぎないのである。したがって、仏教は過去十数世紀にわたって日本文化の血肉となっていたにもかかわらず、なお日本人一般の意識においては仏教を「外来思想」と見なしている傾向がある。この点では、西洋諸民族がキリスト教に対する態度、あるいは南方アジア諸民族が仏教に対する態度とは、非常に相違している。これらの諸民族にあっては、このような普遍的世界宗教がそれらの民族そのものを形成したものであると自覚している。ところが日本人の場合には、このような自覚が存在していない。日本人は、意識的に、あるいは無意識的に、普遍的な宗教の真理にではなくて、有限にして具体的な人間結合組織に重点をおいていた。西洋人の立場から見て日本人の非宗教的性格と呼ばれるものは、ひとつにはここに根ざしているのである。

　以上にあげたもろもろの社会的諸現象を説明するために、その理由として、ひとは、あるいは日本における近代的市民社会の未発達という事実をもちだすかもしれない。たしかにそれもひとつの原因である。しかしながら単に経済的諸条件のみによって右にあげた諸特徴を解明しつくすことはできない。もしも単に資本主義の未成熟あるいは跛行的発展、封建的社会組織の残存などという事実によって説明しようとするならば、それは他の東洋諸国とも共通であって、なにも日本だけの現象ではない。農業生産の様式も東アジア諸国は著しく類似している。ところが、宗教思想の面だけについてみても、日本には、他の東洋諸国に認められないいくつかの独自の特徴的性格が顕著に存在する。これはやはり日本民族に奥深く潜在する精神的習性に帰せざるをえないであろう。そうしてこのような精神的習性を根底的に考察批判し対処しなければ、日本民族の今後の全面的な〈心の展開〉は困難であろうと思われる。

一一　力による人間結合組織の擁護

特殊にして具体的なる人間結合組織が絶対視されると、それを擁護し発展させることが絶対的意義をもつようになる。したがって自己の所属する人間結合組織の存立がおびやかされる場合には、武力をもってでもそれをまもろうとする。日本人の以上の思惟方法によると、武力を使用すること一般が善いか悪いか、あるいはそれぞれの個別的な場合に武力を使用することが正当であるかどうか、ということについて深く倫理的な反省を行なわないで、むしろ、ただ特殊な人間結合組織を擁護するというそれだけのことのうちに、神聖な目的を認める傾向がある。武力の重視ということは、少なくとも過去の日本においてはきわめて重要な位置を占めていた思惟傾向であった。

このような傾向はすでに初期の神話のうちにあらわれている。「細戈《くわしほこ》千足《ちたる》の国《くに》」という名称が、まず日本人が昔から武勇の国民であるということを示している。これを他国の神話と比較してみるならば、特徴をはっきりとつかむことができる。たとえばフィンランド神話（カレワラ）には、武力尊崇の観念が稀薄であるといわれている。ところが日本の神話は、明らかに武力による征服のあとをとどめ、武力尊崇の観念が全体を一貫している。考古学的遺品によってみると、日本の国土においては激烈な民族闘争は行なわれなかったらしいが、それにもかかわらず、観念的には武力尊崇の傾向が日本神話の著しい特色のひとつであるということは注目すべきである。

そののち後世になっても、日本人が武にひいでた勇敢な国民であるということは、諸外国に認められていたのみならず、日本人自身もそれを誇っていた。たとえば松宮観山は、『本邦』は『其の気鋭にして、武を好む。剛悍風を成す』（『三教要論』）という。平田篤胤は次のように評している。

『日本人は、大胆と云てよからうか、英雄と云て宜《よか》らうか、めつぽう強い気象がある。そりやなんぢやと云に、敵の為に打〔ち〕負けるか、若くは敵を覘《ねら》ふことが有て、それを報ゆることがならぬと、爰で少しも辟易《たじろ》がず、云はば平気で、自身に腹を掻切つて死ぬ。事に臨で命を惜まぬこと此通りじゃ。』（『古道大意』）

このような武勇の行為を、成立せしめる基底にある信念は、主君に対する絶対帰投である。

『今日よりは顧みなくて大君の

醜の御楯と出で立つ我は』（『万葉集』巻二〇に収められている防人《さきもり》の歌である）

封建的君主に対する献身であっても、天皇に対する献身であっても、そこには同一の思惟方法がはたらいているのである。これはインド人の場合などとは非常に相違している。インドにも戦争譚は存するが、勇士を励ますためには、つねに宗教的な教えが説かれている。戦場でたおれた勇敢な武士はインドラ神のいます天国に生まれることができるとか、あるいはヴィシュヌ神と共住することができるようになると教える。『地獄にも落ちよ、神罰にもあたれ、此方は主人に志立つるより外はいらぬなり』（『葉隠聞書』二）という信念で戦場に出るということは、インド人にとっては、とうてい思いおよばぬことであった。

ところでここに問題が起こる。われわれはすでに日本人のあいだでは愛情を尊重する傾向の著しい事実を指摘した。それでは、それと尚武の気風とは矛盾するではないか？　このことを、すでに熊沢蕃山が問題としている。『旧友問、日本は武国なり。しかるに仁国と云は何ぞや、云、仁国なるが故に武なり。仁者は必ず勇あるの理明かならずや。』（『集義和書』巻第一〇）過去の日本人が武を尊んだということは、ただ破壊をめざして乱暴をはたらくという意味ではない。

特殊な人間結合組織――それは藩であろうと、国家であろうと、ヤクザの仲間であろうと、なんでもよい――を維持し、その利益を擁護するというかぎりにおいて、力に訴えるのである。かれらは戦闘において勇敢であった。そこにおいてはつねに自己犠牲の徳が具現される。しかしながら、自己の属する人間結合組織あるいはその指導者が、ひとたび戦闘の中止を命ずるならば、かれらは直ちに力に訴えることをやめてしまう。瞬時にして平和が実現する。〔第二次世界大戦の終結にあたって、天皇の「戦をやめよ」との一言によって日本人がすべて武器を放棄して、そののちアメリカ人をなんら敵視することがなかったことは、外国人にとっては理解できない不思議なことであったが、日本人にとっては少しも不思議なことではない。〕それは、人を殺害し、物を破壊することが目的なのではなくて、人間結合組織を力をもってまもることが戦争の目的であったからである。

人間結合組織をまもるということは、単にその物質的な利益をまもることではなくて、また名誉をまもることであった。それはまた道義をまもるということでもある。道義をまもるためには、命をも捨てる。「いのちを鴻毛の軽きに比す」という表現がある。

人間関係を重んじて、相手の信頼を裏切らぬということに関連して、〈義理人情〉とか〈ヤクザの仁義〉というものも、決して日本独特のものだとはいえない。コルシカ島やイタリアの一部では昔から vendetta の習俗があった。つまり被害者の一族が殺害者の一族に対して復讐するのである。西洋の〈仇討ち〉である。また、コルシカの俠客を題材にしたフランスのメリメの小説、"Mateo Falcone"では、俠客の子のところにお尋ね者が流れて来て助けを求めたのを、その子がいったんかくまったが、のちに警察当局へつき出したのを知って、その子の父である俠客が怒って自分の子を殺してしまうという筋書になっている。「男子の一言、金鉄よりも重し」という気概は、公の法的秩序をも無視させているのである。コルシカ島においては、フランス本土におけるよりも親族間で親縁関係の意識が強いということであるが、それは島国であるためであろうか?

島国といえば、スリランカ(セイロン島)も同じ意味で重要視さるべきである。とくにスリランカの武士道は仏教と結びついているが、日本における武士道と仏教との関係に関連させて考察さるべきである。武士が責任をとって自決するということは、中世の南インドでもスリランカでも行なわれたことであるが、それが南インドではヒンドゥー教的観念に基礎づけられ、スリランカでは仏教的観念に基礎づけられていた。〈切腹〉ということも決して日本独特のことではない。南インドのハイダラバードの城門の博物館には、武士が責任をとって文字どおり腹を切っている図を彫刻した彰徳碑が多数残っている。これらと合せて考察さるべきであろう。

武士道とは、決してただ相手を殺すことではない。武士が武道によらないで敵を傷つけることとは卑怯である。だから、「溺れた敵兵を救う」とか「敵国に塩を送る」とかいうのが、同時に勇敢な武将の理想像でもあった。

日本人の思惟方法のこのような特徴を理解するならば、過去の日本の勇猛な武将が、また同時に優美なやさしい心情の持ち主であり、詩歌を詠じては花鳥風月を友とし、茶道をたしなみ、人々に思いやりが深かったという事実を理解することができる。武士道の書にはほとんどすべて「慈悲」の徳が説かれている。勇猛豪勇の将士が、虫けら一匹も無意味に殺してはならぬと教える仏教の遵奉者でありえたのである。日本人がもともと平和を愛好しながらも、しかも戦争において勇敢であったという秘密を解く鍵は、ここに存すると思われる。

そうして戦争において武士が勇敢なはたらきをなすためには、恐怖心や利欲の心を断たねばならぬ。そのための指導的教説として、仏教とくに禅が遵奉されていたのであった。〔中世インドにもジャイナ教徒の諸王や武将がいた。その戦勝記念碑も残っている。〕

戦士としての日本人の態度のうちに古来つねにこのような傾向が認められるということは、日本人一般の思惟方法にもとづくものであろう。もしもそれが単に武士階級のあいだにのみ伝承保持されていた思惟形態であるならば、庶民出身の俠客や、明治維新以後の一般日本兵士のあいだに、古武士におけると同じようなしかたであらわれることはなかったであろう。そうしてこのような態度は、単なる階級倫理、あるいは生産様式の視点からは解明のできない事実である。

人間結合組織を、力をもってでも維持し擁護しようとする努力は、おのずから日本の社会の内部において、武人の勢力を増大させ、武人が社会の統治者・支配者として登場するにいたった。日本の社会においては、シナの文人階級、インドのバラモン司祭者階級に相当するところの階級は、ついに成立しなかった。それはかならずしも日本の社会的・経済的事情がこのような階級の発生を妨げたのだとはいいえない。むしろ人間結合組織の秩序を重視する日本人の思惟傾向が、権力行使を本質的機能とするところの武人をして、社会の最上者・支配者としての地位を得させたのである。

このような傾向は、日本においては最古代から最近代にいたるまで一貫している。文人はただ武人らの補助者・助言者としての地位をあてがわれていたにすぎなかった。この特徴は、他の東洋諸国の社会の場合とは非常に異なっている。この点についてマックス・ウェーバーは次のように説明しているが、それはあたっていると思われる。

『封建時代の日本がもっとも接触のあったところの、諸部分より構成されていた封建国家としてのシナとの対立は、とくに次の点にあらわれている。日本においては非軍事的な文人層(unmilitärische Literatenschicht)なるものが支配していたのではなくて、職業軍人層が社会的にもっとも有力に重きをなしていた。西洋中世におけるがごとくに、騎士の習俗と騎士の教養が実際行動を規定していたのであって、シナにおけるがごとくに試験合格証と学者的教養がそうしたのではなかった。また古代西洋におけるがごとくに世俗内部的（innerweltlich）な教養が実際行動を規定していたのであって、インドにおけるような解脱哲学がそうしたのではなかった。』（Max Weber : Hinduismus und Buddhismus, S.300.）

このようにして日本の社会においては、武人は武人としての身分に誇りをもち、主君に対してはどこまでも忠誠を誓い、主君のためには喜んで一命を捨てる、という行動類型が成立したのである。

過去の日本において力をもってでも人間結合組織を擁護しようとする傾向が著しく、武人階級が支配階級として君臨していたという事実は、外来文化の摂取のしかたをも規定している。日本の支配階級は儒教を移入するにあたって、儒教の「士大夫」を日本の「武士」に比定した。しかし、本来実質を異にするものであるから、士大夫の道は直ちに武士の道とはならなかった。したがって山鹿素行のように、儒教理論にもとづいて新たに武士道理論を建設する人が、出現しなければならなかった。また多くの武士道の書は儒教理論からはいちおう独立して述べられている。

それでは次に仏教はこの点に関してどのように変容されたか。仏教は元来、力による支配を極度に嫌って、権力的な支配・従属の関係によらない理想的社会の建設をめざしていた。したがってインドにおいてもシナにおいても、仏教徒は慈悲とたえしのぶこと（忍辱《にんにく》）とを、実践に関するとくに主要な徳と考えていた。世俗の人々はたとい武力をもって争うことがあっても、出家修行者はこのような争いには参加しなかった。過去の人類の歴史において、世界的宗教のいかなる教団といえども、インドやシナの仏教徒ほどに武力から遠ざかっていたものは、かつて存在しなかった。仏教が日本に移入されても、初期の仏教教団においては、このような徳がなお忠実にまもられていた。

しかし日本人一般に通じる思惟方法がひとり宗教教団にだけ影響をおよぼさぬということは、不可能である。平安時代以後、大荘園の所有者であった諸大寺院は僧兵を養い、その武力をたよりにして、みずからの要求を貫徹した。ひとつの寺院または神社が、他の寺院または神社に対して武力をもって争ったことも多い。源平二氏の争乱を機として、古来の社家もそのいずれかに属して争った。たとえば熊野の水軍が源氏を援け、宇佐大宮司は平家方に属した。もともと社寺は政争のそとに超越していて、その所領は神聖な中立地帯として、敵味方のいずれからも犯されぬということが理想であったが、宗教人が武力を使用することを悪いと思わぬ態度は、自然に神職寺僧をして武力による自衛行動をとらせることとなったのである。イエズス会士の日本通信によると、根来の僧院では、つねに多数の僧兵を養い、武芸を錬磨させていた。ひとたび巨鐘をつけば、三万の大兵をわずかに三、四時間のうちに集めることができたという。足利時代末期から戦国時代にかけて、一向宗徒や日蓮宗徒は、封建諸侯の圧迫に抗して武器をもってたった。蓮如が吉崎にいたころ、多屋衆は、『前業の所感に任せ、しかる上は、仏法の為に惜しむべからず、合戦すべきの由、兼日諸人一同評定せしめ』（『帖外御文』）たという。

仏教教団が武力を使用したことは、インドにもシナにもその例がない。インドではシク教徒やナーガ修行者たちが武装したことがあるが、それはむしろ例外的現象である。また近世初期には島原の乱のような宗教にもとづく戦争も起こった。〔ただし島原の乱は一〇〇パーセント宗教戦争であったとはいいがたく、農民戦争の性格をも多分に具えていた。〕もちろんこれらは西洋の宗教戦争の場合と比較したならば、とうていいうに足りない小規模のものであったが、しかしこのような現象が東洋諸国のうちでひとり日本にのみ、かなり昔からあらわれたことは注目すべきである。

　これらはけっきょく、力によってでも自己の属する宗教教団を擁護しようとする献身的な努力のあらわれなのである。だから宗教教団の安全が保障された場合には、教団は直ちに戦争を中止している。豊臣秀吉の全国統一以来、仏教教団はすべて武力を放棄した。しかし、武力にはよらないが、力をもってでも仏教教団を護持し拡大しようとする思惟傾向は、その後にも、なお跡を絶たないのである。これはすでに検討した「宗派的・派閥的傾向」にもとづく点が多いと考えられる。

　過去の日本人一般の尚武の気性は、仏教思想の受容形態にも影響をおよぼしている。過去の日本人が武を重んじていて、仏教をもこのような生活態度に適合するようなかたちにおいて受容していたということは、日本人一般のあいだに不動明王の信仰がかなり行きわたっているという事実についても認められる。不動明王は忿怒の相を示現し、燃えさかる火炎のうちに住し、右手に利剣を執り左手に羂索《けんさく》をたもって、内外の障難および垢穢を焼きつくし、悪魔を降伏摧滅する。不動明王は、インドにおいては仏教の末期に、密教が成立した時代に、一般民衆の通俗信仰を採用して、はじめてあらわれた神的存在であって、現存サンスクリット仏典のうちにはほとんどあらわれてこない。ゆえにインド仏教においては、ほとんど問題とするに足りないものであった。またシナにおいても不動明王は、ほとんど尊崇されなかった。

もちろん、弘法大師が伝えた金胎両部の曼荼羅のうちには五大尊があり、そののち日本では不動尊その他の明王がずいぶん多く絵画・彫刻のうちに表現されているから、唐代には不動明王などの明王が尊崇されていたのであろう。しかるにそののち尊崇されなくなったということは、不動明王のもつ利剣降魔の性格がシナ人の宗教観にはしっくりしなかったのである。シナ人にとっては、観世音菩薩に代表されるような慈悲が、宗教の理想であった。ところが日本人にとっては、不動明王の尊像に表現されている折伏降魔のすがたが、その心にかなったものであったのである。また怨敵を調伏するための大元帥法が、日本でさかんに修せられたのも同様な事情による。

不動明王は武将の信仰するところともなっていた。池田綱政所用の具足の兜の輪には「不動」と書かれている。不動信仰がなぜ日本にのみ残ったか、ということは問題となるが、シナでは関羽が尊敬され、道観のみならず仏教寺院にも関帝廟がつくられているので、それが不動尊に対応する位置を占めているのであろう。不動明王の信仰は、韓国にもヴェトナムにも残っていない。

慈悲そのものである阿弥陀仏でさえも、武力を使用するものと考えられた。『弥陀の利剣』ということばが、日本の文芸作品のうちには、しばしば用いられている。その典拠は唐の善導の作である『般舟讃《はんじゅさん》』のうちに『利剣は即ち是れ弥陀の号なり。一声称念すれば罪皆除かる』とあるのによっているのであるが、この場合「利剣」というのは、単に譬喩的な意味にすぎない。ところが日本人は阿弥陀仏がほんものの剣を用いて悪人を懲らすこともあるのだと考えた。そうして戦争において戦闘をなすことの正当性を、ここに求めていたのであった。

日本人の尚武の気風は、一部の禅者が弟子を鍛えるにあたって機鋒峻烈であった事実にも認められる。日本の曹洞宗においては、通幻寂霊（一三二二—一三九一）の法系を受けている人々がもっとも多いのであるが、かれは「活埋坑《かつまいきょう》」ということをもって知られている。雲水が新たにかれのもとに修行にきたならば、それをためしてみて、もし志がほんものでないと見たならば、僧堂の前の穴のなかに突き落としてしまったという。インド人は苦行を行なった者は多かったけれども、他人に対してこのような荒々しい鍛えかたはしなかった。

また武士の出身であった鈴木正三（一五七九—一六五五）は、二王禅を説いた。すなわち二王のような威《た》け威けしい勇ましい心持で禅を修行せよ、というのである。かれは説いていう。『近年仏法に勇猛堅固の大威勢有ると云ふことを唱へ失へり。只柔和に成り、殊勝に成り、無欲に成り、人能くはなれども、怨霊と成る様の機を修し出す人無し。何れも勇猛心を修し出し、仏法の怨霊と成るべし。』（『驢鞍橋』上）そうして、かれは、威勢のよい仏像をみつめて修行せよ、と教える。『仏像建立の趣をみるに、門に金剛の形像を立置き、座敷には十二神、十六善神、八金剛、四天王、五大尊、各威勢をふるひ、物の具を着し、鉾刀杖弓矢を持てならびましますなり。此の意に徹せずして修行する人は、六賊煩悩を治する事かたかるべし。……願はくは仏像に眼を着て修行し給へかし。』（『万民徳用』）こういう荒々しい説きかたは、インドやシナの仏教徒のあいだではかつてあらわれたことがなかったようである。

こういうわけで、日本では仏教がとくに禅を通じて剣道の精神的根拠を与えることになった。禅僧沢庵は、剣客柳生但馬守に教えていう。

『石火の機と申すも、ぴかりとする電光のはやきを申し候。たとへば右衛門とよびかくると、あっと答ふるを、不動智と申し候。右衛門と呼びかけられて、何の用にてか有る可きなどと思案して、跡に何の用か抔いふ心は、住地煩悩にて候。止りて物に動かされ、迷はさるる心を所住煩悩とて、凡夫にて候。又、右衛門と呼ばれて、をっと答ふるは、諸仏智なり。仏と衆生と二つ無く、神と人と二つ無く候。此心の如くなるを、神とも仏とも申し候。神道、歌道、儒道とて道多く候へども、皆この一心の明なる所を申し候。』（『不動智神妙録』）

ここでは戦いにおける殺生の行為が仏教に基礎づけられている。仏教が、戦いにおいて生かされるということをめざしたのは、おそらく日本仏教にのみ見られることであろう。

一二　社会生活における活動の強調

さて、すでに指摘したように現象面に注意する生成的・流動的な思惟方法、すなわち実在が生成的・流動的なものであるという思惟方法が、個別的な人間結合組織を重視する思惟傾向に相即すると、そこにおのずから具体的な人間生活すなわち社会生活における活動を強調することとなってあらわれている。

原始神道が農村の農耕儀礼と密接に結びついているものであり、神道の神々が生産神として表象されて今日にいたっていることは、周知の事実である。

外国文化との接触交渉が行なわれるにいたり、日本人はシナの宗教を知るにおよび、多少、老荘思想の影響を受けたけれども、しかしとくに儒教を選び取った。すなわち種々多様なシナ思想のうちで、とくに具体的な人間結合組織における実践のしかたを教える儒教を採用し摂取したのである。老荘思想は、ややもすれば個別的な人間結合組織から遁れ出て、山林にこもって、おのれ一人の静安なる生活を求めるという隠遁主義に傾く傾向があるので、多くの日本人はこのような傾向を好まなかったのである。ところが儒教はもともと現世的教説であり、はたしてそれを宗教と呼びうるかどうかが問題とされているほどであって、もっぱら人間生活に即しての行動のしかたを規定しているのであるから、この点に関するかぎりは、儒教の移入にあたってなんらの摩擦をも生じなかった。

ところが仏教の場合には、種々の問題を提起した。仏教は出世間の教えであることを標榜する。仏教哲学においては「世間」を超えたところに「出世間」の絶対の境地を認める。仏教教団における中心存在はみな出家者であり、家族のみならずあらゆる特殊な人間結合組織の束縛から脱れ出た人である。仏教は出家を説くから人間結合組織を破壊するものであるということが、シナにおいて儒教の側からさかんに非難された。日本においても同様に、近世になってから国学者や漢学者たちがさかんに非難している。仏教が伝来した当時にも、諸種の紛争を起したことは周知の事実である。それにもかかわらず仏教は江河の勢いで流れ入り、明治維新前においては日本はまったく仏教国の観を呈するにいたった。それでは具体的な人間結合組織を重視する日本人が、人間結合組織を破壊すると非難される仏教を、どのように受容したのであろうか。この問題を考えてみよう。

原始仏教においてはその教団の中心を構成していたものは、出家者である男性（ビク）と女性（ビクニー）とであった。在俗信者は出家修行者を援助保護するとともに、その精神的な指導教化に従っていた。仏教ばかりではなく、当時の一般の宗教教団は、バラモン教を除いてその他はみな、出家修行者がその中心となっていた。原始仏教はその社会的習慣に従ったまでである。そうして原始仏教の出家修行者たちは世俗の汚れから離れて、まず自分らだけで理想的な社会（サンガ）を構成し、その宗教的・道徳的感化のもとに世人を指導しようとつとめたのである。ゆえに出家したからとて、直ちに人間結合組織を破壊するとはいえない。のみならず当時の社会においては、多くの人々の出家を必要とする社会的理由があったのである。

ところが日本の風土においてはインドとは社会状態が異なるために、特殊な人間結合組織のうちにあって人間生活に奉仕することが要請される。このような要請にとっては、原始仏教の思想はどうもしっくり適合しないのである。そこで原始仏教およびそれを継承している伝統的保守的仏教を「小乗」という名のもとに貶斥して、とくに大乗仏教を採用したのである。大乗仏教はクシャーナ族が北方インドを支配した時代以後、すなわち西暦紀元後に表面にあらわれ出た民衆的仏教であった。大乗仏教のうちのすべてがそうではないが、そのうちのあるものは、世俗的生活のうちにおいて絶対の真理を体得すべきことを教える。日本人は仏教を受容するにあたって、とくにこのような性格のものを選び取った。また本来はこのような性格を有しない教説をも、ことさらにこのような性格を賦与して受けとった。「日本は大乗仏教の行なわれる国である」という定型句の成立した理由は、このような背景を顧慮してのみ理解しうるのである。

とくに大乗仏教は呪句の使用を許し、現世利益をめざす大規模な儀礼を承認していた。だから最初期の日本仏教は、現世利益をめざしたかぎりにおいては、日本人の世俗性と容易に融合することができた。

そうして仏教受容にあたっての世俗的態度が、理論的にも基礎づけられるようになった。この態度はまず聖徳太子の場合に明らかにあらわれている。聖徳太子の三経義疏とは『勝鬘経《しょうまん》』と『維摩経』と『法華経』とに対する註釈であるが、数多い仏教の諸経論のなかから、とくに三経が選ばれたということは、まったく日本人的な思惟方法にもとづいてなされたことである。『勝鬘経』は、国王の妃であり在俗信者である勝鬘夫人が釈尊の旨を受けて教えを説いたものであり、『維摩経』は、在俗信者である維摩居士が逆に出家修行者たちに対して教えを説くという戯曲的構想であって、在俗生活のうちにおける真理の体得を教えている。また『法華経』によれば、仏の教えに帰依するいっさいの衆生が救われるということになっている。太子自身も終生一個の在俗信者であった。太子自身がみずから「仏子勝鬘」と称したことが伝えられている。ゆえに聖徳太子の意図は、世俗生活のままで具体的な人間結合組織のうちにおいて仏教の理想を実現しようとするほうに重点がおかれていたのである。

聖徳太子の義疏を通じて見ると、日常生活のうえの個々の実践的行為のうちに絶対的意義を看取しようとしている。『実相義とは今日の一因一果の義を謂ふ』と説き、また『今日の一果の上には万徳皆備はる』と解釈する。このような解釈は天台華厳の教学と相い通ずるところがあるが、『今日』のというような個別性に即した表現は、著しく日本的である。人間生活における活動を重視するがゆえに、ひとたび仏教的反省を経たならば、汚濁苦悩の世界がそのまま楽しみの境地となる。『物《もつ》（＝衆生）を〔教〕化せんと欲するが故に、生死を観ること園の如し。』（『維摩義疏』）生死輪廻の世界において実行するところのあらゆる善が、やがては人々をして仏の位にいたらしめる原因となる。『無量の万善は同じく成仏に帰す。』（『法華義疏』）ここに注目すべきは、宗教的な究極の境地は、人間を超越した神的存在によって授けられるのではなくて、人間生活における実践を通じて実現されるのである。『仏としての果〔報〕は万づの善に由って起こる。』（同上）

大乗仏教においては利他行を強調するが、聖徳太子はとくにこの点を強調し、仏や菩薩たるものは、一切衆生を供養すべきであると考えた。そのために、ときには経典の文句に対して無理な解釈を施している。また『法華経』では「つねに坐禅を行なえ」と勧めているのに、聖徳太子はその文章を「つねに坐禅を行なうような人に近づいてはならぬ」という意味に改めている。その趣意は、つねに坐禅ばかり行なっていたのでは利他行が実践できないからであるというのである。

聖徳太子は、外面的にただ山林にこもることは無意味であると考えていた。

『身子（舎利弗）はすでに小乗たり。ゆえに世の散乱を患いて山林に隠れ、もって身心を摂めんと欲す。しかるに浄名（＝維摩）の呵を致すことは、若し「万境は即ち空なり」と解して彼此を存ぜざれば、何んぞ身心ありて而も散乱を生ぜん。若し「万法は是れ有なり」と存して亡ずること能わずんば、山林に入ると雖も、則ち散乱何んぞ離れんや、と。』

（『維摩経義疏』中下）

これと同様の思想はその後の仏教を一貫して流れている。伝教大師最澄によれば、出家者も在俗者も同一理想を実現すべきであり（真俗一貫）、弘法大師空海によれば現実に即して絶対の理を実現すべきである（即事而真《そくじにしん》）。かの有名ないろは歌は弘法大師の作として伝えられているが、それは次の詩句の邦訳なのである。

『諸行無常　是生滅法
生滅滅已　寂滅為楽』

『色は匂へど散りぬるを　わが世誰ぞ常ならむ
　有為の奥山今日越えて　あさき夢見じ酔ひもせず』

ところで右の詩においてインド人は、『寂滅が安楽である』(vūpasamo sukho) といい、シナ人はこれを『寂滅為楽』と訳したのであるが、日本人はこのような消極的な印象を与える表現に満足することができないで、『あさき夢見じ、酔ひもせず』として積極的な覚悟の表現に改めたのである。〔なおインドの原詩がきわめて抽象的な概念のみを並べたてているのに、抽象的な表象能力にとぼしい日本人は、これを具象的・直観的な表象に改めて表現している点を注意しなければならぬ。〕

たしかに世俗性・現世的性格ということは日本仏教のひとつの大きな特色で、この点では源泉となったシナ仏教よりもさらに進んでいる。その相違を示す一例として、日本でつくられた仏教史である『元亨釈書』には男女をえらばず、多くの在俗信者をも含めて、仏門に関係のあった人々の伝記を説いているが、それにもとづいてシナから渡来した高泉性潡の著わした『東国高僧伝』では在俗信者のことを省いている。シナ人であるかれは「高僧」だけを問題としたかったのである。

ところで浄土教は現世を捨てて来世のみを欣求《ごんぐ》させたではないか、といわれるかもしれないが、それは浄土教の本質に関する重大な誤解である。浄土教においては、現世は彼岸の世界に従属している。したがって穢土としての現世のなかに彼岸の世界が自己をあらわしてくる。信心深い信徒の実践は現世にありながら現世を超えたものを具現することとなる。『大無量寿経』は極楽世界の功徳荘厳を讃嘆しつつも、しかも現世における道徳的実践の尊い意義を強調する。もしもこの世において人が正心正意にて斎戒をたもち清浄となることを一日一夜でも行なったならば、極楽世界にあって百歳のあいだ、善をなすことよりもすぐれている。なんとなれば、この世には悪が多く、人は苦に悩まされているからである、と教えている。

浄土教にしたがって阿弥陀仏の本願を信じるならば、在家生活のままで救われるという思想は、平安時代を通じてひとつの有力な思想潮流として存続していた。公卿・武士・猟師から遊女・盗賊にいたるまで、在家生活のままで極楽往生を期していた。このような思想傾向に理論的基礎を与えたのは法然であった。そうして在家成仏の思想は、また日蓮の宗教にも継承されている。

この点をもっとも徹底させたのは、親鸞であった。かれは出家生活そのものを否認してしまった。かれは在家仏教を唱え、かつ実践した。かれは在俗者であった聖徳太子を「和国の教主」と仰いでいる。そうして浄土教で説く絶対の境地は現世の世俗生活のうちで成立すると主張する。かれの思想を、シナの浄土教のそれと比較してみよう。シナの浄土教においては、臨終の意義を重んじる。シナの道綽《どうしゃく》によると、臨終においてその人の全存在が、前世からの継続的存在をも含めて、総決算されてあらわれる。だから『もし人、臨終の時に、一念の邪見を生ずれば、増上の悪心なるをもつて、すなはち能く三界の福を傾けてすなはち悪道に入る』（『安楽集』上）とも説かれている。このような見解はまた法然にも継承されていた。ところが親鸞によると、信心を得た刹那にこの世の迷いの生存が終わり、次の新しい生活が始まるという。だから臨終のいかんということは問題とならない。『真実信心の行人は、摂取不捨の故に、正《しょう》定聚《じょうじゅ》のくらゐに住す。このゆゑに臨終まつことなし。来迎たのむことなし。信心のさだまるとき、往生またさだまるなり。』（『末灯鈔』）信心を得たならば、すでに平常の時において、浄土に生まれる業が成立しおわっていると説く（平生業成《へいぜいこうじょう》）。

　このような見解に従って、親鸞はシナの善導の文句に従いながらも、その解釈を改めている。善導の『往生礼讃』に、

　『今身願レ生ニ彼国一者、行住坐臥必須ニ励レ心剋レ己昼夜莫レ廃、畢命為レ期、上在《ルハ》ニ一形《ニ》一、似《に》ニ如少《タルモ》苦《ニ》一、前念命終後念即生ニ彼国一、長時永劫常受《ク》ニ無為法《ノ》楽《ヲ》一。』

とある。これは、念仏行者は、臨終に際して、命の終わった次の刹那に、直ちに極楽浄土に生まれることができるという意味である。ところが浄土真宗によると、臨終をまたずに、信心の確立したそのときに救われるのであるから、信心を得た刹那を前念とし、救われた次の刹那を後念と呼んでいるのだと解した。『いまいふところの往生といふは、あながちに命終のとき

い、い、にあらず、無始已来輪転六道の妄業、一念南無阿弥陀仏と帰命する仏智無生の名願力にほろぼされて、涅槃畢竟の真因はじめてきざすところをさすなり。すなはちこれを即得㆓往生㆒住㆓不退転㆒と、ときあらはさるゝなり。』（存覚『真要鈔』本）

同様にシナの曇鸞大師の浄土思想も、やはり変容して受容された。かれはいう。『かの浄土に生るることを得ば、三界の繫業畢竟して牽かず、則ち是れ煩悩を断ぜずして涅槃分を得るなり（不断煩悩得涅槃分）。いづくんぞ思議すべけんや。』（『往生論註』）すなわち来世に浄土に生まれ、そこではじめて涅槃に入るべき者どものうちにおかれるのである。さて親鸞はこの文に依拠して、

『不㆑断㆓煩悩㆒得㆓涅槃㆒』（『正信偈』）

というが、浄土真宗の教学によると、来世に極楽に往生することが、直ちに涅槃なのであって、したがって涅槃に入るべき資格が与えられるということは現世における利益（現益《やく》）なのである。蓮如の言の所伝として次のごとく記されている。『一念帰命の時、不退の位に住す。これ不退の密益なり、これ涅槃分なる由仰られ候。』（『御一代記聞書』）

信心の確立したときに救われるということに関しては、浄土真宗の教義における竪超《じゅちょう》（the vertical direction from the “ordinary” to the “pure” life）に対する横超（“horizontal enlightenment”）を考慮すべきである。

だから浄土真宗にあっては、生きとし生けるものが信心によって救われる（往相の廻向《えこう》）とともに、この世にもどって、大慈悲によって迷える人々を救うこと（還相《げんそう》の廻向）を強調する。浄土教そのものは、もともと、現実的・実践的活動を基礎づけるものであると考えられたが、日本ではとくにこの性格が発展させられたのである。たとえば徳川時代に全国的な行商に活発な活動を示した近江商人は、多くは熱心な浄土真宗の信仰を懐き、人々に対する奉仕の精神をもって山野を跋渉した。〔この点においては、ヴァッラバを信仰していたマールワ（Mālva）の商人たちとよく似ている。〕

禅宗においても同様の傾向が認められる。臨済禅を伝えた栄西は他の諸宗派と、多少、妥協融合している点があるが、曹洞禅を伝えた道元は「ひたすら坐禅せよ」（只管打坐《しかんたざ》）ということを強調した。しかしながら、このひたすら坐禅を行なうという修行は、出家者各個人が平安なる心境を体得するというよりは、むしろそれによって、武士をはじめとする一般人士の修養に資するというしかたで、ひろがっていった。

そうして日本の禅人のあいだでは、インドやシナの場合とは異なって、たとい出家修行者といえども、世間の雑踏のなかにあって修行すべきであるという主張があらわれた。大灯国師妙超の道歌として、

『坐禅せば四条五条の橋の上

往き来の人を深山木《みやまぎ》にして』

というものが知られている。従来の禅人は、深山幽谷の人跡まれな所に隠棲して、俗世間との交渉を断ってもっぱら修行につとめていた。しかしここでは町の雑踏のなかで、現実の世俗生活のなかで、禅の境地を体得せよ、というのである。深山幽谷で修行していたシナの禅人は、このような立言をなすことはなかったようである。

近代的性格の認められる禅僧・鈴木正三の場合には、それがさらにいっそう徹底して、戦場にある思いで坐禅を行なえという。

『一日去る侍に示して曰く、始めより忙《いそがしき》敷中にて坐禅を仕習ふたるが好き也。殊に侍は鯨波《ときのこえ》の中に用ふる坐禅を仕習はで不レ叶。鉄砲をばたくと打立て、互に鎗先を揃へて、わっくと云ふて乱れ逢ふ中にて、急度用ひて爰で使ふ事也。なにと静なる処を好む坐禅が、加様の処にて使はれんや。総じて侍はなにと好き仏法なりと云ふとも、ときの声の内にて用に立たぬ事ならば、捨たがよき也。然る間常住（つねに）二王心を守習ふ外なし。』

（『驢鞍橋』上、一〇七）

原始仏教の僧団の規定によると、出家修行者は出征軍を見てはならない。特別の理由のあるときには二、三夜、軍隊に止宿してもよいが、それ以上にわたってはならない。また止宿したそのあいだでも、軍隊の整列・配置・閲兵式を見てはならない、と規定されている。鈴木正三の「ときのこえ坐禅」の主張は、原始仏教以来の修禅の伝統から完全に逸脱しているのである。だから武士としての体験にもとづいて禅を理解しようとするかれにとっては、シナの禅人の心境は、はがゆくて物足りないものであった。かれはシナの禅に対して批評的とならざるをえなかった。

『大恵禅師は生死の二字を鼻尖上に付けて、忘了する事莫かれと示し、博山禅師は死の一字を額頭上に、貼在せよと示されたり。どれも強き教に非ず。鼻の先に付けよ、額に付けよ抔《など》と云ふは預り物也。此大恵博山抔も、生死の大事を強く胸に引受けて修したる人に非ずと見えたり。云ひめされたる事ども弱し。我言へば死の一字を胸の中の主として、万事を抛って守るべしと教ゆべき也。』（『驢鞍橋』上、一〇一）

仏教の道徳もまた変容された。たとえば布施（施し与えること）ということは、仏教の強調する重要な徳目であるが、インド人はこれを徹底的に実行すべきであると考えた。多数の仏教経典のなかには、財産のみならず国・城・妻子さえも、否、自分の身体をさえも捨てて他の人、あるいは生きものに与えてしまうことが称揚されている。このような徹底した捨離・無一物の生活を、インド人は修行者の理想として描いていた。ところが具体的な人間生活を重視する日本人の現実の倫理観にとっては、このような極端なことは許されない。ゆえに聖徳太子は「施し」の意義を「身体以外の所有物を捨ててしまうこと」というだけに限定している。ゆえに人間生活をも無視して極端にまで達するインド人の思惟方法がここに修正されつつ、仏教が摂取されたのである。

人間生活を重視するとともに、人間の行なう一切の生産的活動が重視されたのである。インドのような酷熱多雨、肥沃な風土においては、無為に放任しておいてもおのずからある程度の農産物が得られるから、そこでは生産面における道徳よりも分配面の道徳が強調される。だから布施がとくに重視される。ところが日本のような風土においては生産が重視され、各職業における勤労の道徳が強調される。

日本仏教にとってもっとも重要な経典は『法華経』であるが、『法華経』はこのような要請に理論的基礎づけを与えるものとして、日本人に受けとられた。

『法華経』（法師功徳品第一九）においては次のようにいう。もしも人が『法華経』の真の趣意をさとって説くならば、『もろもろの所説の法はその義趣に随いて、みな実相と相い違背せじ。もし俗間の経書、治世の語言、資生の業等を説かんに、皆な正法に順ぜん』と。ここでは『法華経』の説く真理を体得した人のいうことは、なんでも真実である、というのである。ところがシナ人は『法華経』のこの文にもとづいて、いかなる政治的・経済的行為もすべて絶対者に随順しているものであるという思想を表明した。長水子璿《せん》はいう。『一心と真如と及び生滅相とは無二無別なり。三に即して一を明し、一に即して三を論ず。故に治生《しょう》産業《ごう》は皆な実相と相い違背せざるを得。』（『楞厳経長水疏』一下）そうして長水のこの思想が『法華経』そのものの思想であると、日本人一般が見なすようになった。

　したがって日本の仏教徒のうちのある者は、身体を労する勤労に、とくに神聖な意義を認めた。『法華経』は勤労を説き教える経典と見なされた。行基（六六八―七四九）の歌として次のものが伝えられている。

　『法華経を我が得しことは薪こり
　　菜つみ水くみつかへてぞえし』（『拾遺集』第二〇巻）

　これは『法華経』のなかで、釈尊が過去世に出家し隠棲して、仙人について修行したという過去物語のうちに言及されていることである。『仙人に随いて、所須を供給し、果《このみ》を採り水を汲み、薪を拾い食を設け、乃至身を以て牀座と作せしに、身心倦《ものう》きこと無かりき。』（提婆達多品第一二）『法華経』には軽く言及されているにすぎないことが、行基にとっては重大なこととして響いたのである。社会事業に関する行基の偉大な活動の奥には、このような感激があったのである。

　仏教徒が諸種の社会事業を行なって民衆の生活と直接に結びつくことをめざしたことは、史上に有名な事実である。その一例をあげれば、すでに奈良時代において道昭（六二五―七〇〇）

は、晩年に諸国を遊行して渡船・架橋その他の社会事業に尽瘁した。また行基が社会事業につくしたあとは、「〔架〕橋六所、樋三所、布施屋九所、船息二所、池十五所、流（＝溝）七所、掘川四所、直道一所」（『行基菩薩伝』）に達したという。弘法大師空海が、貯水池を築き、また綜芸種智院《しゅげいしゅちいん》のような学校を創設したことは有名である。その後僧徒が道路や港湾を開き、宿泊の設備を建設し、また生産の増強につとめたことは、非常なものである。

鎌倉時代には、とくに律宗が社会公益事業に尽瘁することによって、民衆の帰依信仰を集めた。西大寺の興正菩薩叡尊や極楽寺の良観房忍性律師は、諸国に道を開き、橋を架け、井戸を掘り、殺生禁断の地をつくり、水田をつくり、浴室・病室・非人所をたてた。寺塔を建立し、道俗男女に戒を授け、写経・造仏を行なったことはいうまでもない。仏教徒が社会事業につとめるということはインドにもシナにも認められる現象であるから、これを日本人の特性の顕現であると断定することには躊躇せざるをえないが、もともと小乗仏教に属する律宗が、このような積極的な活動を展開したことは、注目すべきであると思う。とくに忍性が利他的土木事業を行なったことは、伝統的な戒律には反することであるが、かれ自身は決して戒律を犯しているとは思わなかったし、また一般世人のかれに対する見解も同様であった。

だから日本の仏教徒は、生産的活動のためには戒律を捨てよ、ということを戒律の名において主張する。伝統的な戒律によると、修行者は金銀を貯えてはならないのであるが、これについて、八事山の諦忍《たいにん》はいう。『小欲知足の名誉を貪らんが為に、小事小業小希望に住し、金銀を受畜せざるは、却て犯戒なり。今時は既に菩薩の三聚浄戒を受持する比丘なるが故に、広大利他の意楽（こころがまえ）に住して金銀を受畜へて三宝（仏・法・僧）を興隆し、衆生を利益すべし。』（『律苑行事問弁』八）

以上のような思惟方法にもとづくと、人間の平凡な日常生活が重視されることになる。民衆に接触していた浄土教や日蓮宗にこのような傾向の著しいことは、いうまでもないであろう。きわめて貴族的であり深山に隠棲していた道元ないし永平寺教団にも、このような特徴が認められる。道元はいう、通常世人は、たとえば、身体のなかから水や火を出したり、毛穴のなかに大海の水を吸いこんだりするようなことを神通と解するのであるが、このようなことはわずかに「小神通」にすぎず、真の神通の名に値しないものである。真の神通すなわち「大神通」とは、「茶を喫し飯を喫し、水を運び柴を搬ぶ」というような平凡な日常生活のうちにある。この「大神通」を、また「仏神通」「仏向上神通」といい、仏神通を行ずるものは、やがて「神通仏」である。ゆえに「神通」とは、日常経験によって理解されないことをいうのではない。そうではなくて、日常の自己の生活を正しく生きることにほかならない。不思議のない生活にこそ、まことの不思議が存する。これを真に生きるものは、この肉身のままで、直ちに仏（神通仏）となりうる。

道元も現実社会における職業生活のうちに仏教が具現されていると考えた。『世務は仏法をさゆ（さまたげとなる）とおもへるものは、ただ世中に仏法なしとのみしりて、仏法中に世法なきことをいまだ知らざるなり。』（『正法眼蔵』弁道話）在俗生活にあって繁務に煩わされている人間でも、修行して仏道を成就することができるか、という質問に対して、道元は『大宋国には、今の世の国王・大臣・士俗・男女ともに心を祖道にとどめずといふことなし。武門・文家いづれも参禅学道をこゝろざせり。志す者必らず心地を開明すること多し。これ世務の仏法をさまたげざる、おのづから知られたり』（同上）と答えている。道元はのちにこの見解を捨てて、仏道修行のためには出家せねばならぬということを説くにいたったが、たとえ一時的にもせよ、このような見解を懐いていた事実を、われわれは見失ってはならない。また永平寺第三世の徹通義介はいう。『今日の仏の威儀、すなはち挙手動足の外に、別に法性・甚深の理あるべからず。』（『永平室中聞書』）住持と衆僧とがともに「同心に威儀を同じうし」たときに、道が実現される。

永平寺教団の生活規定である『永平清規《えいへいしんぎ》』（道元の制定にかかる）の第一の特質は、それがインド仏教の戒律規定（pāṭimokkha）のように、ただ禁止条例の集録であるというにとどまらず、積極的にいかなる行為形式を通じて、共同体に参加するかということを、明らかにしていることである。

一般に禅林においては、清掃・除草・修繕・土木工事などの労務を作務《さむ》と呼んでいるが、右の理由によって、その日常の作務に絶対的意義を認めるのである。仏教が世俗的生活を基礎づけるものであるということは、日蓮にあっては、『法華経』に帰せられている諸法実相論から必然的に導き出される結論であった。日蓮はいう。『天晴れぬれば地明《あきら》かなり。法華を識る者は世法を得べきか。』（『観心本尊鈔』）だから、かれによれば、人間が生活しているところの世俗の社会がそのまま浄土となりうるのである。『末法今の時、法華経所坐の処、行者所在の処、道俗・男女・貴賤、上下所住の処、すべて皆是れ寂光なり。所居すでに浄土なり。能居の人豈に仏に非ずや。』（『法華宗内仏法血脈』）

このような見解は皇室によっても表明されている。花園天皇は元亨三年の親筆のなかで、次のように教示している。

『およそ善根に於いては、更に人民の煩ひを成さざる、これ最上の事なり。仏教の道理は更に外に求むべからず。国を治め、民を養ふは、これ刹利（＝武士族）居士の懺悔なり。何ぞ別の仏事を修すべけんや。王法の外に別に仏事を修する、これまた近代の弊風なり。余に於いては、自心の外に仏法の間を求めず。強《あなが》ちに如法の経を待つべからず。……世法といひ、仏法といふも、二事あるべからず。法華に云はく治世の語言は皆正法に順ふと。……中古以来、寺を造るを本と為し……美麗を先となす。はなはだ以て仏法の事に背くなり。梁の武帝は寺を造りて、達磨に問ふ、功徳ありや、と。大師答へて云はく、功徳なし、と。……もっともこの意を得たりと覚ゆ。』（『列聖全集』宸記集、下、四三〇）

シナの梁の武帝は、仏教によって国を治めようとした熱心な仏教信者であって、多くの寺塔を建てたが、かれは達摩に会ったときに、自分のこのような善行は功徳があるか、と尋ねた。かれは達摩にほめてもらうことを予期していたのである。ところが達摩は予期に反して、そのようなことをしても功徳がない、と答えた。そうしてそののち、達摩は嵩山の少林寺に行って、面壁九年の生活をつづけた、という伝説がある。これが歴史的事実であるかどうかは、いまの場合問題とする必要がない。ただわれわれはここにシナの禅人の宗教的理想を認めるのである。ところが日本の花園天皇の場合には、達摩の立場をいちおう肯定しつつ、さらに進んで、世俗的な現実活動がすなわち仏教であると主張されているのである。

近世に入ると、人々が各自の世俗的職業に精励するならば、それがそのまま仏道修行であるという主張もあらわれた。禅僧・沢庵は『仏法能く収りたるは、世法に同ず。世法能《よく》収りたるは仏法に同ず。道は只日用のみ。日用の外に道なし』（『結縄集』）と教えたが、このことをとくに主張したのは禅僧・鈴木正三《しょうさん》である。かれはいう。『昔より僧俗に付き道者多しといへども、皆仏法知に成りた計《ばかり》にて、世法万事に使ふと云ふことを云ひたる人一人もなし。大略我が云ひ始かと覚ゆる也。』（『驢鞍橋』下、四二）かれは『万民徳用』という書などを著わして、職業倫理の問題を論じている。すなわち武士、農民、職人、商人、ならびに医者、伎芸者、猟師、僧侶などが、それぞれ各自の職業を追求することに絶対的意義を見いだす。

かれによると、『自己の真仏』すなわち本来の自己にたよることが、仏教の本質なのであるが、いかなる職業も、この『一仏』のはたらき（『徳用』）なのであるから、各自の職業の追求がまた絶対者に対する随順となる。だから、かれは農民に対しては『農業便ち仏業也』（『驢鞍橋』『万民徳用』）と説く。また商人に対しては「欲望を捨ててひたすら利益を追求せよ。しかし自己の利益をたのしんではならぬ。万民のためをはかれ」と教える。この世の苦楽は前世から定まっているものだから、ひたすらに職業に精励して身を苦しめ、過去の罪業を消滅せしめよ、というのである。カルヴィンの没後まもなく、それと相い似た主張が日本にもほとんど同時にあらわれたことは注目すべきであるが、それが西洋におけるような大きな宗教運動とならなかったのは、日本における近世市民社会の未発達という事実とあわせて考察さるべきであろう。

ただし以上と同様の思想は、その後の禅宗にも、おりおりあらわれている。たとえば近世における臨済禅の復興者である白隠も、世俗の生活のなかにも禅を生かすべきであるということを主張している。また曹洞宗の高僧で管長職にあった西有穆山《にしありぼくざん》は次のようにいう。『仏法には世法といふは微塵もない。たとひ万機を統摂して一天に君臨するのも、たとひ一天の股肱として万機に参与するのも、或は商売の商ひするのも、農夫の耕すのも、又雨が降り風の吹くのも、眼を開いて見ればみな仏法に非るはない。だからこれは仏法辺の事ぢゃ、あれは世俗の事ぢゃなど云ふのは、未だ仏法を知らざるものぢゃ。法界に閑家具はない。閑家具と思ふものみな仏法ぢゃ。』(『正法眼蔵啓迪』弁道話)

このような宗教論は他の方面の宗教運動にもやはりあらわれている。二宮尊徳の報徳社の運動もそのひとつであろう。かれの哲学の背景には天台学と宋学とが存するようであるが、およそ古今東西のすべての一元論的哲学が諦観的・傍観的になる傾向があるのに、かれの一円相の哲学が行為的・実践的であることは注目すべきである。また宗派神道にもこのような精神があらわれている。天理教祖は『心を清う、稼業に精出して、神様のお心に背かぬやうにするのやぜ』(比屋根安定『日本宗教史』)と教え、他の宗派神道とても多くは同様である。

さてこのような職業倫理説はおのずから自由の観念を変容させるにいたる。「自由」ということばを用い、自由の境地をめざすことは、シナ・日本を通じて古来禅宗の伝統となっている。しかし自由の観念は、日本の一部の禅人によって変容せられた。鈴木正三はシナの普化《ふけ》に傾倒していた。奔放にしてなにものにもとらわれぬ自由の境地をめざしたという点で、正三の禅はたしかに普化のそれに一脈相い通ずるところがある。普化は自由人であり、正三も自由な思索を行なった。しかしながら、普化がつねに鐸を振りながら、あたかも狂人のようにふるまって、人間共同体を離脱したところに自由の境地を求めようとしたのに対して、正三は人間共同体に即して世俗的職業に専念する境地に「自由」を認めた。

職業生活における勤労を尊重する結果として、勤労の所産である生産品をとくに重要視するにいたった。ことに食物の尊重という点で著しい。たとえば道元は食物の神聖な意義を認め、食物にいちいち敬語を付して呼ぶべきであるという。『いはゆる粥をば、御粥とまをすべし、朝粥とも、まをすべし、粥とまをすべからず。斎《とき》をば、御斎《おとき》とまをすべし、斎時とも、まをすべし、斎《とき》とまをすべからず。よね、しろめ、まゐらせよと、まをすべし、よねつけと、いふべからず。よねあらひ、まゐらするをば、浄米《じょうまい》し、まゐらせよと、まをすべし、よねかせと、まをすべからず。御菜《ごさい》の御料《ごりょう》のなにもの、えりまゐらせよと、まをすべし、菜えれと、まをすべからず。御汁もの、しまゐらせよと、まをすべし、汁によと、まをすべからず。御羹《おんあつもの》しまゐらせよと、まをすべし、羹《あつもの》せよと、まをすべからず。御斎《おんとき》、御粥《おんかゆ》は、むませさせたまひたると、まをすべし。』

道元はじつに『極重の敬礼《きょうらい》をもちゐ、至極《しごく》の尊言をして、うやまひたてまつりて、飯饌等の供養のそなへを造作する』（『正法眼蔵』示庫院文）ということを、めざしていたのであった。食物に敬語をつけて呼べ、という規定は、インドの僧院にもシナの寺院にもかつてあらわれたことがない。徳川時代における曹洞宗教学の中興者の一人である面山瑞方は、食物を大切に思いなすべきことを教えるために、とくに『受食五観訓蒙《じゅじきごかんくんもう》』という書を著わし、『この食は、これほどの苦労辛艱の功を経て、我前に来れる物なりと算計し、度量して、道理を観想せよ云々』(『受食五観訓蒙』三丁)と教えている。

人間の勤労の所産であるものは、たといかにつまらぬものでも、それを大切にするという思惟方法は、禅宗と対蹠的な浄土真宗においてもまた顕著である。たとえば次の逸話を参照すれば、理解できる。『蓮如上人、御廊下を御とほり候て、紙切《かみきれ》のおちて候ひつるを御覧ぜられ、仏法領《ぶっぽうりょう》の物をあだにするかやと仰《おおせ》られ、両の御手にて御いたゞき候と云云。総じて、かみのきれなんどのやうなる物をも、仏物と思召御用ひ候へば、あだに御沙汰なく候。』(『蓮如上人御一代記聞書』末)

人間の労力の結晶であるところの品物を大切にするということは、かならずしも日本の宗教ばかりではなくて、多くの普遍的宗教の教えるところであろう。〔「食物を大切にせよ」という教えが昔から説かれているが、ヘブライ人のあいだでも、食物を浪費することは罪であると考えられていた(ウィーナー)。〕しかしインドや南方アジアのように、衣食住に関して人為的努力を必要とする度合の僅少である地域においては、品物を大切にするということは、比較的に説かれることが少なかった。日本においてとくに強調されているというこの点については、風土の問題を考慮せねばならないであろう。

さて以上に述べたように世俗的な職業生活ないし一般の日常生活のうちに宗教的意義を認めようとする日本の仏教は、おのずから量的に一般民衆のあいだにひろがりやすい。インドの仏教は、いつの時代にあっても民族全体の宗教となることはできなかった。そのほかに競争者としてのジャイナ教があり、この両者よりも以上に、さらにバラモン教ないし、ヒンドゥー教の勢力のほうが堅固であり、根強かった。シナの仏教も、古代の一般民衆のあいだにどれだけひろまっていたか疑問である。すでに指摘したように、シナ仏教は文人の宗教としての傾向が著しいし、また隠棲者の宗教としての面が強かった。仏教が一般民衆と結びついたという点では、日本はチベットや南方アジアの場合と同様であるが、しかしそれがついに世俗化への方向をたどったという点において、日本はこれらの場合とも異なっているのである。〔むしろネパールと共通の問題がある。〕

世俗的生活のうちに宗教的意義を認めるという思惟傾向は、日常の技芸をも、宗教的に意義づけて把捉しようとする。こういうわけで、日本では茶道・華道・書道・画道・武道・剣道・柔道・弓道・医道などという呼称が成立した。その起源は近世のことであるらしい。このような呼称に類するものは、西洋では成立しなかった。この点ではインド人のあいだで芸術論や技術論が宗教的基礎づけをともなって展開されているのと類似している。しかしインド人にあっては芸術は解脱への道と解せられる傾きがあったが、日本人は、けっきょく同じことをめざしているのではあるが、「解脱」ということばは使わない。

仏教をひろめることは、じつは人間共同体を益することになると考えられた。鉄眼はいう。『此故に天下国家のいのりともなり、天神地祇のまつりともなり、君父の恩徳をもむくい、人民の功労をもつぐなふ。』(鉄眼禅師、化縁の疏)『一切事究竟寂滅して、諸法おの〳〵自位に住し、天地位し万物育し、天下おのずから太平に、国家ながく安穏ならん。』(久留島侯に対する鉄眼の救命懇願書)

宗教を世俗的生活のうちにおいて実現しようとする以上、日本の宗教はおのずから活動的・実行的となり、活発となる。

仏教について見るに、そのもっとも著しい適例は日蓮宗であろう。『法華経』そのものは修行者が静寂な禅定に安住することを教えているにもかかわらず、日蓮宗はきわめて行動的である。日蓮は立教開宗にあたって、清澄山の旭の森で、昇る太陽にむかって高らかに「南無妙法蓮華経」と唱えた。日蓮宗では僧侶の人名に好んで「日」の字を用いる。赫々たる太陽に憧れるのである。うちわ太鼓をたたきながらお題目を唱えて練り歩くという宗教的習俗は、インドやシナの仏教教団においては成立しなかった。〔わずかに近世インドのチャイタニヤ(Caitanya)の宗教運動がこれに対比されうる性格のものであろう。〕

なお付随的に言及するならば、人間の道を活動的なものと解するという思惟方法は、シナ思想の受容形態にもあらわれているようである。とくに伊藤仁斎は、道というものは活動的なものであり、生成発展の理を示すものと解して、老子の虚無の説を排している。かれはいう、『老子おもへらく、万物皆無に生ずと。然れども天地は万古常に覆載し日月は万古常に照臨す。四時は万古常に推遷し、山川は万古常に峙流し、形を以て化するものは万古常に形を以て化し、気を以て化するものは万古常に気を以て化す。相伝へ相蒸し、生々極りなし。何ぞかのいはゆる空虚なるものを見るところならんや』（『語孟字義』上巻、一五丁）と。かれによると、宇宙は一大活物であり、生々してやまぬすがたこそ宇宙の本質だと考えた。そうしてこのような活物観の基礎を、『易経』の『天地の大徳を生と曰う』という句に求めた（同、上巻、三丁）。

だからかれは、孔子の語に対してさえも日本的な解釈を下している。『論語』に孔子の語として『子、川上に在りて曰わく、逝くものは斯くの如し、昼夜を舎《お》かず』と記されている。シナ中世の解釈によると、それは、「去るものは川の水の如く、ひとたび去ればまた帰らぬ」という歎息のことばと見ている。朱子の註釈では、万物のたえ間なき運動・流転を、川の水を象徴として説いたのであるとして、冷静な傍観のことばと解している。ところが日本の伊藤仁斎の『論語古義』によると、このことばは、「君子の徳が、日に新《あらた》にして息《やす》らはぬ」ことを川にたとえたものであるとして、人間の生活力の旺盛さを説いたものであると解している（『論語古義』第五巻)。中世のシナ人の解釈が消極的・諦観的・傍観的であるのに対して、仁斎の解釈は積極的・行動的・希望的である。すなわち人間の行動そのものについて強い自信をもっているのである。

伊藤仁斎にとっての一大敵手であった荻生徂徠も、その活動主義の倫理に関しては、仁斎の見識をおおいに称揚している。かれはいう。『仁斎先生の活物死物の説は誠に千歳の卓識なり。』(『弁名』下、性情才七則の項) そうしてみずからもすすんで活動主義を鼓吹し、宋儒の静止的傾向を排斥している。『天地も活物に候、人も活物に候を、縄などにて縛りからげたるごとく見候は、誠に無用の学問にて、只人の利口を長じ候迄にて御座候。』(『答問書』上) 静坐持敬は、宋儒のもっとも重んずる修養法である。ところが徂徠はこれを嘲笑している。『余を以てこれを観るに、博奕も猶ほ静坐持敬より勝る者なるがごとし。』(『論語徴』)〔これは禅僧・鈴木正三が、禅僧でありながら、坐禅修行を制して、世俗的な職業生活における勤労を勧めたのと相い対応するものである。〕このような態度からの必然的結論として、徂徠は実学すなわち実際に効果のある学問を奨励した。そうしてその結果として、かれの門下からは、太宰春台の経済学、三浦竹渓の法律学などがあらわれたのである。

活動主義の倫理説を唱え、消極的寂静主義の思想を喜ばなかったのは、日本儒教のひとつの大きな特色である。もっとも日本的色彩に富む学者は、宋学の理気二元論をとらないで、気一元論の立場にたっている。山鹿素行も、伊藤仁斎も、貝原益軒もみな唯気論者である。そして日本儒教のひとつの特色は、政治・経済・法律など、日常の人間生活に直接関係のある実際的方面に力を注いだことである。日本の儒教は、哲学・形而上学の問題についての思索という点では、とうていシナ民族におよばなかったが、応用的・実際的方面では非常にすぐれていた。

このように儒学の受容形態に認められる日本的思惟の特性は、ちょうど仏教の受容形態に認められるそれにまさしく対応しているのである。

そうじて近代において東洋が一般に停滞的であったのに、ひとり日本のみが相対的意義における先進性をもつにいたった理由のひとつは、ここに指摘したような社会生活における行為的活動の強調の傾向にもとづくと考えられる。

それと関連することであるが、アジアにおける日本の先進性についてアメリカの学者は次のように論評している。『工業、実験科学、技術における日本の最近の進歩を見よ。しかし、ヨーロッパが科学的外貌を展開するのに幾世紀もかかったのに、日本がそれをとびこえるためには民衆の心を科学技術の時代に適応させるように準備するという教育上の問題に当面せねばならない。全アジアのうちで民衆の読解力がもっとも高いのであるから、日本の将来の展望は非常に良好である』（ウィーナー）。

しかしながらまた以上に述べたような日本人一般の宗教観は、もしも生産的・職業的生活の基底におかれるべき絶対者の意義を見失うならば、もはや単なる功利主義的営利活動に堕してしまう危険が存する。現に諸外国に比べて宗教的関心が薄いと批評されている日本人のような民族にあっては、なおさらである。しかしそれと同時に、右にあげたような人間生活を重視する傾向は十分に尊重さるべきである。個別的な人間結合組織を超えてしかもそれらを包容する普遍的にして具体的なる人間そのものに即して宗教の真理が実現されるというところにまで日本人の宗教意識が高められたならば、それは十分に普遍的意義を有するものとなるであろう。

一三　道徳的反省の鋭敏

現実の人間結合組織に即しての実践を重んじ、個人の存在よりむしろ個人と個人との間柄に注視する思惟方法によるならば、人間相互の間柄に関する感受性が敏感になる。

まず自分の生活の場としての人間共同体を重視するという思惟方法によると、外面的には自分がそこにおいて諸成員からいかに見なされるか、ということは重大問題となってくる。ここにおいてとくに名誉を重んずるという思惟方法を取り出して問題とせねばならない。近世初期に西洋の宣教師が日本に来たときに、日本人が名誉を富よりも重んじているが、これはヨーロッパでは見ることのできない点であると報告している。この傾向が日本の仏教にどのような影響を与えているか、ということは問題であるが、階位的な秩序が非常に重んじられたことは、これと関係があるであろう。これに対して内面的には、ある人々の場合には道徳的反省が強くはたらくようになる。人間のなすべき無限の善を理想として思い浮かべ、これに対して自己のあまりに無力であり、心ならずも悪を行なっている浅ましい実情をかえりみて、罪障意識に責めたてられるようになる。

日本人の道徳的反省のはたらきが、他の諸民族のそれよりもまさっているかどうか、ということは大きな疑問である。具体的な道徳的価値、善悪の基準ということは民族によっても異なるし、また時代によっても変化するであろうから、これはけっきょく各民族についての比較にもとづいて判断を下さねばならないのであるが、比較ということは、きわめてむずかしい問題であるから、いまは仏教の受容形態だけについて考えてみよう。

まず浄土教が受容されて、日本においてますます発展したその極点ともいうべき親鸞にあっては、道徳的な反省がきわめて鋭敏痛切であった。

『誠に知んぬ、悲しきかな、愚禿鸞、愛欲の広海に沈没し、名利の大山に迷惑して、定《じょう》聚《じゅ》(=かならず救われる人々)の数に入ることを喜ばず、真証の証に近づくことを快《たのし》まず。恥づべし傷《いた》むべし。』(『教行信証』三本)

これはかならずしも親鸞が肉食妻帯していた俗僧であったから、このように述べているのだと考えてはならない。肉食妻帯していた僧侶の存在していたことは、インドの仏典にも記されているし、またシナにも存在したこともあるが、親鸞の右のように深い道徳的反省は、他の国の仏教文献にも記されていないようである。インドの破戒僧は、陀羅尼でも唱えれば罪を消すことができると考えていたし、シナの破戒僧についても深刻な良心の煩悶はさほど伝えられていないようである。朝鮮では新羅の元暁の破戒は有名であるが、かれについて道徳的煩悶ということは伝えられていないようである。

しかし親鸞は人間の浅ましい現実に眼をそむけることができなかった。親鸞は人間を見つめて、絶対の仏にたよったために、ついに「無戒の戒」ということを唱えるようになったが、その基底には深い道徳的反省が存するのである。〔ただし今日の相当多くの真宗教徒のあいだでは、「無戒の戒」とはなにも戒を守らなくてもよいという意味に解せられ、「道徳的無反省」ということの同義語のように考えられている傾きがあるが、それはかならずしも親鸞の趣旨ではないであろう。〕

一般にインドやシナの出家した修行僧は、罪悪観よりも、むしろ無常観に動かされて出家した人々が多い。ところが親鸞にあっては、無常について述べていることがきわめて少ない。親鸞においては無常観のかわりに罪悪観が支配している。人間は単に無常であるのではない。凡夫としてつねに煩悩につきまとわれていて、あらゆる罪業をつくりつつある悪人である。万物が無常であるという理法を観じつつも、なおこれに執着して悩んでいる。このような罪深い人間は、けっきょくみな悪人なのであるから、阿弥陀仏の不思議な誓願の力によるのでなければ、とうてい救われない、というのである。かれの著作のうちには、悪に関する反省が非常に多く、悪に関する分類も記されている。

このような道徳的反省のゆえに、この点で親鸞の浄土教はシナの浄土教を変容させている。善導は念仏行者のたもつべき「至誠心《しじょうしん》」を説明するにあたって『不得外現賢善精進之相内懐虚仮』(『散善義』二丁)と教えている。それは「外に賢善精進の相を現じ内に虚仮《こけ》を懐くことを得ざれ」と読むべきであり、つまり外面上はまじめな修行者のような相をあらわしながら、しかも内心に邪悪を懐いてはならぬという意味である。ところが親鸞によると、虚仮すなわち『貪瞋邪偽奸詐百端』というような「悪性」は人間に本質的なものであり、どれほど修行してもそれを捨て去ることはできない。したがって親鸞は右の文を『外に賢善精進の相を現ずることを得ざれ。内に虚仮を懐けばなり』(『教行信証』三本)と読んだ。『悪性さらにやめがたし。こころは蛇蝎のごとくなり』(『悲歎述懐和讃』)という親鸞自身の深刻な道徳的反省が、ついに善導の言を、その趣意を変容して受容せざるをえなかったのである。

ここに悪人正機説が成立する。人間はその本質において悪人であり、悪人であるからこそまさに阿弥陀仏の大慈悲によって救われる資格がある。他の教えによっては絶対に救われない、というのである。悪人正機の説は親鸞の創唱として一般に知られているが、しかし、かれ以外にもこのような思想を懐いている人々があった。『後世物語聞書』のうちには『いはゆる弥陀の本願はすべてもとより罪悪の凡夫のためにして聖人賢人のためにあらずとこゝろえつれば、わが身のわろきにつけても、さらにうたがふおもひのなきを信心といふなり』とあり、また醍醐寺本『法然上人伝記』には法然の語として『悪人なほ以て往生す。いはんや善人をや、の事、口伝これあり』と伝えられている。これらはいずれも『善人なをもて往生をとぐ、いはんや悪人をや。しかるを世のひとつねにいはく、悪人なを往生す、いかにいはんや善人をや。この条、一旦そのいはれあるににたれども、本願他力の意趣にそむけり』(『歎異鈔』三)という親鸞の主張に相い通ずるものがある。のみならず、悪人救済の熱烈な要求は、平安時代の歴史を通じて一貫した流れであって、諸種の往生伝や物語の類のなかには、極重悪人、あるいは殺生を業とする人々がつねに念仏を唱えていたという行実を記している。そうして悪人往生の思想は、少なくとも平安朝の後半期までには、念仏往生の信仰者たちによって思想的に確立され、社会的に承認されていた。このような思想はまだ理論的に体系づけられるというほどにはなっていなかったが、その思想的潮流がしだいに理論的反省を経て、ついに浄土真宗の教義において体系化されるにいたったのである。

もちろん日本の浄土教がすべてこのような立場をとっていたのではない。ただ右のような悪人正機の立場は、日本にきてはじめて明白に説かれたものである。インドやシナの浄土教は、一概には論じきれないが、だいたいにおいて法然と同様に『罪人なを〔浄土に〕むまる、いかにいはんや善人をや』（『和語灯録』四）という立場にたっていた。

浄土教の立場にもとづく宗教的に深刻な自己反省が若干の歴代天皇によって表明されているという事実は、とくに注目すべきであろう。

『西へ行く心の月のしるべあれど
　まだはれやらぬ雲ぞかなしき』　（後鳥羽天皇——『詠五百首和歌』雑）

阿弥陀仏の誓願にすがり、それをたよって、極楽浄土に往生しようという願いは切であるが、わが身の業障が重いために、誓願に対する疑惑の念がどうしても抜けきれずに、心の隅にわだかまっている、というのである。そうして真の救いの境地ははるかかなたにあり、思惟のおよばぬ境地であるということが表明されている。

『夢のうちにさめむと思ふ心より
　まだ見ぬさきぞ現なりける』　（後嵯峨天皇——『玉葉集』釈教歌）

夢のなかにあってめざめようと願う心は、やはりまだ夢のなかにあるのである。また夢から覚めたと思っても、やはりそれは夢のなかにあるのであって、そのかぎりではなんのかわりもない。真に夢から覚めるということは、いまだ見ぬ先のかなたのことである。

悪人成仏という思想は、また日蓮の宗教にも継承されている。かれは『われらの如き愚痴闇鈍の凡夫』（『当体義鈔』）『我等が身は末代造悪の愚者鈍者非法器の者』（『唱法華題目鈔』）という反省をもっていたが、ただ『法華経』によってのみ救われるという確信に到達した。『十悪・五逆を造れる者なれども、法華経に背く事なければ、往生成仏は疑なき事に侍り。』（『月水御書』）

ところで宗教的・道徳的なこのような深刻な反省が表明されているのは、浄土教の場合だけではないか、禅のさとりなるものは道徳とは無関係である、という疑問が起こるかもしれない。禅と道徳の問題はあらためて考察されねばならぬことであるから、ここでは省略することにしよう。ただ日本への禅の受容形態をみると、たとえば道元の場合には、やはり深い道徳的反省があらわれている。かれは、懺悔を行なうべきことを強調する。『かくの如く懺悔すれば、かならず仏祖の冥助《みょうじょ》あるなり。心念身儀発露白仏《ほっろびゃくぶつ》すべし。発露の力、罪根をして銷殞《しょういん》せしむるなり。』（『正法眼蔵』渓声山色。『承陽大師発願文』としてもとり出されている）そうしてかれは、善を行なうべきことを勧め、善を行なうことによって仏となることができると説いている。『仏となるにいとやすきみちあり。もろもろの悪をつくらず、生死に著するこころなく、一切衆生のために、あはれみふかくして、かみをうやまひ、しもをあはれみ、よろづをいとふこころなく、ねがふこころなくて、心におもふことなく、うれふることなき、これを仏となづく。またほかにたづぬることなかれ。』（『正法眼蔵』生死）かれは戒を守るべきことを強調している。

これを道元の師であるシナの如浄の場合と比較してみよう。少なくとも如浄の語録について見るかぎり、かれは深刻な罪障意識をもっていたとは認めがたい。むしろ善悪の区別に超然としていて、冷淡であり、詠嘆的であった。『聞くならく、一切の善事は蝿が血を見るが如し。聞くならく、一切の悪事は、蟹が湯に落つるに似たり。』(『如浄和尚語録』下)かれの語録を見ると、ちょっと聞いただけではなんのことかわけのわからぬことをいう後期のシナ禅僧の面影が躍如としている。

内面的な反省の強調は、世俗人の場合にもあらわれている。源実朝は、

『焔のみ虚空にみてるあひちこく(=阿鼻地獄)
行衛もなしといふもはかなし』(思罪業歌)

『塔をくみ寺をつくるも人なけき
懺悔にまさるくとく(=功徳)やはある』(懺悔歌)

と詠じている(『金槐和歌集』雑)。

そうじて実践に関するまじめな道徳的反省のなされるところにのみ、悪の自覚があらわれ出るのである。〔罪深い自己に対する反省ということは、他の宗教、たとえば、キリスト教にもあらわれている。これとの比較研究は、またべつになされるべき課題であろう。〕

ただこのような罪障意識は仏教の移入により、たまたま中世の社会的動乱期に人間の心理的

不安が生んだ現象であって、日本人にはもともと罪障意識はとぼしかったのだとも考えられる。古代日本人は罪を一種の物質のように見なして、はらいをすればそれで除去されると考えていた。〔この点は古代インドのバラモン教やジャイナ教の場合とよく似ている。〕罪の意識の欠如という現象は、今日の日本人にあっても顕著である。

とくにすでに指摘した日本人の現世主義的傾向と相いまって、一般には、西洋的な意味における罪の自覚がとぼしいということが、西洋の知識人や、あるいは西洋思想の影響を強く受けた日本の知識人によって論じられている。そうしてわれわれがすでに指摘したのと反対のような特徴を、われわれはまた日本の過去の思想史のうちに見いだすことができる。たとえば、儒教の受容について見ても、ある点では日本的であった儒者・荻生徂徠は、行為の善悪の問題に関しては、宋儒の動機論に対して、結果論の立場をとっている。

しかし日本人は、西洋人とは違った意味での罪の意識をもっている。なるほど西洋人のように、神に対する罪の意識はないであろう。世界創造者としての神なるものを、一般日本人は信じないからである。しかし他の人に対する罪責の意識は敏感である。西洋人はなかなか謝《あやま》らない。事が起こると、とかく自分を正当化しようとする。ところが日本人は、他人に少しでも不快感を与えたり、迷惑をかけたと思うと、すぐ、「すみません」という。この傾向は、かなり古い時代にまで遡るものではなかろうか？

日本人一般が宗教的・道徳的な反省において鋭敏であったかどうかということは、容易に決定しがたいことであるが、ともかくシナ仏教思想の受容・継承にあたって、一部の仏教徒のあいだで以上のような変容の行なわれたことだけは事実である。日本人一般のあいだに罪悪が少ない、なく、道理が支配しているということは、近世初期に日本に来た西洋宣教師の指摘した事実でもあった。また現代でもアメリカで日本人移民のあいだに犯罪の少ないことは、他の諸民族の移民と比較して認められている。ともかく、西洋の宗教における意味での罪の自覚はとぼしくても、人間関係に即した道徳的な信頼関係に対しては鋭敏であったといってよいであろう。日本人は宗教的な戒律を無視し、またそのことをなんとも思わぬが、人間の信頼関係に即する道徳的実践という点では相当に鋭敏であった。この道徳的意識ということと、前に指摘した批判対決の精神の欠如とは一見矛盾するようではあるが、日本人においては、直接に関係のある対人関係において徳義を守ろうとする傾向では、いちおうの調和に達していたと考えることができるであろう。

では、仏教一般の戒律が捨てられて、しかも人間関係に即した道徳的実践ということが、仏教徒ないし一般日本人のあいだでいかに考えられていたか、ということを次に考察してみよう。

過去の真言宗の高僧のうちで呪術的な霊験・修法の力によらないで、説法によって一般民衆を教化指導した第一人者は慈雲尊者飲光《おんこう》であろうが、かれが民衆にむかって説いたところは、もっぱら十善戒であった。十善戒とは、かれ自身の伝えているところによると、不殺生戒「仁慈のこゝろを以て、いきとし生《いけ》るものを、いつくしみすくふなり」、不偸《ちゅう》盗戒「百官庶民に至るまで、各々其利をうばふことなく、そのところをえせしむべきなり」、不邪婬戒「男女の間、その道正しきなり」、不妄語戒「ことばに虚なることなきなり」、不綺語戒「世にかる口と云《フ》事これなり。……此《ノ》綺語は大人の徳をそこなひ、天地の道にもたがふなり」、不悪口戒「人をのりはづかしめぬなり」、不両舌戒「他のなかごとをいはぬなり」、不貪欲戒「一切むさぼり求めぬなり」、不瞋恚戒「瞋恚は善根を亡ぼす」、不邪見戒「仏あることを信じ、法あることを信じ、神祇の徳むなしからぬを信ずれば、此《ノ》戒全きなり」という十の戒めをいう。

　かれは十善戒を主題としていくたの書を著わし、また諸所でしばしば説教を行なった。かれにあってはインド仏教の抽象的思弁、シナ仏教の煩瑣な解釈学的教学は問題とはならず、ただ端的に実践的徳目を説くことが主要関心事であった。もちろんかれ自身は驚くべき博学な学者であり、仏教哲学に深い造詣を有し、とくに梵語研究においては近代的な研究法の先駆となった人であったが、一般民衆を教化指導するにあたっては十善戒のみで十分だと思っていたのである。この事象を他の観点から説明するならば、慈雲尊者に教えを聞こうと望んだ人々――上は天皇から下は庶民にいたるまで――は、形而上学的な論議に関心を有せず、具体的実践に即座に役にたつ道徳的教説だけを欲していたのである。だから、かれは哲学的・教学的な論議についてはもっぱら漢文でのみ述べている。

ところでインド以来の十善戒によって仏教を実践のうちに具現しようとしたのが慈雲尊者であったが、一般の日本人はインド的な並列的な徳目を嫌い、むしろ端的にひとつの徳として掲げることを望んだ。このような要求に応じてあらわれ、あまねく日本人一般に認められているのが、正直の徳である。正直の徳は仏教から取りいれられて、汎日本的に重んじられている。

正直という語は、すでに奈良時代から用いられていた。平安時代に仁明・文徳・清和・陽成諸天皇の即位宣命においては、臣下のたもつべき心がけとして一様に『正直之心』が説かれている。その影響を受けたのであろう、鎌倉時代には神道五部書において伊勢神宮の教義とでもいうべきものが作り出されたが、それによると天照大神の託宣として『冥加は正直を以て本と為す』という。室町時代には、伊勢神宮の教義としての「正直」の徳の観念は、全国一般にひろまった。北畠親房は、三種の神器の寓している意義を、それぞれ「正直」「慈悲」「智慧」の徳と解している。

正直の徳に相当する観念は、すでに原始神道以来あったにちがいないが、このような呼称は仏教から取りいれたものである。儒教の古典にも「正直」という語が出てくるが、しかし仏典にもあらわれている。神道の「正直」の徳は仏教に由来するものであるということを、当時の日本人は一般に認めていた。

浄土教によると、極楽往生のために起こすべき三種の心として至心（＝まことのこころ）、信楽《しんぎょう》（＝信じて疑わぬこと）、欲生（＝極楽に生まれようと欲すること）という三つの心（三心）をとくに尊重する。ところで親鸞によると、この三心は、けっきょく、一心に帰するものであるが、それを『真実の心にして虚仮雑ることなし、正直の心にして邪偽雑ることなし』（『教行信証』三本）という。親鸞にあっては、信仰はけっきょく、正直に帰することとなるのである。他の諸高僧も正直の徳を称揚している。

正直の徳は日蓮の場合にあっては、とくに重視されている。日蓮は、『法華経』は真理を正直に説いている経典であると考えて、そこにこの経典の究極的な意義を見いだした。『法華経は「正直に方便を捨て」等「皆是真実」「質直にして意柔軟」「柔和質直なる者」等と申して正直なる事弓の絃のはれるが如く、墨の縄を打つが如くなる者の信じまいらする御経也。』（『日妙上人御書』）このように、かれは「正直」の徳の典拠を『法華経』に見いだしたのであるが、かれはさらに『正直に二あり』といって、『世間の正直』と『出世〔間〕の正直』との二種に分かって論じている。そうして、かれみずからは『日本国には日蓮一人計《ばか》りこそ、世間・出世正直の者にては候へ』（『法門可被申様之事』）と称している。

また徳川時代初期に禅僧・鈴木正三は、かれの著『万民徳用』において独自の職業倫理を展開しているが、かれによると、仏教の実践とはけっきょく、いかなる職業のものでも、「正直」

の徳を実践することにほかならぬと主張している。仏教とは正直の実践であるという主張は、インドにもシナにも存在しなかった。もちろん実質的につきつめて考えてみれば、けっきょく同じことになるかもしれないが、仏教とは正直の徳の実践であるという立言がなされなかったのである。〔ただし、もしも「正直」の意味内容を「真実」「まごころ」の意味だと解するならば、インドではsatyaがそれに相当し、インドでは古来さかんに説かれている。日本語で「正直」というと、「真っ直《す》ぐ」「一直線」という空間的表象を思い浮かべるが、インド仏教は、こういう説きかたはしなかった。〕

このようにして、「正直」という語は仏典のうちにわずかに散説されている程度であるにもかかわらず、神道家によっても仏教家によってもきわめて重要視され、日本人の一般道徳のうちに中心的徳目としての位置が与えられるにいたったのである。

正直という徳は、日本人の道徳的気質によく合ったものであるらしい。それはおそらく、日本人が、人間と人間との関係を重視して、閉鎖的な人間結合組織を形成することを愛好し、それに所属する人々のあいだではたがいに全面的信頼を要求する傾向が強いので、このような道徳的自覚があらわれたのであろう。

以上に指摘したような特徴は、またシナ思想の受容形態にもあらわれているようである。過去の日本においてはシナの学問はまた倫理の学問として受けとられていた。すなわち多様なシナ思想のうちでも、とくに閉鎖的な人間結合組織の道徳の学としての色彩の強い儒学を、日本人は選んで摂取したのであった。そうしてその儒学も、伊藤仁斎にあっては「忠」「信」の二つが中心にたてられ、懐徳堂の学問では「誠」の徳が強調された。水戸学もこの方向において徹底している。いずれも偽らぬこと、欺かぬことをめざしているのである。ここに日本儒学のひとつの特色が認められる。

それと同じ傾向はまた日本におけるキリスト教の受容形態にもあらわれている。明治のキリスト教は、倫理的・教養的性格のものであったということが指摘されている。もちろん、日本における仏教・シナ思想・西洋宗教の受容形態の存在意義がそれぞれ異なるものであることは、否認できないであろう。が、しかしまたそれらのあいだに並行的共通性のあることも指摘できるであろう。

最近の日本の道徳的混乱と頽廃を見て、あるいは人は、過去の日本人が一般的傾向として道徳的反省力が鋭敏であったという説明に疑問をさしはさむかもしれない。しかし日本人に顕著な、閉鎖的組織のための正直などの徳は、さほど損なわれていないのではなかろうか。ただ公人、社会人としての道徳的反省がいままでさほど顧みられていなかったので、戦後になって、その弱点を急にあらわしはじめたのだと考えられる。

また、すでに述べたように、一般の日本人のあいだでは、間柄の自覚のほうが先で、ややもすれば個人の自覚が欠如しているといいうるが、その事実と道徳的反省の鋭敏さということがどうつらなるか、矛盾しないか、という問題が起こる。また、間柄を離れて個人の自覚なるものが成立しうるかどうか、ということも問題である。つまり近代西洋で強調された「自我の自覚」というものは、一種の幻惑ではないか、という疑問も起こる。

そうじて道徳的行為が自他の合一の方向にむかってはたらくものである以上、それを自己の理想とするとおりに実現しえないところに道徳的な悩みや良心の問題が起こるのであるから、この二つの特徴は併存することも可能であると思われる。

一四　宗教の教義に対する態度

日本人のあいだでは、人間結合組織を重視する反面に、一般に、個別的組織を超えてその上に位するものについての自覚がはっきりあらわれていない。それは、すでに古神道において神的なものと人間的なものとのあいだの隔てが明確でなかったことに由来するのかもしれない。両者は交流しあっていて、その宗教は共同体の幸せを祈願するものであった。

まず第一に原始日本人のあいだでは、神の観念がはっきりしていなかった。「カミ」という語の語源に関しては、学者のあいだで種々に論議されているが、いまだに定説は存在しない。日本語では神（God）のことをカミと呼ぶが、カミという語は、また上、長上、髪を意味しうるし、かつては政治的支配者をも「オカミ」といった。すべて空間的・階位的に上に位置しているものを「カミ」というのである。たといこれらが語源的には異なったものであったとしても、日本人一般の日常の反省においては語源的には区別されていないのである。ゆえに日本人にとっては「神」はそれらと区別された独自の観念ではなかった。神道では家・村・郷土などひとつの人間結合組織にとって功労のあった人を神として祭るのが古来の通例である。だから日本人のあいだではむかしから人間と区別された神（God）の観念がはっきりと成立していなかったのである。

『凡て迦微《カミ》とは、古御典等《イニシヘノミフミドモ》に見えたる天地の諸の神たちを始めて、其を祀れる社に坐御《スミ》霊《タマ》をも申し、また人はさらにも云《ハ》ず、鳥獣草木のたぐひ、海山など、其余何《ソノホカ》にまれ、尋常《ヨノツネ》ならず、すぐれたる徳《コト》のありて、可畏《カシコ》き物を迦微とは云なり。（すぐれたるとは、尊きこと、善きこと、功《イサヲ》しきことなどの、優れたるのみを云に非ず、悪《アシ》きもの、奇《アヤ》しきものなども、よにすぐれて可畏《カシコ》きをば、神と云なり。さて人の中の神は先《マツ》かけまくもかしこき天皇は、御代々々神に坐《ス》こと、申すもさらなり。其は遠き神とも申して、凡人《タダヒト》とは遥に遠く、尊く可畏《カシコ》く坐《シ》ますが故なり。かくて次々にも神なる人、古《ヘ》も今もあることなり。又天《ノ》下にうけばりてこそあらね、一国一里一家の内につきても、ほどくに神なる人あるぞかし。さて神代の神たちも、多くは其代の人にして、其代の人は皆神なりし故に、神代とは云なり（『古事記伝』第二巻）……）。』

本居宣長のこの解釈を平田篤胤もまた受けている。そうして神々の地位は、人間によって定まり、人間との関係にもとづいて地位も上下させられた。

このような神観においては、超越的にもせよ、内在的にもせよ、個別的な人間結合組織に規範を与えるような神は考えられがたい。だから仏教が移入されても、なお個別的な人間結合組織を基準として価値批判をくだすような思惟方法が顕著であったことは、すでに述べたとおりである。すなわち、過去の日本人は、祖先・親・主君・国・天皇などの権威を絶対視し、宗教をそれに従属させ奉仕させていたのである。したがって、日本においては本来の意味における宗教教団が十分に成立しなかった。神社神道はまとまった堅固な教団を成立させるにいたらなかった。儒教の場合はいうまでもない。世界的宗教である仏教の場合も、同様であった。

日本の仏教教団は、実際においては、国家あるいは藩侯の政治的意図のもとに隷属していた。本来国家の上にあるべき宗教の権威が、かえって国家あるいは封建的な藩の下に従属していた。仏教各宗は、国家あるいは藩を指導するというよりは、むしろそれらに奉仕すべきものと解せられた。したがって日本の仏教教団は、世俗的権力に対してきわめて屈従的・妥協的であり、ときには阿諛的でさえもあった。「沙門不敬《きょう》王者」すなわち、出家した仏道修行者は国王に敬礼してはならぬ、という仏教本来の伝統は、日本ではついに実現しなかった。のみならず、問題にさえされなかった。皇室あるいは藩侯からくだされた栄誉に、最上の価値を認めていた。このような事情にあるため、日本の仏教教団の勢威は中世においてもきわめて弱く、とうてい西洋中世の比ではなかった。また南アジア諸国における仏教教団ほどの尊敬をも受けていなかった。

そうして外部の政治的勢力が、しばしば教団を統制し支配していた。世俗的な一般社会における身分的区別が、そのまま教団の内部にもちこまれた。

インドの仏教教団の内部においては、世俗的な身分的区別は、教団の内部にまでおよぼすことをえず、修行者の席次は出家後の年数（臘次《ろうじ》）によってのみ決定された。大国の王といえども、ひとたび出家したならば、教団の末席に位置しなければならなかった。このような伝統はシナでも依然守られていたらしい。富貴な宰相の子でも出家したならば粗衣をまとっていた。その理由を聞くと、ただ『僧となればなり』（『正法眼蔵随聞記』第五巻）と答えたということを、道元が驚嘆して語っている。

ところが日本では、貴人の子は出家後にも特別の地位が与えられている。多数の門跡寺院の存在はその事実を雄弁にものがたっている。他の国には例のない「法皇」および「法親王」の地位が認められている。歴代の天台座主の出身を調べてみたならば、思いなかばに過ぎるものがあるであろう。本来、民衆の宗教であった本願寺教団もついに門跡寺院としての地位を獲得し、真宗諸派の本山は皇室・貴族と血縁的・経済的にも密接な関係を結ぶにいたった。真宗諸本山の法主は、教団の長であるとともに、また貴族として、貴族の権威をもって信徒に臨んだ。かれらは貴族としては決して高い地位を与えられていなかったにもかかわらず、低い貴族としての地位に満足していたのであった。もちろん過去の日本には宗教者としての矜持をたもち世俗的な栄誉を無視していた人々も決して少なくない。たとえば道元は『却つて猿や鶴に笑はれる』といって勅賜の紫衣を身につけなかった。しかしその法系である曹洞宗教団では、本山の貫首はつねに勅賜禅師号をいただく慣例となっている。これらの事実に、われわれは顕著に日本的な特徴を見いだすのである。

俗世間における階位的・身分的秩序がそのままのかたちで教団の内部にもちこまれたのであるから、教団そのものが一個の世俗的な団体と化してしまった。平安時代の僧侶たちは、真理を思慕して寺院に投じたのではなくて、富貴栄達の目標に到達するための近道として出家したものが少なくない。『五郎は天台宗の学生、大名僧なり。因明・内明通達し、内経・外典兼学せり。倶舎・唯識舌端にかかり、止観の玄義臆中に収む。……ただし堂行・堂衆を歴、期するところは天台座主のみ。』(『新猿楽記』)

ところで僧侶として富貴栄達を獲得するためには、その社会において権勢と財宝とをもっとも多く所有する貴族に接近することが、もっとも確かな方法である。したがって僧侶たちは、あらゆる機会と方法とを利用して、貴族に接近することにつとめた。

藤原氏の勢力が衰えはじめるとともに、藤原氏は自分らの子弟に適当な地位官職をあてがうことができなかったので、藤原氏の子弟で寺院に投じて僧侶となるものが多くなった。藤原氏が寺院に進出するとともに、寺院内の重要な地位は、すべてこの人々の独占するところとなってしまった。当時天下の秀才は、研学竪義の地位をめがけて寺院に集まり修学に専念したのであるが、この地位も、藤原氏の寺院進出とともにかれらの手に独占されてしまった。そうして藤原氏でなければ阿闍梨《あじゃり》となり僧綱《そうごう》の地位に進むのは、よほどの俊才で、しかも長命でもなければ困難であった。しかし藤原氏でありさえすれば、どんな凡才でも出家すると、さっそく、一流どころならば権大僧都、二流どころで権少僧都、三流でも法眼までは一挙に昇ることができた。宗教教団の重要な地位が主として王室および貴族出身者によって独占されていたということは、他の国々の仏教教団には認められない現象である。

このように平安時代までの仏教教団が、世俗的な勢力にすっかり汚辱されてしまったということは、当時の仏教教団の大組織がもともと民衆の宗教的・精神的な燃えるような要求にもとづいて成立したのではなくて、皇室および貴族の要求にもとづき、その庇護のもとに発展した結果として、むしろあたりまえのことであったのかもしれない。

これに対して民衆の宗教的要求にもとづいてあらわれた鎌倉時代以後の教団は、はじめのうちは独自の教団そのものとして発展したけれども、近世における集権的封建社会の成立とともに、世俗的な権力の支配を受けることとなった。世俗的な封建勢力に対して力をもって対抗した最大の教団である本願寺も、豊臣秀吉の国家統一とともにその干渉を受け、徳川家康の老獪な政策によって、東西両本願寺に分立させられた。

教団の屈服とともに、中央の封建的政治勢力は、全面的な宗教統制を遂行した。近世には宗教行政機関として、幕府に寺社奉行・触頭《ふれがしら》、諸藩にも寺社の役人があった。触頭は幕府の命令を配下寺院に伝え、また寺院の願書その他を幕府に上申する機関であり、これには僧侶があてられたが、最高の寺社奉行は幕臣または譜代大名であった。国家によって全面的な宗教統制が行なわれたということは、中世シナの場合と同じである。しかし中世シナにおいては僧侶が宗教行政執行の地位に任ぜられていた。ところが日本にあっては世俗的な武士が、その資格において教団を監督統制していたのであった。教団内部における教義に関する紛争を解決処理したものは、教団自身ではなくて、世俗的権力であった。〔たとえば浄土真宗における教義上のもっとも大きな論争であった三業惑乱の問題について、最後の始末をつけたものは徳川幕府であった。〕

近世封建社会の成立とともに、法流師資の関係にもとづいておのずから本末制度が成立したが、徳川幕府は、強権をもってこの制度を強行した。まず本山・本寺・中本寺・直末寺・孫末寺などの上下従属関係を規定した。諸宗法度には本末の規定を守るべきことを定め、その違反者には厳罰をもってのぞんでいる。本寺のない寺院には、住職の相続を許可しないで、廃寺にさえもした。

じつに日本の宗教史においては、マックス・ウェーバーがいみじくも指摘したように、国家は仏教に対して保護者（Schutzpatronat）としてよりも、むしろ宗教警察（Religionspolizei）としてのぞんでいたのであった。そうしてこのような宗教統制の歴史的背景があったからこそ、明治維新以後に政府によって宗教統制は完全に実施された。それはまさに共産主義ないし社会主義諸国以外の近代諸国家においてはほとんど比類のない程度にまで遂行された。廃仏毀釈的傾向に対して仏教徒は、あるいは仏教が日本主義と矛盾しないことを説き、あるいは西洋における信教の自由をもち出して論議したが、国家の圧力は非常に強いものであった。そうしてポツダム宣言によって「信教の自由」が要求されるにいたったのである。宗教的圧迫の歴史の長い西洋諸国がアジアの国に対して「信教の自由」を要求するのは、いささか滑稽な感じがするが、しかしそのような事件の起こった淵源は遠い昔に存するのである。

こういう事情で宗教教団は十分の権威をそなえていなかったし、また宗教家は西洋における

ほどの尊敬を受けなかった。それはかならずしも今日にはじまった現象ではない。親鸞の『悲歎述懐和讃』には、

『仏法あなづるしるしには　比丘比丘尼を奴婢として
法師僧徒のたふとさも　僕従ものの名としたり』

と嘆いているが、宗教のさかんな中世においてさえ、なおこういう状態であった。兼好法師は『法師ばかり羨しからぬものはあらじ。「人には木の端のやうに思はるるよ」と清少納言が書けるも、実に然《げ》る事ぞかし』（『徒然草』第一段）というが、ここでは法師自身が法師を卑下しているのである。これが日本人一般の態度であった。こういう態度は古代のインドやシナの仏教徒にとっては、思いもよらぬものであった。〔一例として、左大臣藤原頼長（悪左府）は俗人としては例外的に因明の大学者であったが、かれは興福寺の恵暁・蔵俊を招いて因明を修学した。これは、インドでもろもろの国王がみずから車駕を御して宗教家を訪ね、礼をつくして教えを乞うたのとちょうど正反対である。当時の一流の学僧よりも、左大臣の地位のほうがはるかに上位に位していたのである。〕

僧尼蔑視の現象の成立した原因については、上代において下層民も僧尼となりえたことや、僧尼が公課を免ぜられる特典があったため、たびたびの禁令にもかかわらず、私度僧が続出したような事情も、その原因となっているのではないか、と考えられるが、しかしインドのよう

に宗教修行者に対する尊敬の強いところでは、隷民出身の宗教家に対してもその宗教の信徒のあいだでは少しも蔑視の行なわれることはなかった。だから、この現象は、やはり日本人の世俗性という視点から解明さるべきであろう。

中世および近世になっても武士階級は支配者としての身分上の誇りと権力とをもっていたので、神官に対してはもちろんのこと、僧侶の指導に対しても絶対服従は行なわれなかった。インドに見られるグル（師 Guru）の精神指導というようなことは、一般には行なわれなかった。近世になって仏寺は増加したけれども、仏教の社会的勢力は一般に衰えた。寺院は、信者に対して「キリシタンに非ず」という証明を下付する機関と化し、支配階級は、寺院にそれ以上の社会的意義を認めようと欲しなかった。仏教の超階級的立場は封建的社会秩序そのものと矛盾するので、その真義の顕揚ということを、当時の支配階級は欲しなかったのである。そうして明治維新による開国のために、寺院が非キリシタン証明書下付所としての機能を喪失したので、あとに残った機能は葬儀と追善ということだけになってしまったのである。

とくに近代日本建設に踏み出した明治政府の方針は、著しく反宗教的であった。徳川時代の国教であった仏教の思想的活動を骨ぬきにするような政策をたてて推進した。新しく寺をつくること、および別派独立を禁じ、大衆のなかで活動する普化宗や修験道などは、葬式を行なっていないという口実で解散を命じ、一般の僧が大衆のなかで托鉢することさえも禁止した。また、教部省時代（明治五—九年）には、教導職たる僧侶の一切の仏教布教を禁止した。

日本人は仏教を奉じたが、一般の日本人は形而上学的な領域に思いを馳せる傾向が弱いために、仏教を信じても、かならずしも心の奥底から敬い畏れて尊重しているのではない。むしろ仏を馬鹿にして茶化していることがある。「知らぬが仏」とか「仏の顔も三度」とかいうように、仏ははなはだ慣れ慣れしいものと見なされている。「借りる時の地蔵顔、返す時の閻魔顔」などという。起き上がり小法師には達摩大師の像を使い、阿弥陀くじというものがある。仏教のまじめなことばが、日常生活においてはくずれた、ふざけた意味に用いられていることが非常に多い。


以上のような特徴があるにもかかわらず、明治以後の仏教徒は、それが日本仏教の長所美点であるかのごとくに誤認していた。本来、万人のためのものである仏教の、日本的性格がとくに強調された。仏教の真髄が日本にきてはじめて完全に実現された、などという議論が、平気で横行していた。

このような事情にあるから、日本人は仏教を、特定の立場にもとづいて、特定の意向にしたがって、受容したのである。すなわち仏教を、なんらかの社会的・政治的目的のためのひとつの手段あるいは道具として採用したような傾きがある。仏教に帰依したというよりも、むしろ日本人としての立場にたって摂取したという感じが強い。

なるほど表面的には、仏教など外国の文化を絶対的に尊崇して学び取るという態度の示されることもあった。ことに日本の知識階級は、伝統的に、すぐれた文化を外国から受容するに際して、外国崇拝・自国蔑視におちいるふうがある。〔ことに第二次世界大戦における敗戦後には、この傾向はとくに顕著である。〕かれらは新しく受けいれたものを尊重するあまり、自国の伝統的なものを捨てようとする傾向がある。そうしてこの態度そのものが、日本民族にとっては伝統的だとさえいわれている。日本民族はすぐれた文化に対してきわめて鋭敏な感受性をもつとともに、このように感受したものに対し、自己を空しうして学び取るという謙虚な態度をたもっている。これがあるゆえに、孤島日本は、外国との接触がきわめて範囲狭くまた短時期であったにもかかわらず、広範な東洋諸国の種々な文化を摂取し、その地盤においてみずから成育しえたのである。しかしながら文化についてのこのような極度の消化能力も、じつは日本人の意識面における主観的現象にすぎず、現実においてはけっきょく、日本人としての立場にたっていたのである。

このような事情を考慮するならば、仏教の受容がきわめて迅速に行なわれたということも、容易に理解しうるであろう。ドイツ・フランス・イギリスなどの近代諸国においては、キリスト教の摂取ということは問題とならない。なんとなればこれらの近代諸国が、じつはキリスト教の地盤のなかでそれとして成立したからである。ところが日本人にとっては、仏教思想は外来思想である。過去の日本文化はそのまま仏教文化と呼んでよいほどほとんどすべて仏教によって形成されたものであるけれども、なお日本人は仏教を外来宗教と見なしている。西洋人がキリスト教を自分自身の宗教と考えて決して外来宗教とは考えないのとは、非常な相違である。日本人は文化活動の主体として一定の態度をもって仏教を摂取したのである。

　また仏教の受容がきわめて迅速に行なわれたということも、このような事情にもとづくのであろう。すなわちゲルマン諸国においても、日本においても、ともに外来の宗教のなかでみずからの文化を形成したのではあるが、日本においては被教育者が摂取者としての資格を失わなかったので、仏教が一面的に迅速に摂取されたのである。これはまた明治以後のキリスト教の受容についても、同様の傾向が認められる。多くの日本人にとっては、信仰としてのキリスト教そのものはどうでもよいのである。ただそれがすみやかに日本化すること、日本的となることを要望していた。仏教が日本化したのと同じことを、キリスト教に対しても望んでいたのである。

　日本人は日本国あるいは日本民族の立場を固守して仏教を受容した傾きがあるから、ひとつの国家あるいは民族としての日本を超えた立場にたって仏教をひろめようとする意識的な試みは、過去の日本においてはきわめてまれにしか起こらなかった。〔北海道から海を越えて沿海

州にわたり、蒙古から北シナに、「南無妙法蓮華経」をひろめたと伝えられる日持上人（日蓮の直弟子）が唯一の例外であろう。〕

明治維新以後、全世界と接触するようになっても、汎世界的な運動はほとんど起こらなかった。これをわれわれの隣国・中華民国の場合と比較してみよう。中華民国においては、太虚師を中心として、民国十一年に武昌に「世界仏学苑」が創設され、「世界仏学運動」が創唱された。世界的な仏教運動を起こし、世界を改造し、世界の新文化を建設しようとするのである。うちつづく戦乱のために、この企図は十分には実現されなかったが、諸方に刺激を与えたその精神史的意義はきわめて大きい。ところが東洋諸国のうちでもっともはやく近代化したはずの日本においては、どうであろうか。日本仏教の指導者たちは、もっぱら皇室や軍閥の権威と結びつくことにのみ腐心して、ひとえに「日本仏教」の優越性あるいは特殊性を強調することにのみつとめた。「世界仏学運動」というような企図は、太平洋戦争以前の日本には、ついにほとんど起こらなかったのである。

「宗教に対する無自覚のゆえに、昔から一般の日本人は概して凡庸低俗なる唯物論者である。日本人は深刻な宗教意識にとぼしい。一般的には、酷《きび》しい懺悔、苛責の心にとぼしい。日本には真実の意味における宗教が十分に根を下ろさなかった」などと西洋人に批評されるにいたった。この批評は、あまりにも西洋人の思い上った態度から出ているものであるとは思うが、やはりわれわれとしては、いちおう反省してみる必要があると思う。宗教教団の無力なのも、ここに由来するのであろう。

日本人は一般に特定の宗教を信じていない。一九七八年に内閣の統計数理研究所が行なった国民性の調査報告によると、六十歳以上では信じる人のほうが若干多いが、全体としては信じない人が多い。二十歳代では信じる人々が二〇パーセントに満たないのに対して、信じない人々は約七〇パーセントである。なお宗教に期待はよせているが、普通いわれているように、ヨーロッパ人の宗教に対する考えかたとはまったくちがったものが見られる。また「宗教心は大切か?」という質問に対しては「大切だ」と答える人々が、あらゆる年齢、あらゆる職業を通じて約七五パーセントもある。ちょっと前掲の数字と矛盾するようであるが、約七〇パーセントの人々が、宗教への態度を「あまりよく考えていない」のである。ところで右の統計数理研究所の行なった調査報告によると、日本人の国民性は、多くの点ではヨーロッパ諸国民の場合とほとんど異ならず、ただ宗教に対する態度だけがちがうということが、ほとんど唯一の大きな差異点なのである。〔これはひとつには、日本人一般が、宗教は大切だと思うが、宗派に拘泥しないという態度から出てくるのであろう。〕

そうして宗教が無力であるがゆえに、それを克服破壊しようとする唯物論ないし反宗教運動も、見るべきものがほとんどあらわれない。試みに問おう、明治維新以前の日本においてははつきりとした自覚をもって唯物論を唱えた人が、たとえば山片蟠桃《やまがたばんとう》のほかに、はたして何人あったであろうか。日本人、とくに知識人の精神的雰囲気がかなり唯物的であるにもかかわらず、かつては唯物論がさほどはっきりしたかたちをとってはあらわれなかった。西洋の例をまつまでもなく、インドにおいても唯物論は宗教を敵対目標としてあらわれた。ところが日本においては、宗教的な問題をまじめに思念しようとする思惟傾向にとぼしいために、唯物論がはっきりとはあらわれなかったのであろう。

宗教的に特殊な戒律をもたぬということは、近代建設において好都合な面もある。日本では宗教による生活様式の差異が少ないために、日本人として共同行動をとるには好適であった。また経済活動に好都合であることは、華僑の世界的発展についても見られる。インドでも、特殊な戒律をもたぬパールシー教徒がインドにおける近代産業建設の先駆者であったことからも知られる。しかしまた他面において危険の存することをも忘れてはならない。宗教の伝える人間の真理に対して無関心となるおそれがあり、そのときどきの便宜主義におちいる危険がある。その実例は、われわれ自身がいやというほど見せつけられている。

以上、わたくしは日本人のあいだに顕著に見られるいわゆる「宗教」の弱さということに焦点をあてて論じてきた。この場合「宗教」とは西洋の religion の訳である。そこで「宗教」

というのは、厳密にいうと、宗教の教団、宗教の教義、または宗教の拘束力というものを意味していたのではなかろうか。ところが、こういうものは、宗教にとって二次的、派生的なものではないだろうか。宗教の本質というものは、それらを超えたところにあるのではなかろうか。

西洋の言語で、‘a religion’ または ‘religions’ というときには、既成宗教のことを意味する。ドイツ語の ‘eine Religion’ または ‘Religionen’ という場合にも同様である。‘the religions’、‘die Religion’ というときには、話者と相手とに理解されている宗教、認められていた宗教、という意味である。

しかし宗教の本質とか本義というものは、もろもろの既成宗教の対立を超えたものではなかろうか。それを意味するときには、冠詞や語尾をつけないで、ただ ‘religions’ または、ドイツ語では ‘Religion’ という。日本人は、こういう意味の宗教ならば、古来その意義をおおいに認めていた。神社と仏閣とを区別しないで、ともに崇敬するのはそのためである。

もしも宗教が教義をたてたり、教団をつくったりすると、とたんに現世的・世俗的なものに取りつかれてしまう。本当の宗教は、それらを超えたところにある。「なにごとのおわしますかは知らねども……」というのが、絶対のものに対する志向である。教義や信仰について争う神であるとすると、とたんに他と対立するものになる。この神は、西アジアやヨーロッパではとくに顕著であった。しかし本当の宗教は対立を超えたものでなければならぬ。

こう考えると、日本人はむしろ本質的な意味で宗教的であったといえよう。日常の挨拶において、日本人はしばしば「おかげさまで」という。それは目に見えない神仏のおかげを受けていることを意味するが、また世の人々、あるいはすでに亡くなった人々のおかげを受けていることをも、また天地大自然のおかげをも、すべて含めて意味している。

このとおりの表現は、英語には見あたらぬ。類似した表現として、格ばった表現では、'by grace of', 'by the grace of God', 'by providence' というし、口語的な表現としては、'Thanks to god, I am……' という表現はあるが、「それは神のおかげで」ということで、ここにいう「神」は人間や大自然と対立したものであるから、しょせん相対的である。日本人が考えているものは、特殊な概念によって限定されていないから、真の意味において絶対的である。

「おかげさまで」に対応する表現は、どうもインドにも見あたらぬようである。'by the grace of God' をヒンディー語に翻訳すると 'īśvara kī kṛpā se' となるが、日常の会話に出てくる表現ではない。シナ語にもちょうど「おかげさまで」に対応する表現はない、と中華人民共和国の人がいっていた。

日本人一般は、右の〈目に見えぬもの〉を信じている。それは人間から隔離されたものではない。そういう点に注意すると、日本人独特の宗教意識を理解する道が開けてくるように思われる。

ところが明治維新以後もそうであったが、ことに第二次世界大戦における敗戦以後、日本の指導者たちは、宗教的なものを全面的に禁圧する方向にむかって指導し、そのとがめが種々の局面にあらわれているようである。

いま教育の荒廃ということがさかんに論じられているが、たとえば、いじめとか登校拒否とかいう問題は、公立学校でだけ起こっていることである。反対に宗教教育を行なっている学校では起こっていない。仏教精神で教育を行なっている学校では、この問題は起こっていない。キリスト教関係の学校でもついぞ聞いたことがない。神道色の強いところは、概して保守的であるから、当然こういう問題は起こらない。またいずれかひとつの宗教に偏るのではなくて、機会あるごとにいろいろの宗教の講話を聞かせている学園でも、この問題は起きていない。

さらに日本に近い隣国の場合はどうかと思って、韓国や台湾の人々に聞いてみると、「それはなんのことですか」と反問する。儒教や仏教の伝統の強いこれらの国々では、いじめや登校拒否は起こっていないのである。

戦前の日本を考えてみても、〈いじめ〉とか〈登校拒否〉という語は存在しなかった。これらは戦後に顕著になった現象なのである。では、どうして日本の公立学校でだけこういう事件が起こるのか。

そのわけは、公立学校では、宗教と教育とは分離さるべきであるとの理由によって、公教育の場面から宗教を追放したからである。その法的な根拠は日本国憲法である。その憲法の原文はGHQから日本政府に交付されたもので、英語で書かれていた。それが日本語に翻訳されて、議会で審議された。日本の議会で審議されて通過した文面が、また英語に翻訳されて発表された。

GHQから手渡された英文と、日本議会を通過した憲法本文の英訳文とを比較してみると、宗教に関係ある条項に関するかぎり、両者は全然同文である。わずかに religious activity（宗教活動）と単数で表現されていた語が religious activities と複数に変わっただけである。その両方の英文草稿を見ると religion（宗教）という語は一度も出てこない。ただ religious activity というふうに religious という形容詞が出てくるだけである。日本文では「宗教的活動を公教育において強制してはならぬ」と解されている。

しかし「宗教」という語ははなはだ曖昧である。日本語でいえば、ただ「宗教」という一語であるが、すでに指摘したように、英語では 'a religion'（単数形）、'religions'（複数形）、'the religion'（その宗教）と、ただの 'religion'（定冠詞も語尾もつけない形）とは、意味がちがう。ドイツ語でも同様の異なった意味合いがある。最後のものは、個々の宗教教団の組織や教義を離れた、諸宗教に通じる普遍的・本質的なもの、あるいは全体的なものを意味する。

そこで、憲法とか、あるいは教育に関連する諸種の法律で禁じられていることは、個別的な教団の教義や活動を強制してはならぬ、ということであって、諸宗教の根本にある本質的普遍的なものを禁止しているわけではない。

「宗教」というのは、明治の先覚者が religion という西洋の語を翻訳するにあたってあてた訳語であるが、「宗教」というのはもともと仏教の語である。ただし仏教の用法では「宗」と「教」とは意味を異にする。「宗」というのは、人間の活動の基本にある理法であって、言語表現を超えている普遍的なものである。それを人々に対して説くときには、言語にたよらねばならないし、相手に応じて異なってくる。それが「教」である。そこで両者を合わせて、仏典では「宗教」という。

そういう考えかたにたつと、個別的な諸宗教の教義や儀礼を強制はしないが、しかし基本にあるものは尊ぶということになる。

レリジョンに相当する語は南アジアの諸言語のうちには存在しない。そこでダルマをもってレリジョンの訳語としている。たとえばキリスト教のことをクリスティ・ダルマ（Khristi-dharma）という。この考えによると、ダルマには、現象的な側面と本質的基本的な側面があることになる。

基本的本質的な方面を尊重するという立場にたつと、西ドイツの憲法のように「宗教を尊重せよ」ということになる。スリランカの憲法ではダルマ（宗教）を、インドネシアの憲法ではアーガム（宗教）を、パキスタンの憲法ではディーン（宗教）を重んぜよ、ということを説いているのである。

こういう道理を尊重するならば、おのずから新しい時代にあう宗教心というものが養われるのではなかろうか。

それをどう実行するか、ということになると、種々施策を考えねばならないであろうが、若干のアメリカ人にいわせると、日本の教育における宗教の扱いかたは、あまりに極端に走っている。ＧＨＱのディレクティヴ（指令）を妙にゆがめて実行している――と。

アメリカの実情はかなり異なる。有名な大学には私立大学が多いが、大学の校庭の真ん中にチャペルが建てられている。それが精神的な拠り所となっている。そこで日曜ごとに宗教的な儀式が行なわれる。普通はキリスト教の牧師が来てお勤めや説教をするが、ある場合には異人種である日本人の仏教僧を呼んで行なうこともある。

アメリカの州立大学は公立であるから、政教分離の原則がたてまえとなっているが、しかし宗教そのものは重んじられている。たとえば、ある州立大学では「宗教週間」を設けて、アメリカの主要宗教の活動を示し、宗教音楽や宗教演劇を催すのみならず、仏教の講演や展覧会までも行なう。

アジアの例をとると、スリランカの中学校・高等学校では、宗教教育は強制的であるが、仏教、ヒンドゥー教、イスラム教、キリスト教（旧教と新教）のどのコースをとるかは自由にされている。

インドでは、公立学校ではとくに宗教教育を行なわないが、古典教育の時間に宗教的な心情を養うということになっている。他方、私立学校では宗教教育をおおっぴらに行なっている。

こういうふうに国によって事情は異なるので、日本の進むべき道は日本人自身が決定せねばならないが、過去の人類の歴史を見るに、人間性のうちの高貴なるものはいずれかの宗教（単数または複数）によって養われた点が多いから、教育の面でも宗教の尊重という方針はもっと生かされるべきであろうと思う。

それは目に見えないものに対する尊敬の念であり、人間の本源に対する自覚である。

西洋人や日本の知識人たちは、日本人にはほとんど宗教心がないという。しかし決してそうではない。年頭における神社仏閣へのおびただしい参詣者、雨後の筍のように続出しつつある新興宗教にたよってくる信者たちのことを考えると、新しい視点からの対応が必要であると考えられる。

一五　むすび

以上、日本における人間結合組織を重視する傾向を種々の面から検討したのであるが、この著しい傾向も、やはり日本の風土に即した社会生活から解明さるべきであろうと考えられる。たとえば、日本の神話を見ると、耕作や水利その他に関して農民のあいだに協同の行なわれていた事実がはっきりと認められる。耕作に関する協同を妨げること（『畔毀《あなはち》』『溝埋め』『重播種子《しきまき》』など）は、重大な犯罪と見なされている。

これをインドの神話とくらべてみると、インドの神話では、そういうことはほとんど問題とされていない。けだし、インドの風土においては、農業生産に関しては、日本におけるようなきびしい農業労働を必要としない。放っておけばひとりでに、それほど手を加えなくても農作物が生長する。灌漑の必要もそれほど存しない。同じ農作物が年に二度以上とれる。日本におけるとは非常な相違である。そうして、インドでは農耕に関する協同がさほど行なわれない。そういうことのために、インドでは人間が孤立的になり、孤独を楽しむ傾きがあり、またそれが可能である。そうしてこのような風土における生活は、むしろ自然に左右されることが多いから、自然にはたらきかける呪術的儀礼が重んぜられる。そこでバラモン教の強い社会的勢力が確立したのであった。ところが日本の風土にあっては、苛酷な自然の諸条件に対して人為的努力をもって打ち勝たねばならぬ必要が大きいために、日本の農業労働においては、人間結合組織が個人に対しておよぼす圧力が相当に大きい。そこで人間結合組織を重視するという傾向が、おのずから強くなってきて、それが種々の派生的特徴を成立させているのであると考えられる。

第四章　非合理主義的傾向

一　非論理的傾向

われわれはすでに一般日本人のあいだでは相互の主体的連関がとくに注意され、主体のあいだの相互了解と相互信頼にもとづいて行動がなされるという特徴を指摘しておいた。このような基盤においては各人の理解および表現がかならずしも論理的・可計測的であることをめざさないで、むしろ直観的・情緒的であることをめざすようになる。この問題を以下において考究したいと思う。

一般的にいいうることであるが、日本語の表現形式は、論理的正確性を期するというよりは、むしろ感情的・情緒的である傾きがある。日本語は事物のありかたの種々なる様態を厳密に正確に表示しようとしないで、ただ漠然と、ほのかな感情をこめて表現する場合が多い。名詞についても単数と複数の区別が明瞭でなく、性の別もなく、冠詞もともなわない。動詞には人称や数の別がない。これらの点はシナ語と似ている。ただしこれらの文法的規定は単なる約定または慣習であり、論理的思考とは無関係であるという主張もあるので、この点はなお今後専門家の研究解明を必要とする。

ところで、日本語に独特の情調を与えているものは、「てにをは」すなわち助詞である。それは他国語における格語尾および前置詞に相当するものであるが、単に知的・論理的な関係の表現であるにとどまらず、繊細な情意上の区別濃淡を多少ともにあらわさずにはいないという特徴がある。あらゆる種類の語および文章の中間にあって、意味の強調、注意の喚起、繊細な情意上の区別の投影などの機能をはたす。そうしてまさにその多様性のゆえに豊富な余韻を残すのである。また助動詞の数の多さ、用法の複雑さも、日本語が情意的な把捉において綿密鋭敏であることを示している。

また日本語本来の和語は、古典の文献にあらわれているものによっても明らかなように、感性的あるいは感情的な精神作用を示す語彙には豊富であるが、理知的・推理的な能動的思惟の作用を示す語彙が非常にとぼしい。和語の単語は多く具象的・直観的であるのが常であって、抽象名詞の形成が十分でない。抽象的概念を和語をもってすべて表現することは、きわめて困難である。

のちに仏教や儒教を移入し、哲学的思考が行なわれるにいたっても、その思考発表の手段である語彙としては、まったく漢語のそれをそのまま採用していたのであった。仏教があれだけ一般民衆のあいだにひろまったにもかかわらず、仏教経典はついに日本語に翻訳されるということがなかった。一種の日本仏教史である『元亨釈書』を書いた虎関師錬は『わが国には〔翻〕訳の事なし』（『元亨釈書』第三〇巻）といって、それを日本仏教の特徴と認めている。そうしてまた仏教者が和語で著作をなすということは、鎌倉時代以前にはほとんど行なわれなかった。鎌倉時代以後になっても、なお仏教については漢文の著作のほうが圧倒的に多かった。和語による儒教の著作も徳川時代にはいってようやくあらわれたけれども、それは儒者の余技という観を脱しなかった。そうしてそれらの和語の著作においても、術語はみな漢語のそれを踏襲していたのであった。

また西洋の哲学思想がさかんに行なわれるようになった今日においても、使用される語彙は、多くは漢語の二字ずつを適当に構成して、西洋の伝統的概念にあてはめたものである。概念は conception, Begriff の、理性は reason, Vernunft の訳である。ときには三字あるいは四字をもって構成することもある。純粋の和語はついに哲学的概念を表示するものとはなりえなかった。

これについて次のような見解がいちおう成立するかもしれない。すなわち、日本人がようやく哲学的思惟に進もうとしたときに、たまたま外国の哲学思想の来訪を受けたために、日本語の哲学的訓練の機会を失い、ついに今日にいたるまで、和語から哲学的概念を形成することができなかったのである、と。しかしながら、ドイツ民族の場合には、中世においてはラテン語によって僧侶たちが哲学的思索を行なっていたのに、近世になると、ついに純粋のドイツ語をもってする哲学体系を完成した。そうしてこのような試みは、すでに中世のエックハルトなどの時代から認められる。ところが日本においては純粋の和語をもって思想を表現する哲学は最近にいたるまでついに発達しなかった。ゆえにドイツ語は哲学的思索に適するが、純粋の和語はそれには不適当であったのであると考えざるをえない。〔ただしこの評定は現在にいたるまでの過去の抽象表現についていえることであって、将来新しい工夫がなされたならば、また事実は異なってくるであろう。〕

それはなぜであろうか。その最大の原因は日本語においては、抽象名詞の構成法が十分に確立していないからであると思われる。不定な状態において「もの」ではなく「関係」そのものをいい表わすことを特色とする不定法（infinitive）が日本語には存在しない。不定法に相当するものとしては名詞法があるが、それは時の助動詞と連続して過去を表わし、あるいは他の動詞・名詞・形容詞と連続して合成語を作る動詞の法とまったく同形である。たとえば、笑いたり、笑いて、笑い事、などのような「笑う」の一態とまったく同形である「笑い」が笑うことを意味するのである。しかもこの動詞の動詞法は、時とともにその特色である総合のはたらきの表現としての意味を弱めて、名詞としても用いられるにいたった。たとえば「笑い」は「笑うこと」とともに「笑いというもの」をも意味し、したがって die Lache と das Lachen との区別を作り出していない。

　また形容詞から抽象名詞を構成する方法も確立していない。「深さ」「深み」というような用例が示しているように、「さ」「み」などの接尾語を付加することによって、ある程度まで形成されるのではあるけれども、このような構成法が一般化していない。たとえば、ギリシア語において「どのような」、あるいは「いかなる」というほどの意味である poion という語から、これを名詞化してプラトーンは新たに poiotēs という語を作ったが、キケロはこれをラテン語に移すために、同じく「どのような」という意味のラテン語 qualis から新たに qualitas という抽象名詞を作っている。これらは、ともに、事物の「どのようにあるかということ」を一般的に表わす新造語であって、直訳すれば「どのようなさ」とでもいうべきものである。このラテン訳語が中世期を通じて用いられ、近世ヨーロッパではそのまま Qualität, quality, qualité などとして用いられた。ところが日本人はこの概念を翻訳するにあたって「性質」という二つの漢字をあてた。「どのようなさ」という直訳では、日本語としてどうもしっくりせず、不自然な感じを与えるからである。

けっきょく、日本語は論理的な概念内容を表現するには不適当であった。したがって、仏教や儒教のすでに高度に発達した概念的知識を受けいれた際には、それを日本の伝統的な和語で表現しようとはしないで、漢字の術語をそのまま使用したのである。そうして西洋の学問的概念を翻訳するにあたっても、これに漢字をあてて、和語に直すことをしなかった。したがって今日においても、日本語には、理論的表現のために和語を用いようとする強い傾向は、あらわれていない。

単語の構成法ばかりではなく、文脈の問題になると、日本語の非論理的性格はいよいよ顕著である。日本語には関係代名詞がないために、関係代名詞によって前出語句を受けて、思考過程をしだいに発展させてゆくという語法がないので、論理的に思考を進めるのに不便である。また形容詞や副詞がいくつもかさなった場合に、それらが、どの語句にかかるかを見分けることが困難である。このような性質に煩わされて、日本語は正確を要する科学的な表現には不便な点がある。そうしてこうした非論理的・非科学的な日本語の性格が、無意識のうちにおのずから日本人の論理的・科学的な思惟能力の発達を妨げているということは一般に指摘されているとおりである。そうしてそれは実際生活にも重大な不便をおよぼしている。

仏教思想を述べたインドの哲学論書はもともと論理的に叙述されていたが、シナの仏教書が著しく非論理的なものとなったことは、すでに指摘しておいたとおりである。ところで日本人は、シナ人の曖昧模糊たる見解をそのままにしておいて、さらに、論理的に切り込もうとしなかった場合がある。

この特徴は、さらに順次に連関のある判断の系列の表現あるいは推論の表現形式にも認められる。日本人の思考の歴史的展開の過程のうちには、真正の、あるいは形態のうえだけでの連鎖式の用いられていることも、まれには存在する。まず思いあたるのは、たとえば民間伝承のあいだに知られている次の連鎖式である。

「風が吹くと、ほこりがたつ。ほこりがたつと、眼が悪くなる。眼が悪くなると、盲人がふえる。盲人がふえると、三味線ひきが多くなる。三味線ひきが多くなると、三味線の需要がふえる。三味線の需要がふえると、猫が殺される。猫が殺されると、鼠がふえる。鼠がふえると、桶がかじられる。桶がかじられると、桶の需要が多くなる。そこで桶屋が繁昌する。」

たとえば、『東海道中膝栗毛』にもあらわれている。

『ハテ風がふいたによって、箱屋とはどういうあんじだの。六部「さればさァ、わしがハァおもひつきにゃァあにが扨、まいにちくとひやうもなく風がふいて、おえどではがいに砂ぼこりがたち申すから、おのづと人さァの目まなこへ砂どもがふきこんで、眼玉《まなこだま》のつぶれるものがたんと出来るだんべいとおもったから、そこでハァわしが工夫のゥして、せけんの俄盲《にわかめくら》がほかにあでう《何条》せう事はなし、みんな三味《しゃみ》のゥならはしゃるだんべい。さふすると三味せんやどもが繁昌して、せかいの猫どもが打《うち》ころされべいから、そこで鼠どもがづな《無上》くあれて、あんでも世間の箱共のゥ、みんなかじりなくすべいこたァ目の前だァもし。コリヤハァこゝで箱屋商売のゥおっ初《ぱじ》めたら売《うれ》べいこたァちがひないと、あにがハァ身上《しんしょう》ありぎり、箱どものゥ仕入《しいれ》たとおもはっしゃい。」』（『日本名著全集』第二三巻『道中膝栗毛』上、第二編下）

またいま秋田地方で村落の児童が方言でうたう歌に次のようなものがある。

『川ノ鳥コ、ナシテ（何故）〳〵鳴《ナ》グ、腹フェ（空）テ鳴グ。腹フェタラ田作レ、田作レバヨゴレル（汚）。ヨゴレダラ洗エ、洗エバ流レル。流レダラ、ヨシノファコサ（葦の葉に）タゴツゲ（捉えろ）。タゴツケバ、手切レル。手切レダラモチコメ（糯米）噛《カ》ンデ付ケレ、ツケレバ、フエヤ（蝿）タガル（たかる）。フエヤタガタラ、アオゲ（扉）。アオゲバ、サビ（寒）。サビガラ（寒いなら）アダレ（火にあたれ）。アダレバ、アッツ（熱）。アツガラ（熱いなら）シュッコメ（引込め）。シュッコメバ、サビ（寒い）。サビガラ、ネレ（寝ヨ）。ネレバ鼠ニフガ（引）レル。起ギレバ夜鷹ニサラワレル。』（湯沢幸吉郎『国語史概説』）

これらの連鎖式においては媒概念がかならずしも周延しているとはいいがたい。そのことは、この連鎖式を口ずさむ人々にも意識されているのであるが、日本人はこのような形式的な連鎖式の擬態にユーモアを感じて、楽しんでいるのである。媒概念不周延の誤謬を犯していることを自覚しながら、予想外の結論が導き出されてくることに、滑稽味を感じているのである。

もちろん、このような滑稽味をまじえた連鎖式は他の古代諸国にも用いられていた例もある。古代インドの物語には次の連鎖式が存する。

「鼠が子を太陽に嫁にやろうとしたが、太陽よりは雲がえらい、雲よりは山がえらい、山よりも鼠がえらい、ということを知って、やはり、鼠は鼠のところへ嫁にやることにしたという。」(F. Edgerton : The Panchatantra Reconstructed III, 9.)

ところで、これに相い似た実例が日本にも存する。

『短「待たっしょ、ドレおれが猫の号親《なづけ》になってやらう。エ、ト強いものと、ハテ何だらうナ。ヲットあり〱あるぞあるぞ、虎と号《つ》けさっし。虎ほどつよいやつはねえ。」長「ムウ待ちねえよ、虎はなるほどつよいが、竜虎梅竹《りょうこばいちく》といふから、竜《りょう》のはうが上だぜ。」短「なるほどそれもさうかの。先《まず》虎と竜《りょう》と戦ふと、竜《りょう》は飛びあるくことが自由だから虎は叶《かな》ふめえ。」長「そんなら竜《りょう》とせうか。」短「竜来い竜来い。」長「小《お》の川《がわ》に谷風《たにかぜ》といひさうだの。」短「どこいどこいか、ア、わりい。」長「しかし竜《りょう》も雲がなくてははじまらねえぜ。」短「なる程雲にはかなはねえの。」長「雲とつけようか。」短「またっし〱。」長「雲も風には吹きはらはれるの、そんなら風か。」短「さうさの其風も障子といふものを閉《た》てると、めったに吹込《ふきこ》む事はならねえ。」長「風よりは障子が強いの。チョツ、いっそ障子と号《つ》けようか。」短「待ちねえよ障子もねずみには噛《か》じられる。」長「さうさ〳〵鼠と号《つ》けよう。」短「イヤ〳〵鼠も猫にはかなはねえ。」長「ム、なるほど鼠より猫がつよい。」短「そんなら苦労する事はねえ。」長「なぜ。」短「やっぱり猫と呼ぶがいゝ。」』（『日本名著全集』第一四巻『滑稽本集』）

しかしながら同じ中核の連鎖式の扱いかたに、大きな相違が存する。インド人は、右の滑稽味を帯びたひとつの連鎖式から、ひとつの教訓を得ようとする。この場合には、その物語の原文の中途に言及されているように、「財産もひとしく、家柄もひとしい両人のみが結婚し、交際すべきである。高き者と低き者とのあいだに行なわれてはならぬ」ということを教えようとする。すなわち普遍的な行為の規範を定立しようとする。ところが、これに反して日本人は、意識の奥にはこのような意図を潜在させていたのかもしれないが、むしろ表面的には、それを滑稽化することによって、ユーモアを楽しもうとしているのである。すでにしばしば述べたことであるが、インド人が荘重に、バカ正直なほどに規範定立的であるのに対して、日本人はむしろ軽快洒脱な味わいを楽しんでいたのである。したがって連鎖式を使って理論的思索を展開するという努力は、ついに日本人のあいだには根をおろさなかったのである。〔インド人やシナ人は、単に滑稽味を表現するだけの目的のために連鎖式を用いることはしなかったようである。」

表現の正確を期するということは、現在の日本においてはとくに望まれていることである。法律の文章などにおいては、文章の多義性を避ける手段としての技術的考慮として、すでに特定の方式を生み出している。しかしそれはまだ一般化していない。

またインド・ヨーロッパ語の複雑な表現形式は、それに対応するようなしかたで日本語に翻訳することは困難である。たとえば使役法受動態のごときは、日本語にはとうていそのまま訳しがたい。

prāpitaś cārthaḥ. 直訳すると「対象が得せしめられた。」

The act of cognition had made him reach the object.

同じく日本人の非論理的性格に関係のあることであるが、日本語においては、主語の省略がひんぱんに行なわれる。その場合の主語は、たとえ省略されていても、文脈に徴し、また発言事態にかえりみて、当然暗示されているか、あるいは容易に推知されうるのが通例ではあるが、時としては判然としない場合があり、そのために意味内容が不明となり、誤解をひき起こすことがあるのは、否定できない。もちろん日本人が今後表現を論理的ならしめるために、かならず主語を明示した文章を構成するようにつとめるならば、この欠点を避けることができるが、少なくともいままでの日本語使用の実情を見ると、論理的には非常に不正確であった。

主語の省略が行なわれることと関連して、日本語の文章には主語転換（Anacoluthon）が非常に多い。インド・ヨーロッパ語にもないわけではないが、実例が少ない。ところが日本語では、その例が非常に多いのみならず、一連の文章のなかで主語が転換したということすらも明瞭に意識されていない。たとえば平安朝の文芸作品のうちにはこのような例が非常に多い。このような思惟方法の特徴がまた日本の仏教家の解釈のなかにもあらわれている。

日本語表現において主語がなくても理解できるということは、すでに指摘したように、自他の緊密な結びつきと融合とによって、対話の行なわれる場面に関する直観的な理解がすでにできあがっているからであると考えられる。だから、その直観的理解に関して疑問の起こる場合にだけ、主語を明示する必要が起こるにすぎないのである。〔つまり日本人のあいだではわかりきっていることを論理的にいいたてると、なんとなく角が立つのである。〕

日本人の日常表現は内含的であり、事柄をじかにいい表わすことを好まない。もっとも日常的な例として、別れるときに、「さようなら」という。これは「然様《さよう》ならばお別れしましょう」との意味であるが、英語になおせば、'if so' である。それだけではおよそ意味をなさない。しかしわれわれはここに、日本人の情緒的にこまやかな、無限の深みを読みとることができる。そこには「あなたとお別れしたくはないのだが、事情やむをえずお別れします。またお目にかかる日もあるでしょう。お達者で」というような意味の内容が、表現されることなしに、内含的に'if so'という短い句のなかに含まれているのである。これは、西洋の諸言語における別れのことばが、'Auf Wiedersehen!' 'au revoir!' 'good-bye!'であり、中国語で「再見」というのにくらべると、事柄をかくして、じつは無限の意味内容をただよわせているのである。

インド人は、会ったときも、別れるときも、ナマス・テー（namas te あなたに敬礼します）という。ここでは、日本人に見られるような、しめやかで、こまやかな情緒のニュアンスは抹消されている。あなた、すなわち個人は、絶対者ブラフマンであり、神にひとしい絶対者としてのあなたに敬礼する、というのである。ここにはインド人の形而上学的思惟方法がはっきりと露呈している。日本人の別れの挨拶は、表現しない部分が積極的な意味をもつという能や墨絵の表現法と同じような特徴を示しているのである。

そうじて西洋人からしばしば指摘されることであるが〈日本人は物事をはっきりいわない〉と批評されている。西洋人からそのように批評されるのはよく理解できるが、隣国の中華人民共和国の知識人からも同じ批評が発せられている。日本人は断定を避ける。「……ではなかろうか？」「……と思われるが、どうだろう？」というような文句で、主張の立言を結ぶ。これはシナ人にはおかしく感じられる。たびたびこういう表現を用いると、「あの人は変ではないか？」と思われて、信用されなくなる。シナ人はもっと断定的にものをいう。

では、なぜ断定を避けるのか？　それは発言者が相手の感情を傷つけないように配慮するからである。つまり社会生活が論理の表現を制約しているのである。

そうじて論理的自覚なるものは、特殊者と普遍者との関係の自覚にはじまるのであるが、日本人は一般にこの関係を十分に意識していなかった。ひとつの概念を個別的な事例から切り離して理解するということに拙劣であった。これは、日本語の判断の表現方法において、ややもすれば主語と述語とを判然と対比させない傾きがあるという思惟方法の特徴に、ちょうど対応するものなのである。

〔日尾荊山(一七八九―一八五九)は『訓点復古』二冊を著わして、徳川時代に一般に行なわれていた訓点法を論駁しているが、その一節に次のようにいう――当時は「ニアル」の約である「ナル」と、「ト云フ」とが混同されている。たとえば、「顔回者」とあるのは「顔回というもの」の義であるのに、それを誤って「顔回なるもの」と和訓している。そうすると「顔回にあるもの」という義になって、意義表示に誤りを生ずることとなる、と。それにもかかわらず、このような区別は日本人一般に認められず、このような混同が今日にまでつづいて行なわれている。かれの所論が正しいかどうかは、専門学者にゆだねるべき問題であるが、ともかく普遍者を普遍的概念として表示する方法が、日本語においては十分に確立していなかったということだけはいいうるであろう。〕

だから日本人は、判断の述語として普遍的概念を提示して、それをもって簡単に要約して表現するということを好まない。いちいち個別的な事例を提示しなければ気がすまないのである。日本の生んだ最高の哲人の一人といわれる道元は、次のように立言している。

『行仏それ報仏にあらず、化仏にあらず、自性身仏にあらず、他性身仏にあらず、始覚本覚にあらず、性覚無覚にあらず。如是等仏、たえて行仏に斉肩することうべからず。』

（『正法眼蔵』行仏威儀）

インド人は「三界唯一心」と、普遍的命題をもってただ簡単にいいきっているのに、道元はこのことをいちいちの事例に即して説明している。『唯心は一二にあらず、三界にあらず、出三界にあらず、無有錯謬なり、有慮知念覚なり、無慮知念覚なり、墻壁瓦礫なり、山河大地なり。心これ皮肉骨髄なり、心これ拈華《ねんげ》破顔なり、有心あり、無心あり、有身の心あり、無身の心あり、身先の心あり、身後の心あり、身を生ずるに胎卵湿化の種品あり、心を生ずるに胎卵湿化の種品あり。青黄赤白これ心なり、長短方円これ心なり、生死去来これ心なり、年月日時これ心なり、夢幻空華これ心なり、水沫泡焔これ心なり、春華秋月これ心なり、造次顛沛（＝わずかの間）これ心なり。』（同、三界唯心）

道元は達摩大師に対しては熱烈な思慕をささげているが、達摩の思想の根幹をなしている二入・四行のような体系的説明については、少しも関説していない。

日本の儒学者の場合にも、これと同様の思惟方法が認められるようである。荻生徂徠は、宋学におけるような抽象的思弁を好まなかった。かれは普遍的な理よりも個別的な事物を重んじた。『先王の教は物を以てし、理を以てせず。教ふるに物を以てする者は、必ず事とすること有り。教ふるに理を以てする者は、言語をもて詳にす。物は衆理の聚る所なり。而して必ず従事するもの、之を久しうして乃ち心実に之を知る。何ぞ言を仮らんや。』(『弁道』)

だから、かれにあっては、学問とは個別的な事例をできるだけ多く知ることなのである。『学問は只広く何をもかをも取入れ置て、己が知見を広むる事にて御座候。』(『答問書』上)ところでかれは自然認識の学問を全然問題としていなかったから、個別的事例を編集する学問は、その学問の倫理的性格と相いまって、歴史にいたって究まるのである。『見聞広く事実に行わたり候を学問と申〔す〕事に候故、学問は歴史に極まり候事に候。』(同)

そうして仏教を排斥した国学者といえども、思惟方法に関してはまた同様であった。たとえば、平田篤胤も抽象的・普遍的な理の観念を排して、「実事」すなわち具体的・個別的事例だけを知ればよいという。

『一体真の道と申候物は、実事の上に、備はり有るものにて候を、世の学者等は、とかく教訓の書ならでは、道は得られぬ事やうに心得居候へども、甚〔だ〕の誤〔り〕に候。其故は、実事が有れば教〔へ〕はいらず、道の実事が無き故に、教へは起り候なり。さればば教訓と申候物は、実事よりは甚《はなはだひく》卑きものに御座候。老子の書にも、「大道廃れて仁義あり」と申候は、此をよく見ぬき候語に候。』（『入学問答』）

以上代表的な数人の思想家について検討しただけではあるが、日本人の思惟の歴史的展開のあとが示すように、一般日本人のあいだでは抽象的普遍に関する思惟能力が十分に発達しなかった。諸事象を普遍的規範のもとにまとめることが拙劣であった。

ここで次のような疑問が発せられるかもしれない——日本人は一般に特殊者を偏好するのに、日本における最近代の学問の世界では、実用的見地からの探求よりも、理論的学問を好む傾向が認められるのはなぜか？　日本の知識人のあいだではドイツの抽象的な哲学を好む傾向が顕著である。このように変化したのはなぜか？——と。しかしそれは真の変化ではない。知識人のあいだにおけるそのような傾向は、理論的思索を好むより、むしろ難解な問題と取り組みたいという意欲にもとづいたものであろう。かれらのいわゆる理論的な学問の愛好は、かならずしも論理上の演繹および帰納の過程にもとづいているものではない。

もちろん以上とは反対のような自己反省が実際には行なわれていることがある。現代においても、よく「日本人は紙上計画のみで抽象論を述べるので困る」というような批評が、日本人自身のなかからあらわれている。しかしこのような批評は、じつは抽象性と空想性（非現実性）とを混同しているのであって、このような批評の行なわれること自体が、日本人のあいだに抽象的思惟というものについて反省のないことを示しているのである。

〔付言　仏教の受容形態に即して日本人の思惟の非論理的傾向をもっと指摘したかったのであるが、実例を十分にあつめることができなかった。その理由は、日本仏教の直接の源泉であるシナ仏教がすでに非論理的な傾向があったので、日本人はそれをそのまま受容したのであり、したがって日本人がシナ仏教を受容する際にことさらに非論理的なものに改めた痕跡が見いだしがたいからであろうと思われる。ただし同じくひとくちに「非論理的」といっても、なおそこに若干の相違があると考えられる。日本人が漢文の仏典に返点・送り仮名を付して読もうとしたことは、漢文自体の曖昧性に対して、いくらかでも論理的正確性を期したといいうるであろう。〕

二　論理的斉合性ある思惟能力の欠如

日本人の非論理的性格は、おのずから、論理的斉合性ある首尾一貫した思惟作用がはたらかぬようにさせている傾向がある。

すでに古代において柿本人麻呂は『葦原の水穂の国は神ながら言挙《ことあ》げせぬ国』であると詠じている。そこにおいては、普遍的な理法を、個別的な事例をまとめるものとして構成するという思惟がはたらかない。古代日本の精神を明らかにしたと称する本居宣長によれば、『古の大御世には、道といふ言挙《コトアゲ》もさらになかりき。故《カレ》古語に、あしはらの水穂の国は、神ながら言挙せぬ国といへり。……言挙せずとは、あだし国のごと、こちたく言ひたつることなきを云なり』という（『直毘霊』）。

『古の大御世には「道」といふ言挙げも更に無かりき。そはただ物に往く路こそありけれ、物の理《ことわ》り有るべきすべ、万の教へごとをしも何の道、くれの道といふは異国のさだなり。皇国の古は、さるこちたき教へも何も無かりしかど、下が下まで乱るることなく、天の下は、穏かに治まりて、天つ日嗣いや遠永に伝はり来ませり。』（同上）

それでは、大陸の哲学説が移入されたのちにはどうであったか。大陸の哲学説をはじめて知った当時の学者は、まずシナの文字の習得と駆使とに追われているのみであって、思想的な理解というところにまではなかなか達しなかったらしい。たとえば、平安朝の初期に編纂された『経国集』に、奈良朝前後の学生に対する試験問題とその答案との幾篇かが載せてあるが、そこには、忠と孝といずれを先にすべきか、周孔の教と釈老の術との同異真詭いかんとか、または天地の有始無終を説く儒家の説と世界の成住壊空をいう仏教の教との優劣を論ぜよ、というような問題が提出されている。しかしその答案は、いたずらに華麗な文辞をつらねているのみで、論旨はきわめて浅薄で曖昧であり、あるいは茫漠としていてほとんど理路がたっていず、なかには、同異真詭をいうことができぬ、というようなことを述べているものさえもある。美辞麗句をつらねる知識と技能とが養われていながら、思索の力はおそろしく貧弱であるのに驚かされるといわれている。

哲学的な仏教が移入されても一般日本人の思惟方法を変化させることは、容易に達成されなかった。なるほど芸術的領域における相い並んで、仏教哲学の理解消化にもおおいに努力が払われた。しかしこのような努力を行なったのは、専門の学問僧だけであって、一般の日本人は、哲学的論議には興味をもたなかった。日本にもっともはやく移入された宗派はインドの中観派を受けている三論宗であったが、しかしこの宗派の理論的思索は、日本人の好みに合わず、ついに日本では発達しなかった。日本人はもっと実際的な仏教を選んだのである。他方、学問僧の業績はほとんどすべて漢文で記され、一般人とはなんら交渉もなかった。鎌倉時代に興起した諸宗派の祖師は和語による著述を行なっているが、しかし教義の根幹を確立したような著作は、みな漢文で述べられている。民衆に仏教思想をひろめる必要を痛感した仏教家たちは、とくに和語をもって著述したが、このような実例はきわめて少数かつ小規模であった。

日本の仏教は、鎌倉仏教にいたって大成したといわれているが、鎌倉仏教は決して体系的な哲学的思索をめざしていたのではない。法然・親鸞や日蓮の努力が主として経典の教説に対する自説の正統性・適法性を論証することに傾注されていたことは、すでに述べたとおりである。一遍上人智真にいたっては、この世にはただ「南無阿弥陀仏」の六字の名号だけをとどめるのだといって、臨終にもろもろの書籍をすべて焼き捨てさせてしまった。

もっとも、道元は一生涯にわたって哲学的論著を述作しつづけていたので、道元のうちに日本哲学の先蹤を認めようとする努力が、最近の哲学者によってなされている。道元が高潔な宗教家であるとともに、すぐれた思索者であったということは、疑いもない事実であるが、かれはかならずしも前後首尾一貫した体系的思索を展開した人ではなかった。かれは珠玉のような深い哲学思想を懐いていたにもかかわらず、その体得した真理、すなわち「道得」を純論理的な体系にまとめようとはしなかった。

たとえば「嶺南人無仏性」という句について道元はいう、『嶺南人は仏性なしといふにあらず、嶺南人は仏性ありといふにあらず、嶺南人無仏性となり』（『正法眼蔵』仏性）と。仏性あり、というも、仏性なし、というも、ともに抽象知・分別知の立場にたっている。いずれも仏性をそこなうものである。有無を超越したところに、悉有（ゆきわたる有）あるいは無としての絶対の境地が開けると考えていたのであろう。しかし道元は、このような道理を、抽象的な普遍的命題をもって論議することを好まなかった。ただ上述のように「嶺南人無仏性」というひとつのまとまった表現で満足しているのである。

また道元は、生死の問題に関して次のようにいう。

『生死のなかに仏あれば生死なし。またいはく、生死のなかに仏なければ生死にまどは

ず。』(同、生死)

ここには、表現的には相い反する二つの命題が述べられている。形式的には全然矛盾している。それにもかかわらずいいわんとする趣意はまったく同一なのである。固定的な論理的斉合性をめざさないということを、夢窓国師疎石はきわめてはっきりと表明している。

『明眼の宗師は、胸の中にかねてよりたくはへたる法門なし。只是《ただこれ》、機に当《あたり》て提持し、口に信《まか》せて道著す。すべて定まれる窠窟なし。もし人禅を問ふ時、或は孔孟・老荘の言を以て答ふる事もあり、或は教家所談の法門を以て答ふる時もあり、或は世俗の諺《ことわざ》を以て答ふる事もあり、或は目前の境界を示す時もあり、或は棒を行じ、喝を下し、指を挙げ、拳をさざぐ。皆是《これ》宗師の手段なり。これを禅門の活弄となづく。』(『夢中問答集』)

仏教にはもともと方便思想があるが、手段として用いられる諸方便のあいだには、価値の上下、順序次第がいちおう考えられていた。ところがここでは、それらのあいだの論理的関係は考慮されていない。右の立言はシナ以来の禅の指導法をよく示しているものであるが、禅はこのような自覚をともなって日本に受容されたのであった。

徳川時代になって朱子学や陽明学がさかんに研究されたけれども、日本人がそれをどこまで理解していたかは、問題である。日本の儒者が形而上学的な思索を好まなかった若干の例を示そう。

朱子学においては、理を形而上の道とし、気を形而下の器と説いている。西洋の朱子学研究者は、理を形相（Form）、気を質料（Materie）と訳すことがある。おおざっぱにいうと、宋学における形而上の世界は理念に相当し、形而下の世界は現象界に相当する。だからこそ明治以後に日本人はMetaphysikを「形而上学」と訳したのである。ところが日本人としての実践生活に即して儒教を理解しようとした貝原益軒にとっては、形而上と形而下との区別がわからなかった。かれは両者をともに感覚的・具象的な領域に属するものとして理解しようとする。かれはいう。『愚おもへらく、形とは体質あるの謂、上とは天に在るの謂、下とは地に在るの謂。』しからば、天とか地とかいうのはなんのことか、というと、『天に在りて象を成すものとは只日月星辰を指して言ふか』（『大疑録』下）といい、『いはゆる形而下とは、地に在つて形を成す者を指し、山河大地人物の如き、凡そ形ある者は皆な是れ器なり』という。感覚的自然界を超えてそれを成立せしめる基礎となっている領域というものを、認めようとしない。このような思惟方法によるならば、イデア界とか叡智界（die intelligible Welt）とかいうものが理解されないのは、あたりまえである。かれは、宋学が華厳哲学の法界観の影響を受けているということをさかんに非難しているが、かれがおそらく華厳教学の哲学的意義を理解することができなかったのも、ここに由来するのである。

また荻生徂徠は天命を重んじた人であるが、かれは天の観念を抽象的に理解することができなかった。かれはそれを、自然界における可視的な天から切り離して表象することができなかった。かれはいう。『天とは解するを待たず、人のみな知る所なり。これを望むに、蒼蒼然、冥冥乎として、得てこれを測るべからず。日月星辰繫り、風雨寒暑行はる。万物の命を受くる所にして、百神の宗たる者なり。至尊にして比ぶるもの無く、能くこれを踰えて上る者なし。』(『弁名』下、天命帝鬼神一七則の項)

日本人が理論的にキリシタン(切支丹)の教説を排斥するにあたっても、多くは特定の哲学の立場にたって論難したのではなかった。たとえばハビヤンは、キリシタン信仰を捨てたのちに日蓮宗の僧となったが、かれのキリシタン論難のうちには、少しも日蓮宗の教義あるいは哲学が用いられていない。キリシタン教義の弱点をついて、ただ排斥しさえすればよいと考えていたのである。だから、そこには論理的一貫性が欠如している。キリシタンの奇蹟など自分は見たことがないという口の下から、日蓮上人竜ノ口の御難は真の奇瑞であるといって口をきわめて称讃している。林羅山とキリシタンのイルマンとの論争も、しまいには「青二才」「ばか」の交換に終わってしまった。

理論的・体系的な考察が行なわれなかったということは、国学者の場合でも同様である。本居宣長は学問の方法について、なんら具体的な自覚をもっていなかった。『詮《せん》ずるところ、学問は、たゞ年月長く倦《うま》ずおこたらずして、はげみつとむるぞ肝要にて、学びやうは、いかやうにてもよかるべく、さのみかゝはるまじきことなり。』（『うひやまぶみ』）かれはただ「学問に精励せよ」ということのみをすすめているのであって、学問そのものについての構成的思惟は展開されていない。

三　論理学の未発達

仏教の論理学すなわち因明《いんみょう》は、きわめてはやく日本に移入された。孝徳天皇の白雉四年に、道昭はシナに留学し、親しく玄奘について慈恩大師らとともに、当時の最新思想である唯識説を学び、因明を修めて、斉明天皇の七年（六六一）に帰朝して、わが国に伝えた。かれは元興《がんごう》寺《じ》において斯学をひろめたので、これを南寺の伝または飛鳥の伝と称する。因明がシナにきてからわが国に伝わるまでに、わずかに十六年しか経っていない。のちにまた元正天皇の霊亀二年（七一六）に玄昉《げんぼう》がシナにいたり、法相宗《ほっそうしゅう》の第三祖智周について因明学を究め、帰朝してのち、興福寺でこれをひろめた。これを北寺の伝または笠山の伝という。そののちには法相宗において唯識説、ならびに『倶舎論《くしゃろん》』研究の補助学科として研鑽された。日本で著わされた因明の書は相当に多く、徳川時代の中期に鳳潭の著わした『因明瑞源記』の巻末に列記してある因明の書だけでも、合計八十四部存する。

わが国の古代文化が奈良を中心として保存されているということは、なんぴとも熟知していることであるが、人々の注意は主として建築・彫刻・美術というような視覚に訴える方面か、あるいはせいぜい儀礼・舞楽・音楽のような聴覚に訴える面をも含むものにむけられている。「文化財の保護」というときにはたいていこの方面にかぎられているようである。文化政策のこういう方針自体が、日本人の情緒的直観的、かつ非論理的な傾向を反映しているといえよう。しかし奈良には直観的感覚的に評価されるものばかりではなくて、われらの祖先の強靱な思索のあとが伝えられている。その適例のひとつが「因明」すなわち仏教の論理学である。

論理学はギリシアに発したものが西洋で発展したが、これに対して東洋ではインドに発した仏教の論理学がシナを経て奈良に伝えられ、その伝統は今日にまで生きている。アジア大陸では因明の伝統はほとんど消滅してしまったらしい。チベットでは因明の研究は近年まで行なわれてきたが、いまはどうなったであろうか。かつてインドで会ったヴェトナムの高僧が、日本からこの書を贈ってもらいたいといって『因明瑞源記』と漢字で書かれたのに、わたくしは驚いたことがある。こういう事実を思うと、奈良に伝えられた因明の学問は、世界の至宝であるといっても過言ではない。

日本人は抽象的思索に弱い、とか、「ことあげせぬ国」であるとかいわれている。しかしやっと『古事記』が編集され万葉の歌が詠まれていた時代に、奈良の因明学者たちは「知覚」（現量）だとか「推理」（比量）だとかいう難解な問題に真剣に取り組んでいたのである。カント哲学で本式に取り上げられるにいたった二律背反（Antinomie）の問題が、すでに奈良の因明学者たちによって「相違決定」という名のもとに論じられていたというなら、人は本気にしないかもしれないが、これは本当である。誤謬論の検討は、日本の因明学者たちが心血を注いだものであった。

　こういう貴重な文化がいまの日本人に忘れられていたのである。それも理由のないことではない。シナ・日本の因明の書には文字の訓詁註釈がやたらに多く、ときには論理学の規則の適用を誤っている場合も少なくないので、近年の研究者はサンスクリットやチベットの原典に取り組むようになり、日本の因明学は軽視されてしまったのである。しかし日本の因明が、シナの因明よりも一歩先んじて改革のあとを示していることもあるので、玉と石とを峻別する必要があるであろう。

　日本に伝えられた因明の特質を見るに、まず第一に、因明は法会のさいの問答の表現技術として用いられたようである。それは学問としてではなくてひとつの表現技術として応用される傾きがあった。最初は興福寺の維摩会《ゆいまえ》などに、一宗の教義要目を掲げ、精義者・竪義者・問者などを定めて、因明の形式にしたがって討論した。のちには慈恩会などにも行なわれるようになって儀式化・形式化された。ついで延暦寺・園城寺の法華会には法華の要目が討論されたが、因明の論法を知らなければ、維摩会・法華会などの席に列することを許されなかった。因明は当時僧侶の普通学とされていたのである。さらに室町時代には金剛峯寺、江戸時代には智積院・長谷寺などでは、大伝法会などに大疏・釈論の論題が論議され、ついには浄土宗・禅宗などでも行なわれるにいたった。これを論議といい、特別の形式のもとに禅宗では問答と称する。それはすこぶる形式的なものに堕してしまった。

天台宗では年分度者すなわち官費生の僧侶に対する選抜試験がこの論議の様式によって行なわれた。延暦の官符によると、五問十題を設けて、みな口頭で答えさせたことが知られる。この場合には、いうまでもなく因明の様式すなわち論議の形式によったのではあるが、問いも答えもともに暗唱で、しかも一種の優美な節奏をともなっていた。これは儀式化の第一歩であり、後世の謡曲の論議の節をも導き出したといわれている。ついで仏教外の楽府の論議、源氏物語の論議などが諸所に起こり、また歌の問答論議をなす歌論議すなわち歌合せも成立したのである。げんに高野山などで行なわれている論議の儀式を見ると、仏前を中心として竪者（答弁者）、問者、探題（判決者）、注記（筆記者）、行事（事務官）などが行儀よく坐し、梵唄読経なども加わり、もっとも敬虔な態度を持して行なう作法である。ゆえに、日本においてはまったく儀式化・法会化してしまっているのである。そうしてこのような儀式の形式がそのまま歌論議（歌合せ）の形式となったのである。ゆえに因明を具体的に適用する討論会が、日本ではまったく儀式化・形式化して、ひいては全然芸術化して独特の芸術を成立させた。これは、日本の国民性が非論理的であるとともに芸術的であることを物語るものではなかろうか。

こういうわけで日本人のあいだでは、具体的な人間関係から切り離されたものとしての推理に関する自覚があらわれなかった。インド論理学がシナを通じて受容されたけれども、日本人はそれを推理に関する学問（hetuvidyā, tarka）としては受けとらないで、どこまでも論争表現の技術として受けとった。たとえば『〔主張〕声是無常、〔理由〕所作性故、〔実例〕若所作見彼無常、譬如瓶等、若是其常見非所作、如虚空』という論式においては、主張命題を「声《こえ》（ことば）ハ是レ無常ナルベシ」と読むのが、日本の因明における伝統的な読みかたである。しかしサンスクリット語の原文および漢訳文について見ると、最初の主張の文章は、断定的な命題であるから、「声は〔是れ〕無常なり」と読まなければならない。「べし」を付して推量を表示していると解するのは、明らかに原意からはずれている。しかるに日本の古来の因明学者たちは「べし」を付した。それは最初の主張命題が、相手を予想した論争における主張であるということをつねに念頭においているからである。論争の題材とされている命題自体を、論争という人間的事実から切り離すということを、日本人はしなかったのである。

また実例の命題を日本では伝統的に「若シ所作ナルハ彼レ無常ト見ヨ」「若シ常ナルハ所作ニ非ズト見ヨ」と読んでいる。しかし漢訳文における「見」の字には命令の意味は少しも含まれていない。サンスクリット原文によると「見」とは「経験によると」という意味である。したがって上述の実例命題の意味はサンスクリット原文によると「作られたものは経験上すべて無常である。たとえば瓶等の如し」、「常住なるものは経験上すべて作られたのではないものである。たとえば虚空の如し」とある。このような事例からも知られるように、日本人は普遍的な命題を人間関係から切り離して抽象的に考えることを好まなかったのである。

そうして因明の学者は問答の行なわれる会席のことをつねに考えていたから、因明の応用的方面、とくに誤謬論が重視せられ、『三十三過本作法』のような書も著わされた。これは主張における三十三の誤謬を論じているのであるが、これらは論議の際に顧みられるべきものとして、学問僧のあいだで注視せられた。そうして表現技術が重んぜられた。『因明にては、辞を巧みに廻せば理は非にても勝になり、辞の廻し様が拙ければ理は是にても負になるなり。故に因明にては利口な者は勝ち、鈍なもの〔は〕負けになりて、真実の道理は顕し難し。』(『因明犬三支』)

あらゆる抽象的論議をも芸術化してしまう日本人は、やがて因明を芸術の範囲にとりいれてしまった。インドの認識論では「誤った知覚」(似現量)は大きな問題のひとつとなっている。

たとえば真珠貝を見て「銀」と思い、縄のころがっているのを見て「蛇だ！」と驚くのがそれである。日本ではこれが歌の世界にとりいれられた。

『因明論の「似現量」の心を　覚実

むら雲の絶え間のかげは急げどもふくるはおそき秋の夜の月』　（『風雅集』巻一八）

インドでも西洋でも、「誤った知覚」などという観念は、とうてい詩歌の題とはなりえない。ところが日本人は論理学の観念を歌の世界にまでとりいれた。

第二に、因明の学問は、シナから移入された当初から、法相宗の祖師である慈恩《じおん》大師基の解釈を、最高絶対の権威とあおいで、護教精神をもって研究された。因明を伝えた玄昉の高弟である秋篠《あきしの》寺の善珠《ぜんしゅ》は、因明に関する多数の註釈書を利用して『因明論疏明灯抄《いんみょうろんしょうみょうとうしょう》』一二巻を著わした。この書は、単に形のうえにおいて慈恩大師の『入正理論疏』を註解しているばかりでなく、問題の取り扱いかたについてみても、慈恩の見解を擁護して他の学者の説を排斥している。その点においてじつに護教精神の豊かな著作である。そののちにも、因明の学問は、日本では主として法相宗の因明の学に関連してそれと合わせて伝統的に習学された。けだし、唯識哲学関係の典籍を読解するためには、どうしても因明の素養が不可欠であるからである。唯識説の研究と因明の研究とは、密接不可離の関係にあった。そのほか南都の諸宗、すなわち華厳宗や三論宗などはやはり因明を兼修した。これらの諸宗にとっては、自宗の教学を理解するために因明が不可欠だとはいえないけれども、法相宗の熱心な因明研究に影響されたのである。

しかしこのような因明研究の風潮は、一般仏教界にはひろまらなかった。伝教大師は因明をことさらに軽視した。これは、直接にはかれの新しい宗教運動に対する最大の強敵であった法相宗に対する敵対意識にもとづくものである。かれは、かれが低級仏教なりと評価したところの法相宗の教学（三乗思想）を説くために因明は価値あるものであるけれども、高級仏教である天台教学（一乗思想）を説くためには価値のないものであると宣言した。それ以来比叡山の仏教徒のあいだでは、ついに因明学がうとんぜられるようになってしまった。もちろんその例外もある。たとえば慧心僧都源信は、一面では伝教大師と同じ評価を試みながらも、因明学においても造詣が深く、因明学を理解するのにもっとも困難な四相違の一段を細かに解釈した著作を発表している。これは日本の因明学史上に特筆すべき事件である。しかしそれは天台宗としては例外的現象であった。仏教界一般においてひろく研究されなかったのは、因明なるものが法相宗の護教学としての意義をになっていたために、他の諸宗派は、同じく護教的宗派心のゆえに、これを無視してしまったためである。

第三には因明学の秘伝的傾向をあげねばならない。これは、平安末期から鎌倉時代中期にわたる因明隆盛期についてとくに認められる現象である。この時代に因明は南都（奈良）では興福寺（法相宗）の学匠を中心として起こり、かたわら東大寺・法隆寺などにおよんだ。いわゆる南寺である元興寺はすでに衰微し、北寺の系統のみが栄えたのは、藤原氏が繁栄したために、その菩提寺である興福寺が政治的・経済的に順調であったためである。しかしこの時代の唯識研究と同様に、因明の研究も鎌倉時代の中期以後はようやく沈頽の状を呈し、貞慶の後にはわずかに三、四代を数えるのみである。

なるほど日本の因明学者が因明を国境をも越えた普遍的な学問としようとつとめた事例もある。慧心僧都は、自著『因明論疏四相違略註釈』を宋国の商人に託して、シナの慈恩寺の弘道大師の門人に贈り、『詳かに是非を定め、以て愚蒙を抜かしめんと欲し』（『慧心僧都全集』第五巻）た。しかし、これは当時としては例外的現象である。日本においては、因明は、秘伝の学として師匠からただ一人の弟子にのみ伝えられ、他の人々に伝えることを拒まれていた。たとえば、鎌倉時代の貞慶が、弟子の良算に自著『明本抄《みょうほんしょう》』を伝える場合の譲状のなかには、『……書きしは只の一部なり。両人の事、捨て難し。仍つて上帙巻七を東北院僧都に奉り、下帙巻六を光明院律師に奉る。両人互いに議して残巻を書写せしむべし。各々御現存の間は、すべて、増して二本と成すことなかれ。将来にこれを附属する人は、偏へに法器にして心性は自門のうちのごとくなるを簡ぶべし。……』と。

これに対する良算の誓紙のうちに曰く、『……右の因明明本抄は、一期の間、この一本の外に□本を成すべからず。況んや多本をや。たとひ貴人の申すといへども、たとひ世間の門、大切の人の申すといへども、永〔久〕に、多本を成すべからず。所詮は、他人をして書写せしむべからず。また一期の後には、門弟のうちにて法器の体を選んで相伝すべし。たとひまた法器といへども世間の門・不法不当の仁《ひと》には相伝すべからず』。もしもこのような誓いに背いたならば、『春日大明神七堂三宝の神罰冥罰を良算の身の八万四千の毛孔に蒙るべし』という。『明本抄』は、古来興福寺においては春日社神秘箱のなかに収められ、相伝のしかたはきわめて厳重であった。その後の譲状（康元元年十二月二十五日）にも『この書は堂中の秘要たるべし、輙《たやす》く外見に及ぶべからず』（原漢文）などという。

また信憲の『法自相要文抄』の奥書には、『門跡相承の輩、もつともこの事を秘すべきものなるか』ということばをもって終わっている。良遍の著に『因明相承秘密鈔』というものがある。したがって因明は秘密裏に伝承せられた。因明の写本類には、それを相伝した人々の個人名が順次に標紙などに記されていることがある。そうして写本の標紙には『極秘』と記されていることがある。だから因明は日本においては秘伝の問答技術として受容され、一般にひろめようとはされなかった。普遍的な学問とはならなかったのである。〔この時代における学問の秘伝的傾向は、中古天台におけるそれに対応したものであるのかもしれない。〕

そうしてインド論理学の理解が仏教の学僧のあいだでのみ行なわれ、それが日本人一般のものにならなかったという社会的事実に、われわれは注目しなければならない。インド論理学の適用は、もっぱら仏典の哲学的文章に関してのみなされた。かれら学僧も、それ以外の問題に関しては論理学を応用していない。一般の日本人はもちろん、多くの仏教僧侶も、因明に関しては無知識であった。けっきょく、インド論理学は仏典の解釈学の範囲にのみ閉じこめられていたのである。

第四に、日本の因明はシナの因明を受けついで祖述しているのであるから、シナのそれと同様に訓詁註釈的であって、かならずしも論理学的でない。慈恩大師の『因明大疏』が四相違を註解した部分だけを取り出してさらに註解した書が、古来わが国だけでも十九部もあったが、いまだかつて論理学的に解釈したものがない。けだし『因明大疏』自体が論理学的な解釈をくだしていないのであるから、それを最高権威と仰いだ日本の学者たちが、論理学的に説明しえなかったのは当然である。これらの著作は、主として文字の訓詁註釈に堕していて、独自の思索にもとづいて論理学的体系を展開しているものがない。そうして千年以上にわたる長期間に述作された幾百部の因明書は、論理学的発達にはほとんど寄与するところがなかった。

第五に、日本の因明は、シナにおけるそれと同様に、知識批判の問題を扱っていない。この点はインドのダルマキールティの論理学などとはおおいに相違している。日本の因明学者は漢文の訳書のみを手がかりとして研究していたのであるから、シナに紹介されなかった思想は、とうてい日本人には知るべくもなかったのである。この点はチベット人がディグナーガやダルマキールティの知識批判に関する諸書を非常に詳しく研究したのとは著しく相違している。

こういうわけで、日本においても、シナにおけると同様に、インドの仏教論理学は十分に根をおろして発展することができなかった。因明には、幕末の『因明犬三支《いんみょういぬさんし》』がつくられたときにいたるまでは和語で述作された書が、ひとつも残っていない。因明は、その秘伝的性格にもわざわいされて、一般日本人のあいだにはひろまらなかった。そうして日本の因明は、数学や自然科学とはまったく無関係であった。和算にさえも影響の跡を見せていない。日本人のあいだでは、単に論理的思索が不徹底であったばかりではなく、精密論理の意義が正しく理解されていなかった。いわんや日本人が因明とは独立に論理学を発展させるということは、ありえないことであった。近世になって、たとえば三浦梅園に、論理学的な思想があらわれたといわれているが、それはヘーゲルの弁証法と類似した思惟方法が認められるというだけにとどまっていて、形式論理学的な思弁は行なわれていない。かれは因明の伝統とは無関係であった。

日本人が論理学に適しないということは、ほとんど宿命的なようである。明治以後になって西洋の形式論理学が受容され、それは高等普通教育における必須課目とされている。しかしながら、日本人のあいだにおける論理学的研究は、他の文化領域における発展に比して、さほど進展していないようである。明治以後あらわれた哲学書の数量が厖大であるにもかかわらず、多くはむしろエッセイ風のものであり、かならずしも論理的ではない。論理学のすぐれた書もきわめて少ない。論理的に体系をそなえた哲学思想はいまだ多くはあらわれていない。こういう事実も、因明の発展しなかったことに対応しているように思われる。

インドから伝わった特殊な抽象的観念は、原義のままでは一般日本人のあいだに通用しつづけることができなかった。たとえば、古代インド人は、「二つのうちの一つ」をanyatara、「多くのうちのいずれか一つ」をanyatamaという語を用いて表示したが、シナ人は両者をともに「随一」と訳した。古代日本の知識人はこの語を原書のとおりに用いたが、徳川時代以後一般民衆は「第一」の意味に転化して用いている。そうして一語でこの意味を表現するような純粋な日本語は存在しない。

こういうわけで因明の伝統は日本で千三百年の歴史をもちながら、日本に論理学体系を成立せしめなかったし、今日の思想界に意義あるものとはならなかった。しかしわれわれは、日本人の論理的思惟能力というものについて、全然絶望する必要もないであろう。民族の思惟方法はひとつの傾向的なものであって、変化することも可能である。従前においては、日本語は哲学的思索には適さなかったことは事実であるけれども、将来はこの点について改善されるかもしれない。

ドイツでもまだライプニッツはラテン語やフランス語では美しい文章を書いたが、ドイツ語では貧弱であった。ドイツ語が哲学的にも重要となったのは、ヴォルフ、カントなどの諸学者が出て独自の努力を重ねてから後のことであった。中高ドイツ語の詩人エッシェンバッハ(Wolfram von Eschenbach)などでは抽象的表現は貧弱であったが、クロプシトックからレッシング、ゲーテと発達してくるとしだいに完成していった。換言すればドイツ語は最初から哲学的思索に適した言語ではなかった。しかし十三世紀のエックハルトなどからはじまっていくたの思索家がしだいに完成していったのである。Begriff とか Vernunft とかいう術語も、ドイツ観念論の体系がなければ哲学的意義を獲得することもできなかったであろう。同様に日本語も、論理的表現に関して進歩しつつある。日本語による表現のしかたが、近年しだいに厳密に正確となりつつあるのは、その証拠であろう。日本語の表現法はしだいに西洋のそれに順応しつつある——それがつねに進歩であるかどうかはなお問題であるが。

過去の因明が十分に発達しなかったのは、少なくとも部分的には、その母胎であるシナ因明学が論理的でなかったためである。それにもかかわらず、それを超えて発展の跡を示している点もある。たとえば微細なことであるが、シナの因明では主張命題(宗)の述語(大概念)も理由命題(因)の述語(中概念)もともに「宗法」という語で表示している。シナ人はこの両者を術語としては区別しなかった。たとい発音のうえで区別していたとしても、音韻変遷の著しいシナ語を用いる国では、発音上の区別が長く保存されるはずはなかった。ところが日本の学者は、両者を発音のうえで区別して、主張命題の述語をシューホーと清《す》んで読み、これに対して理由命題の述語をシューボーと濁って読んでいる。

そうして明治維新以前においても、因明の形式論理学をよくこころえて仏教思想研究に実際に応用した学者もある。たとえば新義真言宗の豊山派の学者林常（戒道、一七五一―一八一〇）や戒定（―一八〇五）がそれである。また幕末になるとようやく邦文で、因明の書を著わす学者もあらわれた。慧澄（一七八〇―一八六二）の『因明犬三支』一巻がそれである。また因明の学問を近代的なものに改めるために雲英《きら》晃耀《こうよう》（一八三一―一九一〇）は非常な努力をした。かれは（一）西洋論理学との対比を行ない、（二）実学的精神をもって因明が現実の問題に適用されねばならぬと主張し、（三）因明が会議や裁判において生かされることによって近代社会の確立に貢献すべきことを主張した。

また過去の一般日本人が、たとい転化した意義にもせよ、因明の術語を好んで用いていた例がある。たとえば「立派」は因明の「立破」（リュウハすなわち主張と反対論）のあて字であり、「無体」（＝無理）も因明の語に由来すると考えていた人々があった。その推定あるいは主張が正しいかどうかは問題であるが、しかしそのように考えた人々がいたということは、疑うことのできぬ事実である。こういう事情を考慮するならば、もしも日本人が正しく真剣に努力するならば、論理学を普及し論理学を発達させることも、決して不可能ではないであろう。そこにはいくたの困難な問題がよこたわっているにもかかわらず、将来における論理学的発展ということは、十分に期待しうることである。

四　直観的・情緒的傾向

すでに述べたように日本語は、論理的に正確を期する表現には不適当であるが、直覚の表現、個性の感情的表現には非常に適している。『日本語においてはむしろ感情や意志の表現が表に立ち、直接なる実践行動の立場における存在の了解の表現としての趣をきわめてよく保存しているのである。日本文芸に著しい一つの表現様式として、言葉の知的内容からは何の連絡もない言葉をただ音の同一・類似によって連絡させつつ、しかもその感情的情緒的な内容のつながりによって一つの具体的な感情の表現をなし遂げるというやり方が高度に発達したのも、日本語の右のごとき特性にもとづくものであろう。そうしてこの特性はやがて日本民族の精神的特性にほかならぬのである。』(『続日本精神史研究』)

直観的・情緒的傾向という特性は、すべてが地球的規模においてなされるようになった現代においてもなお認められる。取引にあたっても、勘にたよっていたための失敗は、今日なお耳にするところである。

日本の独立回復後、在留外国人の犯罪事件を扱ってきた日本人の一弁護士の言によると、アメリカ人など外国人の犯罪者の場合には自白するということがない。なんだかんだと理窟をつけて言い逃れようとする。ところが日本人の犯罪者の場合には、なにかの拍子にホロリとして自白することがあるという。この相違は、日本人の情緒的傾向とも関係があるのではなかろうか。

こういう特性はすでに日本人自身のうちで古くから自覚されていた。山上憶良は日本のことを『言霊の幸はふ国』と称している。日本ではほとんど万人が詩人であり、歌や俳句などを創り、また了解することができる。〔ヨーロッパでは、詩を創るということは特別の詩人のすることであり、一般人が創るということはない。〕

ところで詩的に表現するということの意味が、日本人と他の民族とではおおいに異なっている。西洋の諸言語の例をまつまでもなく、同じ東洋のうちのインドの詩歌と比較するならば、顕著な相違が存する。インドの詩は、その言語の特殊な性格にも由来するのであろうが、主語と述語とをはっきり具えていて、また主文と副文との関係が明らかである。ゆえにそこに用いられている言語素材に関しては散文の文章とほとんど相違がなく、ただ韻律や詩的な用語によって詩的情緒をただよわせるだけである。ところが日本人の歌は主語と述語とが明瞭でないことがあり、また主文と副文との関係もはっきりしないことがある。論理的な構成の明示されている歌もあるが、それは日本人の審美感にとってはむしろ芸術的価値にとぼしいのである。まして俳句にいたっては語の省略は極端にまで行なわれ、そのために逆に一語一語のもたらす情緒的気分は非常に重要な意義をもっている。

少しく反省すればすぐ気づくことであるが、同一の判断内容の表現方法が種々多数あり、それらのあいだには微妙な情緒的差異が存在する。またわれわれは、日本語においては敬語の用法が非常に複雑豊富に発達しているということを指摘しておいたが、それはかならずしも封建的な身分関係の反映とのみ解することはできない。むしろ丁寧に優美に表現するために用いられることもある。たとえば味噌汁を「オミオツケ」、足を「オミアシ」というように二つの敬辞を付け加えることもある。また敬称がまったく混和していて、語の一部分となって離れられぬものもある。たとえば「オシロイ」、「オモチャ」。このような現象について芳賀矢一は次のように説明した。『元来敬称ということは必ずしも尊崇には限らぬ。親愛の意もある。優美にいう為にも用いる。已に敬称の語が存在すれば敬称を使わねば下品に聞えるから上流の人・品位を保とうという人は目下の者に向ってもかえって叮寧なことばを遣う。』（芳賀矢一『国民性十論』）

このような思惟方法のゆえに、日本人の思想は理知的・体系的な理論としては発達しないで、むしろ直観的・情緒的な芸術のかたちをとって表現されていることが多い。

日本で成立した邦文の歴史書、すなわち『大鏡』『水鏡』『今鏡』『増鏡』というような書は、文芸的な情趣豊かな書である。この点で、シナの史書が倫理的・政治的見地から史実を解釈批評している歴史書であるのとはおおいに異なっている。日本のこのような史書は現実を芸術的感情をもって叙述している。シナで『資治通鑑』などという場合の「鑑」の字には倫理的・政治的な反省の意味が寓せられているが、日本の「鏡」は事物をいちもく瞭然と映し出す意味であって、倫理的・政治的な意味がそれほど顕著でないようである。〔なお中世スペインの史書にも同じ趣意が認められるという。〕

このような思惟方法の特徴は、まさに仏教受容のしかたにもあらわれている。仏教が宗教・芸術・哲学などを総括したものとして日本に渡来したとき、それを受容する日本人の態度が、とくに顕著に直観的・感情的であったことは明白な事実である。当時の日本人は、ちょうどかれらの心情に適合した側面から仏教を受容した。とくに当時の日本人の心をとらえたものは、仏像の与えた美的印象であった。かれらはなによりも仏像の荘厳なすがたにうたれたのであった。したがって日本人のあいだにおける初期の仏教受容の努力は、主として造形美術の創作に傾注された。つづいて奈良時代およびそれ以後には、人々は仏教の総合的な芸術的印象から法悦を感じたらしい。仏教の法会においては、音楽・舞踊・文芸などあらゆる種類の芸術が総合的に生き生きとはたらいていた。ここで日本人はこの世ながらの浄土にあるような思いにひたっていたのである。

明恵上人高弁によると、ひたすらに美しいもの・清いものを求める心をすき心と呼んでいる。このすき心が物に触れ興に乗じると、すなわち歌となり詩となる。したがって明恵にとっては、歌はまさしく仏法そのものであった。

『昔より人を見るに、心のすきもせず恥なげにふた心なる程の者の、仏法者になりたるこそ、つやくなけれ。この趣、契経《かいきょう》（＝経典）の中にも仏も演《の》べ給へり。論にも見えたり。少しも違はぬことなり。我は相人といふ者の持つなる相書《そう》を見ねども、大概仏祖の御詞《ことば》の末を以て、推して、人をも相するに、十が八九は違はず侍り。心のすきたる人の中に、めでたき仏法者は昔も今も出来るなり。詩頌を作り、歌連歌に携はることは、あながち仏法にてはなけれども、かやうの事にも心すきたる人が、やがて仏法にもすきて、智恵もありやさしき心づかひもけだかきなり。心の俗になりぬる程の者は、稽古の力を積まばさすがなるやうなれども、いかにも利勘《かんが》へがましき有所得《うしょとく》にかゝりて、拙なき風情を帯するなり。をさなくよりやさしくすきて、まことしき心だてしたらん者に、仏法をも教へ立て見るべきなり。』（『栂尾明恵上人遺訓』）

もちろんこのような文芸と宗教との一致の思想に反対した仏教者もあった。その代表者の一人は道元である。

道元によると、仏法は仏法そのものとして修学さるべきであって、文芸などは真実の修行者には用のないものなのである。『学道の人、教家の書籍をよみ、外典《げてん》等を学すべからず。見るべくんば語録等を見るべし。其の余はしばらく是を置《おく》べし。』（『正法眼蔵随聞記』第二巻）したがってかれは、僧院のうちの寄宿寮に仏教のほかの典籍をおくことを禁じた。『寮の中に、俗典および天文地理の書、すべて外道の経論、詩賦和歌等の巻軸を置くべからず。』（『吉祥山永平寺衆寮箴規』）ここには、原始仏教以来の伝統的な修行者の気迫があらわれている。しかし、道元はこのようにいいきっているにもかかわらず、立派な詩人であった。かれの詩には高潔清雅の趣きがあり、かれの歌には自然に対するあたたかな共鳴感がある。

道元が和歌の道に秀でていて詩的情操のあったことを、禅僧・鈴木正三は弁護し、称讃している。

『〔或る人〕問ふ、永平和尚（＝道元）北野に於て八月十五夜に曰く「また見んと思ひし時の秋だにも今宵の月に寝られやはする」、是れ道人に似合はず。月に執心を思ひ残したる歌に非ずや。師（＝鈴木正三）曰く、其義に非ず。道元は歌道に達したまふ故に、其道より遊ばれたり。月や花には感を入れてよむもの也。其方達は、何事にも只莫妄想、放下着とすくひ捨る様にさへ云へば、よいと思はるらん。』（『驢鞍橋』中、六二）

その他の人々についてはいちいちいうまでもないであろう。日本においては、すぐれた宗教家はまた同時に詩人・歌人であった。〔この点はインドの仏教徒の場合と比較すると、はっきりめだっている。インドの仏教哲学者は、ナーガールジュナ（竜樹）でも、ヴァスバンドゥ（世親）でも、ディグナーガ（陳那）でも、抒情詩や自然詩のようなものはひとつも残していない。かれらはただ抽象的な哲理を韻文で表現して、それを楽しんでいたのであった。」

仏教思想の、日本語による表現としては、とくに和歌が重要視さるべきであり、そこには日本人の思惟方法の特徴が明らかにあらわれている。仏教和歌のうちには、仏典の文句をただ三十一字の形式をかりて表わしたというだけにすぎないものもあるが、しかし普通には仏教の抽象的観念あるいは一般的命題を表現しようとする場合には、非常に直観的・具象的な表現を用い、個別的事例に即して普遍者を了解させようとする。

三界唯一心

野べごとの千々の草葉に結べどもいづれも同じ秋のしら露　（『続後撰集』一〇）

中道観の心をよみ侍りける　信生法師

ながむれば心の空に雲消えてむなしき跡にのこる月かげ　（『新勅撰集』一〇）

我実成仏已来久遠星　思順上人

末遠くながれし水にみなかみの尽きせぬ程を知らせつるかな　（『続拾遺和歌集』一〇）

不偸盗戒　前大納言為家

主しらで紅葉は折らじ白波のたつ田の山のおなじ名もうし　（『続拾遺和歌集』一九）

不邪婬戒　　　　　　　　信実朝臣

山の井のあかぬ影見るほかに又あまれる水を汲みはにごさじ　　（『続拾遺和歌集』一九）

即心即仏　　　　　　道　元

おし鳥やかもめともまた見えわかぬ立る波間にうき沈むかな　　（『傘松道詠』）

弘法大師に帰せられている「いろは歌」のごときはその適例である。

色は匂へど散りぬるを　わが世誰ぞ常ならむ　有為の奥山今日越えて　あさき夢見じ酔ひもせず

これは、原始仏教以来伝えられているところの、

「諸行無常　是生滅法　生滅滅已　寂滅為楽」

という偈を、邦語に直したものである。その原文の意味は「もろもろの作られたものは無常であって、生滅を本質とするものである。それらは生じては滅びる。それらの静まることが安楽である」ということである。インド人がこのように抽象的に表現していることを、「いろは歌」では「色」「匂う」「奥山」「越える」「夢」「酔う」などという直観的・具象的な観念を素材として用いて、情緒的な表現にたよって、抽象的理論を背後にひそめているのである。

このように仏教思想を歌に託していい表わすときには、具象的な素材を用いて直観に訴え、情緒的気分をただよわせるようにする。これに反してインド人は、なるほど仏教の教説を韻文

で表現するということはじつにしばしば行なうが、その韻文の内容はほとんどつねに抽象的一般的命題であって、主語と述語とを具え、整然たる構成をもっている。哲学書の内容を韻文で述べたというだけにすぎない。たとえばインドの仏教哲学者ナーガールジュナ（竜樹）は、前掲の中道の理を韻文で次のように表現している。

『縁起なるものを空性であるとわれらは説く。それは〔なにものかに〕依って仮設することである。それは中道である。』（『中論』二四、一八）

内容的にはおよそ詩的情趣のないものである。

日本人は、大陸の哲学の哲学的抽象的概念をも、直観的情緒的なものに改めてしまった。日本人の行動のパターンは〈義理と人情〉によるといわれているが、「人情」とは仏教哲学では人間の心または認識主観・思考のことをいう。これを「にんじょう」と呉音で読み、「じんじょう」とは読まないように、仏教起源の語である。ところが日本人は、人情とは「人のなさけ、いつくしみ」の意味に改めてしまった。

日本人は古来、清浄潔白を好む性質があるといわれている。そうしてそのことを日本人は誇っている。神道においても「清浄」ということは古来重要な徳のひとつとされている。しかしいかなる民族といえども、およそ「清浄潔白」を好まない民族があるであろうか。「清浄」という観念の内容が、日本人と他の民族とにあってはかなり相違しているのである。日本人の意味する清浄とは、頻繁な入浴、毎日の掃除、御禊、大祓、形付《かたしろ》、触穢の嫌悪、ものいみ、身のまわりのこざっぱりしていること、というような現象に表明されている。ここに表明されている清浄は、いずれも直観的であって、感覚と単純感情に訴えるものである。深刻な罪障意識にもとづいて形而上の領域における清浄をめざしているのではない。

この点は、インド人などが、直観的・感覚的な清浄よりも、宗教的・形而上的な清浄をめざしたのとは、本質的に異なっている。原始仏教においては出家修行者は、捨てられた布きれをあつめてきて、それをつづって衣として、身につけるのが理想とされていた。こういうぼろの服を着ていても、そこに精神的な清浄が実現されているのである。このような衣を糞掃衣《ふんぞうえ》と呼ぶ。『捨棄の物にして糞掃と異なることとなし、亦所属なし。この故に糞掃衣と名づく。』（『大宝積経』第一一四巻、糞掃衣比丘品）ところがこのような衣服をつけることは、日本人には堪えられぬことであった。今日、日本の僧徒のあいだでも「糞掃衣」という名称は保存されているが、それは見た眼もすっきりしたものであり、実質的には転化してしまった。道元は身体を清潔にすべしということを強調している。また仏教が過去の日本文化の主流を形成していたといってよいほどの実情であったにもかかわらず、なお寺院や僧侶を穢れている（おそらく死との連想のもとに）と考える思惟傾向がかなり多くの日本人のあいだに根強いのは、日本人が精神的・宗教的な清浄をめざさないで、直観的・感覚的、ないし呪術的な清浄を好んでいるからであろう。これは、日本人のあいだに普遍者に関する自覚がとぼしいという思惟方法の特徴に、ちょうど対応しているものなのである。

概念規定のはっきりした語を用いないで、ほのかなニュアンスをもっている情緒的表現をするという傾向は、いまの日本人にも顕著に残っている。その一例として、好意・恩恵を受けたときに、われわれ日本人は「有り難うございます」という。「有り難い」とは「存在することがまれだ」「めったにない」という原義で、仏典では「すばらしい」という意味にもなる。

日本語で「有り難うございます」というのは、まったく独自の表現である。シナ語では「謝謝」、朝鮮語では「カンサ」(=感謝)、ヴェトナム語では「カムオン」(口感恩)というが、日本語の表現のような含みをもっていない。現代のサンスクリット語やヒンディー語ではdhanyavādāḥ(「貴重であると語る」の意)というが、仏教文献のうちにこの語が出てくるかどうか、わたくしはまだ知らない。わたくしの読んだサンスクリット仏典には出てこない。サンスクリット古典にも出てこない。

フランス語の‘merci’スペイン語の‘gracias’は神の観念を前提としている。〔キリスト教神学によると‘mercy’は神の慈悲に関してのみ用いられるという。〕他方ポルトガル語では‘obligado’といい、イギリスの英語では‘I am much obliged to you’というような表現がある。〔アメリカの英語にはそういう表現はない。アメリカでそういうと、笑われる。〕いずれも〈契約〉の観念を前提としている。ところが漢訳仏典（『般泥洹経《はつないおん》』）では、神の観念を前提とすることなく、契約をも考えることなく、「有り難い」と感じ、また感じさせることが「自然の法」であるという。〔漢訳文では「自然法」という語を用いている。〕日本人の心情および表現に通じるものがある。

本書のなかに指摘した事実は疑えないと思うが、その解釈についてはいろいろと考えられる。日本人のあいだの人間関係は、直観的表現にたよることが多い。これは西洋人がなんでもはっきりと具体的に細かに明示するのと正反対である。日本人は他人に対して「よろしくたのむ」と一言いい、たのまれた人は「承知しました」とただ一言答え、あまりこと細かに触れることを好まない。これは歴史的にも伝統を受けている。藩主は家臣にむかって、ただ一言「よきにはからえ」というだけである。これは逆に明示されなかった部面において、かえって当該関係者が独創的活動を示す余地を残している。明示されなかった部分をいかにみたすかということは、当該関係者の自発性にまかされている。この意味で日本人はあまりしばられることなしに、自由の活動を楽しんでいるといえる。日本人の独創性という視点から考え直さるべきことであろう。

それはまた個人主義の問題にも関係する。日本人は個人主義という語を嫌ったにもかかわらず、この点では個人主義的活動の余地を残したことになる。他方西洋人は個人主義という語を好むにもかかわらず、すべてをこと細かに規定するために個人主義の実現が妨げられている面がある。

五　複雑な表象を構成する能力の欠如

同じ東洋人のうちでも、インド人がとかく普遍を重視したのに対して、日本人がむしろ個物あるいは個性を強調したという思惟方法の差異は、民族の思惟の種々なる領域にあらわれている。

その一例として、いま事物の名称の詩的表現のしかたを考察してみよう。たとえば詩的表現としてサンスクリット語においてはしばしば雲 (megha) を「水を与える者」(jalada, ambuda)、鳥を「空行く者」(vihaṅga)、象を「熟思して行く者」(mataṅga)、蓮を「水より生じたもの」(ambuja) などという。いずれも二つの語から形成された合成語であるが、最後に付加される語は動詞の語根から派生した語であるため、このような合成語全体に抽象的性格を与える。そうして語の具体的・現象的な像は、それの構成要素の表示する概念の内容的意味にしたがって形成される。その語の構成要素の含む抽象的な意味にもとづいて具体的な意義が表象される。

このようにインド人は抽象的表現法を好むのである。ところが日本語では、語源不明の、少なくとも使用者の意識においては語源不明の、したがって抽象的意義を喪失した語をもって、同一観念を表現する。たとえば前掲の例においては、くも、とり、ぞう、はす、などである。日本語においては一般に抽象的普遍をもってする空想性はきわめて貧弱である。そうして具体的・経験的な特殊者を拉し来たって、これから表現しようとする観念の部分的要素である抽象概念と結びつけて、そこに特殊な情緒的気分をかもし出す。枕詞の使用はその適例である。

『かへらじとかねて思へば梓弓　なき数にいる名をぞ留むる』

『たらちねは斯かれとてしも烏瑟《ぬばたま》の　我黒髪を撫でずやありけむ』

文芸作品に多くあらわれる縁語なども、やはりこのような性質のものである。

したがって日本人の空想力は、古来一般に、直観的・具象的な領域にとどまっていて、自然規定の秩序をも超えた横溢せる空想をたぎらすようなことはなかった。津田左右吉の言によれば、『上代の日本人は概して空想の力、具象的な幻像を作る力に乏しかった』（津田左右吉『神代史の研究』）。これはまた近代にいたるまで日本の文芸に一貫する傾向であるといいうるであろう。したがって日本人は、大規模に神話を発達させるということがなかった。この点はシナ人と同様である。『人間性を有する神の観念のでき上がらなかった我々の民族の間には文字通りの意味に於いての神話（Göttersage, deity saga）というものが自然に発達しなかった。』（同）この点は、同じ東洋人であるインド人の場合とちょうど正反対である。そうして日本の文芸作品は、一般に想像力が薄弱であって、その深刻度が稀薄であるといわれている。

さて以上に指摘したような思惟方法の特徴が、まさに仏教の受容形態をも規定している。まず、すでに指摘したように、日本においては明治維新以前には、仏典の邦訳ということが行なわれなかった。それはインドの仏教思想が、その全幅をもって日本人の生活なり思想なりのうちに浸透することがなかったことを意味するものである。

想像力の薄弱ということは、ことに日本における浄土教の変容についてありありと看取することができる。日本人のあいだで一般に行なわれている念仏は、インド人の説いた念仏とはおおいに異なっている。インド人の説く念仏は、主として、仏のすぐれた相好を思い浮かべてそれを念ずることである。原始仏教以来そうであったし、『大無量寿経』や『観無量寿経』においてはいよいよ著しくなっている。インド人の想像した阿弥陀仏は、とほうもなく巨大なものであった。その光明は無量で十方を照らし、寿命も無量である。その身は百千万億のヤマ天のジャンブ樹林河産の黄金（閻浮檀金）の色のごとくであり、その身の高さはガンジス河の砂の数の六十万億の億倍の数だけの里程がある。その眉間の白い毛すじ（白毫《びゃくごう》）は右に旋って宛転して五つのスメール（須弥）山のごとくであり、その眼は清白分明にして四大海の水のごとくである。身のもろもろの毛孔から光明を続出すること須弥山のごとく、その円光は百億三千大千世界のごとくである。その身に八万四千の相があり、いちいちの相のなかにおのおの八万四千の小さな相があり、そのいちいちの小さな相のなかにまた八万四千の光明があり、いちいちの光明はあまねく十方の世界を照らして、仏を念ずる衆生を摂取して捨てない、という。インド人の説く念仏とは、奔放な想像力をはたらかせて、このような仏のすがたを表象することであるが、シナにきても、たとえば天台大師智顗《ちぎ》の説く念仏は、まだこのような性格のものであった、ところが、日本にくると、シナの善導にしたがって、念仏とは口に阿弥陀仏の名号を唱えること（口称《くしょう》念仏）に転化してしまった。

日本でも源信の説く念仏はまだ仏のすがた（色相）を観察することにあった。すなわち色相《しきそう》観《かん》である。かれはいう、『初心の観行は深奥に堪へず。……諸経中初心の人のために、多く相好《そうごう》の功徳を説く。この故に今まさに色相観を修すべし』。しかしながらかれの説く念仏は、すでに称名念仏にむかって一歩を踏み出している。かれは臨終の念仏を重要視した。『下々品の人は、臨終に十念して即ち往生することを得。』ところで「十念」すなわち十たび仏を念ずることに関して、かれの解釈はシナ浄土教のそれを多少変容させている。シナの道綽によれば、『阿弥陀仏の、もしくは総相、もしくは別相を憶念して、所縁に随つて、観じ、十念を経るに、他の念想の間雑することなき、これを十念と名づく』のであるが、源信は、『謂ふところの十念、多釈ありと雖も、しかも一心に十遍南無阿弥陀仏と称念する、これを十念といふ』と解する（圭室『日本仏教史概説』）。

口に阿弥陀仏の名を唱えるという念仏は、浄土宗の開祖法然においてその絶対的意義を獲得した。インド人の横溢せる空想力によって描き出された阿弥陀仏の相を、経典に説かれているとおりに観ずることは、想像力の薄弱な日本人にとっては容易ならぬことであった。法然は、ここに困難を感じた。『仏像を観ずるとも、桜梅桃李の花果程も観じあらはさんこと難かるべし。』（望月信亨編『法然上人全集』）だからかれは仏のすがたかたちを観ずる念仏を禁止している。『近来の行人、観法をなす事なかれ。仏像を観ずとも運慶・康慶が造たる仏程だにも、観じあらはさん事かたかるべし。』法然は「普く一切を摂せんがために、造像・起塔等の諸行をもて往生の本願とせず、ただ称名念仏の一行をもてその本願とする」のであった。かれがもっぱらシナの善導の念仏に帰依したのも、このような理由にもとづくのであろうと考えられる。〔善導の『往生礼讃偈』のうちには、次の問答が記されている。『問うて曰く、何が故ぞ観を作さしめずして直ちに専ら名字を称せしむるは、何の意《こころ》あるや。答えて曰く、乃《いま》し衆生の障り重くして、境は細なり、心は麤なり、識颺《あが》り神飛びて、観、成就し難きに由りてなり。是《ここ》を以て大聖（＝ほとけ）は悲憐して、直ちに勧めて専ら名字を称せしむ。正しく称名の易きに由るが故に、相続して即ち生ず』と。〕（大正蔵、四七巻）

親鸞も法然のこの立場を継承している。かれによると、われわれ凡夫が仏のすがたを見るなどということは、とうてい思いもよらぬことであった。『極重の悪人は唯だ仏を称すべし。われも亦彼の摂取の中に在り。煩悩、眼《まなこ》を障へて見ずと雖も、大悲倦《ものう》きことなくして常にわれを照したまふ。』(『正信偈』)

また一遍は『称名の外に、見仏を求〔む〕べからず。名号すなはち真実の見仏なり。肉眼をもて見るところの仏は、真仏にあらず』(『一遍上人語録』)という。

このような相違のあらわれた理由を考えてみると、インド人には空想の横溢、内省的な微細な心理分析の愛好、などという精神的習性があるが、日本人にはこのような傾向がなくて、もっぱら純一無雑に象徴にすがろうとするのである。

われわれはここに、日本の浄土教がインドの信愛 (bhakti) の宗教と異なるゆえんを見いだすことができる。日本の浄土教は概して想像力を放恣にはたらかせるということがなかったから、狂躁的な、あるいは恍惚状態をもたらすような宗教儀礼を発達させなかった。〔このような傾向もないわけではなかったが、例外的であり、浄土教一般としてはむしろそれを排斥している。〕

浄土教の変容について指摘したところの思惟方法の特徴が、また日本における坐禅の意義の変容についても認めることができる。インド人は禅定にはいってなにごとかを念ずるのである。

たとえば、万有が虚空のごとくであると念じたり、あるいは絶対者が虚空よりも大きいとか、あるいは反対に米粒よりも小さいとか、霊魂が拇指大であるとか想像して念ずるのである。このような修行法は、バラモン教のほうでは、ウパニシャッドの哲人以来相いつづいて行なわれていた。仏教になっても同様である。あるいは仏を念じ、あるいは過去世を想起し、あるいは真理を念ずる。いわば有相の禅である。瞑想の内容に幾種類も存するのである。ところが日本の禅宗で行なう坐禅は、師から与えられた公案を商量する看話禅《かんなぜん》であろうとも、あるいはただ無念無想となろうとする黙照禅であろうとも、直ちに分別知をはなれることを目標とする。とくに道元の場合には、「ただ坐禅せよ」（只管打坐）ということが、絶対的な標語となっていた。

日本人はすでに指摘したように、ややもすれば理論的な論議を好まない傾向があったから、それがまた過去の日本人の哲学的学問の性格を規定している。日本人は、シナのように訓詁註釈の学問を「文」として楽しむのではなくて、実際の理解に役立つように重点を把捉するというしかたでなしたのである。

たとえば仏教の受容についてみても、聖徳太子の『義疏』は少しも衒学性がなく、簡にして要を得ている。ところが太子の『義疏』の参照したシナの嘉祥大師吉蔵の註釈書（『勝鬘経宝窟』）の解釈は、冗長であり、ひとつの語を解釈するために多くの語義をあげている。その場合、どれが真の意義であるかということを見失わせる。またどれが真の意義であるか、ということを決定しようともしていない。ゆえに普寂が批評したように『理趣如何』ということを問題とするならば、太子の『義疏』のほうがすぐれている。もちろん日本の仏教者の著わしたすべての註解書について、このような特徴が指摘されうるとはかぎらないが、しかしシナの註釈書の一般的傾向と比較するならば、日本ではむしろ簡にして要を得た綱要書の類が多く作製されている。『成唯識論』や『倶舎論』の煩瑣な教学に対しても、詳しい研究とともに、要領のよい、てっとりばやい解説書を、日本人は数多く残している。

これはまた日本における儒学の研究の場合についてもいいうることであるらしい。清朝の考証学者たちは一生を捧げて古典に関する精緻な文献学的研究を行なったが、ついに自己の研究を要約概括して趣意を明示するという努力をなさなかった。他方、日本の古学派の儒学者たちは、その文献学的研究の精密さにおいては清朝の考証学者たちよりも劣るけれども、自己の研究の結果を要約概括して後世の人に明示するという点では、きわめて巧みであった。

このように日本人の学問のしかたはてっとりばやく結論を求め、実際的であった。かつての日本人は自然学的思惟を反省し批判し、それを論理的に追及して組みたて直すということには、きわめて不得手であったが、それは、日本人一般が複雑な構成的思惟を好まないで、実用的価値を第一義として考えたためであるかもしれない。

日本人が複雑な構成的思惟を好まないという思惟傾向のひとつのあらわれとして、日本仏教の教学体系においては、諸宗派の位置づけのしかた（教判）が、自己の立場と他の宗派の立場とを判然と分かつというしかたであって、シナのようにもろもろの宗派の立場を階位的に並列配置するというしかたではない。真言宗は、自己の立場を「密教」とし、他の諸宗派の立場を「顕教」としてひとからげにまとめてしまう。禅宗は他の諸宗派を「教宗」として概括する。浄土教は、他の諸宗派を「聖道門」としてまとめて、「浄土門」に対立させる。シナの仏教諸宗派におけるような「五時八教判」だとか「五教十宗判」というような階位的な複雑な位置づけは、日本ではほとんど成立しなかった。〔前掲の分類は、すでにシナにおいてあらわれはじめているものではあるが、日本人はとくにこのような簡易な類型的区別を愛好したのである。〕そうして簡易な類型的区別を愛好するということは、決して単に過去の歴史においてのみいいうることではないし、また仏教者だけにかぎられていることでもない。じつに現代日本の社会的混乱・対立抗争のさなかに、とくに顕著に認められることではないか。

日本人は模倣が巧みであって、独創が下手であるといわれている。それは外来文化を原理的・構造的に理解しないで、実践的にもっとも身近な面だけを、てっとりばやく摂取することにほかならない。過去の日本文化を見ても、いかに模倣にみちていたことか。

いま仏教の場合についてみても、日本の学者はしばしば日本仏教の独創性を主張している。しかしそれは、だいたいにおいて、日本の仏教が大陸の仏教を単純化して把捉しやすからしめたことにほかならないのであって、それを原理的・構造的に理解して批判しなおした点は少ないようである。

日本仏教の実践的性格ということが、しばしば強調される。それは、その単純化のゆえに、一般民衆に遵奉されやすいものとなり、生活に浸透しえたことをいうのであろう。しかしそれはまた実践のために理論を放棄することになるというおそれなきにしもあらずである。たとえば道元はいう。『仏家には教の殊劣を討論することなく、法の浅深をえらばず。ただし修行の真偽を知るべし。』（『正法眼蔵』弁道話）

日本人は複雑な構成的思惟の能力が薄弱であるために、仏教に本来固有のものである方便思想が、知らず知らずのうちに捨て去られてゆく傾きがある。仏教はもともと「対機説法」の立場にたつから、相手によって教えを異にしてさしつかえない。「人を見て法を説く」のである。インドの著名な仏教者は、それぞれの相手に応じて異なった教説を説き、それらの教説相互のあいだに矛盾があっても、さほど意に介しない。シナの仏教徒のあいだにもこのような傾向が依然として顕著である。ところが日本の生んだ日本的な宗教家は、法然でも親鸞でも日蓮でも、誰に対しても同一趣意の教説を述べている。それぞれの宗教家のもろもろの教説のあいだには、ほとんど矛盾がない。のみならず道元は方便思想を排斥している。

『人ありて法門を問ひ、或ひは修行の法要を問ことあらば、衲子《のっす》はかならず実を以て是に答ふべし。若《もしく》は他の非器を顧み、或は初心末学の人にて心得べからずとして、方便不実を以て答ふべからず。菩薩戒の心は、縦《たと》ひ小乗の器ありて小乗の道を問ふとも、只大乗を以て答ふべきなり。如来一期の化儀も亦同じ、方便の権教は実に無益なり。只最後の実教のみ実に益あり。しかあれば、他の得不得を論ぜず、只実を以て答ふべきなり。』（『正法眼蔵随聞記』第六巻）

方便を排斥するという態度は、また日蓮の場合にも顕著である。かれは、『法華経』以外の教えはすべて方便説であるから、それらを捨ててしまえ、という。

『法華に至つて、「世尊は法久しくして後、必ず当に真実を説き給ふべし」と説き給ひしを始めとして、「二も無く亦三も無し。仏の方便の説を除く」「正直に方便を捨て」乃至「余経の一偈をも受けず」と禁め給へり。是より已後は「唯有一仏乗」の妙法のみ一切衆生を仏になす大法にて、法華経より外の諸経は一分の得益もあるまじ。』（『如説修行鈔』）

日本的な宗教家は一本気であった。これは、日本人がすでに述べたように、正直の徳を尊重していることと連関があるのであろう。また日本の仏教徒ないし一般人のあいだで、正直の徳がとくに強調されたということも、ひとつには、対人関係についてのこみいった思惟を好まなかったことによるであろう。他の諸民族に比して、日本人が一般に単純誠実であり、政治的・外交的なかけひきに拙劣であるのは、こういう思惟方法と関係があるのであろう。

すでに徳川時代に富永仲基《なかもと》は、日本人の精神的特徴は、『論語』の表現をもってすれば「絞」(すなわち正直で、煩瑣な礼にとらわれず、直情径行を尊ぶこと)にあると規定した。松宮観山は『本邦』は『人性質直』であり、『神教』は『簡易正直を以て教へとす』という。このような反省は、しごく当を得ていると思われる。

日本人は普遍者に関する自覚がとぼしくて直観的であるという傾向は、もっとも進んだ抽象的な近代科学の研究に従事する科学者のあいだにも残っている。湯川秀樹博士は、近年物理学において抽象概念を極端に使いたがる傾向は、科学的思惟において抽象のために直観を閑却することと関係があるという。『われわれが日常生活の世界からいかに遠ざかろうとも、抽象はそれ自体ではたらくことはできない。直観または想像にともなわれなくてはならない。』基礎物理学を若返りさせるためには、直観または〈美感〉によりよき地位が与えられねばならない、と博士は主張したのである。

六　単純な象徴的表象の愛好

豊かな想像力の欠如ということは、簡単にして単純な表象の愛好と相即する。日本人には、古来、複雑な表象を好まないで、単純素朴な表象を愛好する傾向がある。

まず言語についてみると、すでに指摘したように、複雑な抽象的概念を表現する語が、きわめて不足している。したがって今日にいたるまで、抽象的観念を表現するためには、たいてい漢語を借用しているという実情である。

芸術の方面においても、このような傾向が顕著にあらわれている。すなわち俳句や和歌のような即興的な短詩形が行なわれている。歴史的にみると、長歌が短歌となり、さらに俳句となった。きわめて短小な芸術形式が日本独自のものなのである。このような簡潔な芸術的表現の形式は、他の民族にはほとんど存しない。そうして日本では長詩形が発達しなかった。他の諸民族におけるがごとくに詩だけを数多くつらねて一貫した筋で叙事詩を展開するということは、日本ではついに起こらなかった。ギリシアやゲルマンの昔はいうにおよばず、同じ東洋のうちでも、インド人が作製した十万頌以上よりなる叙事詩『マハーバーラタ』のごときは、とうてい日本人の夢想だにしないものであった。そうして日本では叙情・叙景の文学はおおいに発達したけれども、紆余曲折に富む戯曲的構想をもった大文学は、比較的に発達しなかったといわれている。

詩歌の方面ばかりでなく、建築の方面でも単純性愛好の性格が認められる。日本人は多くの造形美術を仏教から受けた。三韓・シナを通じて間接にインド芸術を受容したのである。それは、金色燦爛たる仏壇の荘厳華麗、寺院の壁画の構成、欄間のこみいった彫刻、幻想的な千手観音の像、複雑にしてかつ微細な構成をもつ曼荼羅などについても見られるように、全体として非常に複雑なこみいった構成をもっているものである。しかしこのような芸術様式は、民衆の生活のうちに全面的にはいり込むことはできなかった。日本人は、伊勢の大神宮を昔のままに保存したように、いくたの神社には依然として昔のままの単純素朴な白木造りをまったく捨て去ることはなかった。そうして仏教の寺院建築までも、鎌倉時代に起こった諸宗派にあっては、むしろ簡素な風をとどめている。茶室の禅味にもまた簡素な単純性が認められる。インドのストゥーパ（stūpa）は巨大な墳墓であるが、それの象徴的模倣である日本の卒塔婆は小さな木片にすぎない。

ただしこの単純性は、かならずしも複雑性の抹消のみを意味するものではない。ある場合には、とくに禅の影響を受けて、単純性のうちに無限に可能なる複雑性を生かそうとするものとなっている。日本芸術においてとくに顕著に認められることであるが、なんらの積極的表現を示していないところの空白な部分が、じつは重要な意義をになっているのである。建築・絵画・詩などの場合がそうである。日常生活の礼儀・応答においてさえも、表現しない、あるいは触れないということが、じつは積極的な内容表示となるのである。もっとも、それは理想的なありかたとして、このようなものをめざしているのであって、それが複雑な思惟を好むシナ人、ならびに禅の影響下にあったシナの精神生活にあっては現実のものとなったが、日本ではそれが移入されたのちには、やはり簡易化・単純化の道をたどったように思われる。

　日本人一般はこのように複雑な内容をもつ表象を構成することを欲しないから、宇宙的構造との連関のもとに事象を解釈したり想像したりする思惟能力を、たいしてもっていなかったようである。たとえば、インドでは星辰崇拝がさかんに行なわれて、星に関する神話伝説も多く伝えられている。シナでもさかんに行なわれ、とくに牽牛・織女二星の崇拝が有力であった。ところが日本の原始神道のうちには、他の民族にも認められる種々の民間信仰を数多く包含しているにもかかわらず、星辰崇拝の行なわれた形跡がない。シナの星辰崇拝が日本に受容されて七夕祭となった。日本人は織女と天棚機姫神と同一視して、七夕祭と称したのである。日本人は星辰を峻厳・神聖なものとは考えないで、身近な伝説を織り込み、愛すべく親しむべくやさしいものと考えた。カントが天空の星を内なる道徳律と対比せしめたような譬喩的表現は、日本人には起こらなかった。

このように一般に複雑な表象を構成する思惟能力が欠けていることに由来するのであるが、インドおよびシナ仏教の深遠幽玄にして複雑な哲学説は、そのままのかたちでは一般民衆のあいだに受容されがたかった。日本人は、それを単純化することによって、生活のうちに生かしたのである。

日本人は、仏教を受容するにさいして、哲学的教説をとくにたよりにしたのではない。もちろん諸大寺の学僧は哲学的論議に沈潜し、多数の著書を残している。しかし一般民衆は哲学説よりもむしろ具体的・経験的な手がかりを欲した。『法華経』や『金光明経』を鑽仰するにしても、それを哲理の表明として受けとったのではなくて、むしろそれに付随して含まれている呪術的な要素を重要視したのである。そうしてこのような傾向は、今日にもなお残存している。じつに哲学的理論の研究をとびはなれて、教理が簡単化され、煩瑣な教学体系を超脱して飛躍したのが、日本仏教のすがたである。

奈良時代の仏教諸宗派は、だいたいにおいてシナにおけるがままの教学を伝え、研究していたから、日本人一般のあいだにはひろまらなかった。平安時代初期に日本に移入された天台宗と真言宗も、だいたいにおいてやはりシナのそれを継承していたのであるが、とくに天台宗においては時代の経過とともに独自の発展を示すにいたった。天台宗においては、諸法実相の理を『法華経』にもとづいて概念的に取り扱うとき、本門と迹門《しゃくもん》との区別をたて、それを観ずる修行を止観というにすぎなかった。しかるに鎌倉時代の新天台学の「四重興廃」の教判によると、最後には教えが「廃れ」たところに、観（絶対の真理を見ること）が「興る」のである。これは明らかに、複雑な理論的思惟よりも無分別智にもとづく実践を尊ぶ立場にたっている。〔爾前《にぜん》・迹門・本門・観心の四重をもってもろもろの教えを判定するから、四重興廃という。〕

浄土教も、日本においては、ひとえにただ阿弥陀仏を信仰し帰依するというかたちで発展した。シナや朝鮮で今日にいたるまで一般に行なわれている浄土教は、禅宗と融合したものであって、その他種々の信仰様式を混在させている。ところが日本においては、阿弥陀仏に帰依するという信仰が、それのみで、すなわち純粋のかたちであらわれている。

一向専修の純粋な浄土信仰は、かならずしも鎌倉時代になってはじめてあらわれたものではなくて、このような修行を行なっていた人々が、平安時代を通じて相当多くあらわれていた。ただそれを理論的に基礎づけて、浄土念仏の教えを他のもろもろの教説から切り離して、独立に唱導したのは法然である。法然は次のように説いた。「もはや末法の時代にはいったのであるから、人々はみずから修行することによっては、さとりを得ることができない。ただ浄土門によってのみ救われる。自力修行の心を捨てよ、禅定修徳の門を閉じよ、いっさいの工夫を閣《さしお》き、万事知慧を抛って、ただ称名念仏の一行に帰せよ。」これが法然の「捨閉閣抛《しゃへいかくほう》」として、日本仏教史のうえで有名な主張である。かれは、ここにおいて他の諸教説を捨て去って、浄土念仏の教えのみを選びとったのである（「選択《せんちゃく》本願念仏」）。
法然の門流は、浄土教における単純化の方向をさらに進めている。かれの門下からは、次のような説を唱える者がでたという。『法然上人日課七万遍の念仏は、ただこれ外方便なり。内に実義あり。人未だこれを知らず。謂ゆる実義とは、弥陀の本願を信知し、一たび名号を念ずれば、則ち必ず極楽に往生す。浄土の業乃ちここに於いて満足す。一念即生、多念を労せず。一念の外、何ぞ重ねてこれを唱へん。また究竟の実義あり。ただこれ本願を信知するのみ。』（『漢語灯録』第一〇巻『遺北越書』）また『〔念仏の〕遍数をかさねむとするは、かへりて仏の願を信ぜざるなり』（聖覚『唯信鈔』）という極言をする者さえもあらわれた。

　単純化という方向においては、親鸞は法然を超えて、さらに進んでいる。親鸞によると、「南無阿弥陀仏」という仏の名号が、根本経典である『大無量寿経』の体であり、本尊である。かれにあっては、経典の字句のいちいちについての理解は、さほど問題ではない。名号を唱えることに、信仰の極致が存する。法然の規定した日課七万遍の念仏を、親鸞はもはや無意味な苦行として否定してしまった。かれは一向専修ということばを受けつぎながら、その意味をすつかり改めてしまった。『この念仏往生の願を一向に信じてふたこころなきを、一向専修とは申なり。』（『末灯鈔』末尾）『釈（＝善導の著わした『散善義』）に専心と云へるは、即ち一心なり。二心无《な》きことを形はすなり。専念と云へるは、即ち一行なり。二行无きことを形《あら》はすなり。』

(『教行信証』二)

教学的には親鸞にいたって極頂に達した一念義の思想も、実践的にはすでに平安時代を通じて浄土教実践者によって奉ぜられていたものであり、それが親鸞にいたって理論的表現を得たのだと考えられている。

そののちの時代になっても、時宗の開祖一遍は、臨終の前に『所持の書籍等を手づから焼捨たまひて、一代の聖教皆尽て、南無阿弥陀仏になりはてぬと、仰られける』(『一遍上人語録』)と伝えられている。蓮如も『木像よりは絵像《え》、絵像よりは名号』(『蓮如上人御一代記聞書』六九)を重要視している。

このようにして日本の浄土教においては「なむあみだぶつ」という称名が、中心的意義のあるものとなっている。この点は、今日のシナにおける念仏とはおおいに異なっている。シナでは僧侶がたがいに会釈するときに「おみとうほ」(「阿弥陀仏」)と口に出していうほどであるが、それは単に付属的な意義のあるにすぎぬものとなっている。台湾の大学の構内の自動車道に、崖の上に「南無阿弥陀仏」と書いてあったり、シナ人の多いシンガポールの遊園地の壁に「南無阿弥陀仏」と書いてあったりする。みな「今日は!」というほどの意味であるらしい。〔もしも日本の高速道路側面に「南無阿弥陀仏」と書いてあったら、人はなにを連想するだろうか!〕

さらにさかのぼって考えると、念仏の行も、インドでは仏のすぐれた相好を心に念ずることであった。ところが、日本にくると浄土教は、上に述べたように、口に出して唱える念仏（口《く》称《しょう》念仏）を重んじるようになった。すなわち口に出して「南無阿弥陀仏」と唱えることである。神の名を口に出して唱えることに宗教的な功徳があるという思想は、インドにもある。しかし、それはヴィシュヌ神やシヴァ神の百八名あるいは千の名を次々と称えることであって、同じ名を繰り返して唱えることではない。同一の神の異なった名を百八とか千とか唱えるのである。こういう宗教的儀礼は今日でもなお行なわれている。法然上人が「南無阿弥陀仏」を百万遍繰り返して唱えたなどという伝説は、インドにはついに成立しなかった。〔ただしヒンディー語で「おお！　ラーマ神よ」(he Rām!) と呼びかけを繰り返すことは、ヒンドゥー教徒のあいだで行なわれているから、この区別は、絶対的なものではない。〕ここに複雑多様性を好むインド的思惟と単純簡素を愛好する日本的思惟との相違がよくあらわれている。

浄土教が阿弥陀仏の名号を唱えることにむかって単純化していったのと同様に、『法華経』を奉ずる天台教学の流れは、『法華経』の題目を唱えるという方向にむかって、単純化していった。日本の天台宗においても、すでに『法華経』の哲理は一般人にとっては、なかなか理解しがたいものと思われた。『末法極下薄地の凡夫のためには、天真独朗の法体も無益なり。上根上智の人は、最も応に修行し益を得せしむべきなり。下根下智のためには、仏、一代聖教を綩る丸薬たる妙法蓮華経の五字を、以て、宋法、後の五百歳広宣流布の十界の衆生のために、これを留め置くなり。』（『伝教大師全集』第五）すなわちここでは、『法華経』の哲理ではなくて、「妙法蓮華経」という五字の題目が、末世の衆生を救う丸薬なのである。そこで、すでに日蓮のあらわれる以前に、中古の新天台学においては、従来の一心三観、一念三千の煩瑣な観法のかわりに、ただ『法華経』の題目を唱えさえすれば解脱が得られると説いている。『臨終の時、南無妙法蓮華経と唱へば、妙法三力の功により、速かに菩提を成じ、生死の身を受けざらしむ。』（『修禅寺相伝口決』第一巻）『臨終の一心三千の観とは、妙法蓮華経これなり。妙は即ち一念、法は即ち三千なり。この故に一念三千と名異義同なり。臨終の時、専心にまさに妙法蓮華〔経〕を唱ふべし。』（同、第二巻）そうしてまた実際に『法華経』の首題だけを唱える行者が、平安時代には相当大勢輩出していたのであった。

この方向を、行きつくところまで徹底させたのが日蓮であった。『法華経と申すは、八巻・一巻・一品・一偈・一句、乃至題目を唱ふるも、功徳は同じ事と思食すべし。』（『月水御書』）『夫れ以《おもん》みるに今の経（＝法華経）は受持の多少をば一偈一句〔にてもよし〕と宣べ、修行の時尅《こく》をば一念随喜と定めたり。凡そ八万法蔵の広きも一部八巻（＝法華経）の多きも、只是れ五字を説んため也。……只南無妙法蓮華経とだにも唱へ奉らば、滅せぬ罪や有るべき、来らぬ福や有るべき。』（『聖愚問答鈔』下）教学上の歴史的連絡を無視して極端にいうならば、単純性を好むという思惟方法に関しては、日蓮の宗教は、浄土教で唱える阿弥陀仏の名号のところへ「法華経」の首題をおきかえたにすぎないものである。『〔『法華経』のうちに〕「専らこの経を持つ」と〔説かれてあるの〕は、一経に互るにあらず、専ら題目を持ちて、余文を雑へざるなり』(『四信五品鈔』)という。これは明らかに『法華経』の原始思想を超出している。「南無妙法蓮華経」と題目を唱えるだけで救われるという単純化は、他の国にはあらわれなかった。そうしてこのような単純化とともに、同じく他の国には見られぬところの法華経信仰のセクト化が成立したのである。

このように、念仏行者も法華経行者も、ともに単純な信仰の象徴にたよっているのである。では、禅宗はどうであったか。臨済禅を日本に初めて伝えた栄西は、禅以外に種々の信仰様式を混入させていたが、曹洞禅を伝えた道元は、「ただ坐禅だけを修行せよ」ということを繰り返し教えている。『参禅は身心脱落なり。焼香・礼拝・念仏・修懺・看経を用ひず。祇《し》管《かん》打《た》坐《ざ》して始めて得。』(『正法眼蔵』行持下)坐禅につとめる人が、さらに真言・止観の行を兼ね修してもよいかどうか、という問いに対して道元は『在唐の時、宗師に真訣をききしちなみに、西天東地の古今に、仏印を正伝せし諸祖、いづれもいまだしかの如きの行を兼ね修すときかずといひき。まことに一事をこととせざれば、一智に達することなし』(同、弁道話)と答えている。

だから道元にとっては、いたずらに仏教の学問につとめるということは、無意義のことであった。『仏経もしかあるべし。そこばくおほしといへども信受奉行せんこと、一偈一句なるべし。八万〔もある多くの教えを〕解会すべからず。』（同、仏経）『広学博覧はかなふべからざることなり。一向に思ひ切《きっ》て止《やむ》べし。唯一事について用心故実をも習ひ、先達の行履《あんり》をも尋ねて、一行を専らはげみて、人師先達の気色すまじきなり。』（『正法眼蔵随聞記』第一巻）

かれはただひとつの事に全身全霊を打ちこんで、修行すべきことを教えている。『世間の人も衆事を兼学して、いづれも能くせざらんよりは、只一事を能くして、人前にしてもしつべきほどに学すべきなり。……高広なる仏法にことの多般を兼ぬれば、一事をも成すべからず。一事を専にせんすら、本性昧劣の根器、今生に窮め難し。努力《つとめて》学人一事を専らにすべし。』（同、第一巻）そこで弟子の懐奘《えじょう》が、仏法のうちではとくに打ちこんで修すべき行はなんであるか、ということを問うたところが、道元は『機に随ひ根に順ふべしと云へども、今祖席に相伝して専らするところは坐禅なり。此の行能く衆機を兼ね、上中下根ひとしく修し得べき法なり』と答えている。かれは古来仏教に伝統的な「対機説法」の思想に反対しているのである。

こういう点で、道元の強調する禅は、シナ人一般のあいだにおける禅とは正反対である。シナの仏教は宋代以後はほとんど禅宗であるが、そのうちには浄土教も真言密教をも含めて、ある場合には戒律の聖典（律蔵）に従った修行をも行なっている。ところが道元にあっては、こいう複雑な修行には心理的に堪えられなかった。かれは、ひたすらに坐禅というひとつの修行にむかって、仏教を単純化したのである。

道元は、大勢の浄土教信者が声をあげて念仏を唱えることに反対し、それを蛙の鳴声にたとえているが、しかし念仏を専修するというそのしかたには、まったく同感の意をあらわしている。もと顕密の碩徳として有名であった空阿弥陀仏は、のちに遁世して高野の別所に入り、念仏三昧に耽っていたが、かつてのかれの学徳を知っていた密教の修行者が、かれを訪ねて、密教についての疑問をただしたことがあった。そのときかれは、『皆わすれをはりぬ、一字もおぼえず』（同、第二巻）と答えたという。この人の徹底した行実を、道元は称讃している。だから、単純な象徴的表象にたよるという思惟方法の点では、日本の浄土教徒も道元も一致しているのである。

禅が武士道に影響をおよぼしたという事実がしばしば指摘されるが、禅僧の言行や生活がきわめて単純質素な点が、武士の心を捉えたのであると考えられる。武士は戦場で命のやりとりをする。そこでは仏教教学の煩瑣な教理は、なんの役にもたたぬ。『文字を立てず』といい、『直ちに人の心を指す』という簡単な教理が、ぐっと武士の心に訴えたのである。単純なるがゆえに人間の意力を全面的に規制しうるところの禅の心的鍛錬――それが武士の帰投するところであった。

シナの禅宗においては、禅僧が武人に死の覚悟を教えたという話は、ほとんど伝えられていないようである。日本においてとくにこのような事実が伝えられているのは、禅が日本に単純簡素なものとして受容されたところに、ひとつの原因があるのではなかろうか。禅はそのほかに、日本建築・絵画・俳句・活け花・茶の湯など、日本文化の諸方面に影響をおよぼしている。これらもやはり日本の禅が、煩雑冗漫なものをすべて捨て去って、否定的沈黙のうちに無限の意義をたたえているためであろう。

複雑な思想の単純化ということは、日本にはやく伝えられて古い伝統のある仏教諸派にもあらわれている。法相宗は唯識哲学を研究する学派であるが、難解にして煩瑣な唯識哲学は、一般世人にはまったく近づきにくいものであった。そこで解脱上人貞慶《じょうけい》（一一五五―一二一三）は、無学にして唯識の教理を理解することのできぬものは、せめて三聖相伝教授の頌文『菩薩於二定位一、観《ジ》二影《ハ》唯《ダ》是《レ》心《ナリト》一、義想既《ニ》滅除《ス》、審《ニ》観《ズ》二唯《ダ》自想《ノミナリト》一、如レ是住二内心一、知二所取非レ有、次能取亦無《ナリトシ》、後触二無所得一』でも、たえず読誦するがよろしいという（『成唯識論』第九巻、一一丁）。〔この文句の意味は――大乗の修行者は、すべての表象内容はただ心のつくり出したものにほかならぬと観じ、外界の物としての見解をほろぼし去る。すなわちそれはただ自己の表象内容であるとつまびらかに観ずる。こうして内心にとどまって、客観的対象は実在ではないと知り、次に認識主観もまた実在ではないと知る。そこではじめてなにものにもとらわれぬ自由の境地が得られる。」また華厳宗でも明恵上人高弁は、一般の信徒はかならずしも教理の理解を必要とせず、ただ『南無三宝菩提心、現当（現世と未来世）二世所願円満』と唱えるだけでよく、あるいはまた『南無三宝後世たすけさせ給へ』と唱えるだけでもよい、と教えている。

また鎌倉時代に弥勒仏の信仰がさかんに行なわれたが、それも阿弥陀仏信仰の影響を受けて、浄土教におけるとまったく同様なことを教えている。『一念の斎戒、これを上品の修因となし、一遍の称名、以て順次の往生を感ず。その因甚だ易く、その徳尤も大なり。慈尊の願力にあらずば、よくこれを致すことなし。大聖誰か欣ばざる、下凡誰か望まざる。』（『弥勒講式』）『上生経の意は、兜率の上生は生因甚だ易し。一念希《け》求の志、一称南無の功、その素懐を遂ぐと見えたり。』（『沙石集』二下）また平安時代以来、ひとえに地蔵菩薩を信仰して、地蔵の名号のみを唱えている人々もあった。陀羅尼も、その単純性のゆえに、ひろく民衆一般のあいだにひろまった。とくに『光明真言陀羅尼』と『宝篋印陀羅尼』とがさかんに依用された。思惟方法に関するかぎり、中世以来さかんになった修験道も、このような傾向の発展成長したものである。『山臥修行者は、昔し役行者、浄蔵貴所ありと雖も、ただ一陀羅尼の験者なり。』（『新猿楽記』）真言陀羅尼の内容については、いちいち理解していなくてもよい。ただこれらの陀羅尼のうちのいずれかひとつを口に唱えるだけでよいというのである。

単純な表象を愛好する思惟傾向は、古代・中世において神道家が仏教的観念を摂取採用した場合にもあらわれている。神道の説く道徳思想が多分に仏教の影響を受けたものであるということは、すでに多くの学者の指摘するとおりである。神道は宗教としての発達の過程のうちにおいて、まず外部的肉体のうえの清浄を尊重し、それからしだいに内部的精神的な「清浄」という観念に到達し、この心の清浄すなわち「内清浄」なるものを、道徳的な徳目を表示する名称として「至誠」または「正直」をたてた。このような徳に寓して、神道の神の徳を想うたのである。これらはみな仏典にしばしば出てくる語である。そのほか神徳としてしばしばたたえられる慈悲・知慧も、がんらいは仏教語であることはいうまでもない。ゆえに中世神道の中心徳目の名称は、ほとんど仏典に出ているものであるといっても過言ではないであろう。

しかしながらここに注意すべきことは、決して神道家が無批判に仏教説を採用したのではなくて、本来神道の萌芽的に有する徳目が仏教哲学をかりて明確に自覚され表現されたのにほかならぬということである。だから神道家は、四諦・八正道・十二因縁・六波羅蜜というようなインド的な並列的・概括的かつ思弁的なしかたで徳目をとりいれたのではなかった。神道と合致すると思う美徳だけを、端的に摂取したのである。したがってこれらの徳目相互の関係についての体系的・思弁的解釈はたいして行なわれていない。

こういう特徴はやがて世俗の領域においても認められる。茶道の経典『南坊録』に引用されている珠光の逸話によると「昨夜深雪裡、前村梅数枝開」の「数枝」を「一枝」と改めた。そして珠光は、「この句会得なき人はこの道に入り難し」と評している。ヘルマン・ヘッセはここに日本の叙情詩の単純さと短詩形とをたたえている。

いまわれわれは、仏教の受容形態を通じて、日本人がきわめて単純な象徴をたよりにして実践を方向づける傾向のあることを明らかにした。このような傾向は、そののち戦国時代から徳川時代初期にかけてキリスト教が移入された場合に、キリシタン宗徒がやはりキリスト教の単純な象徴に対して献身的であった態度のうちにも、あらわれているという。踏絵によって信仰の有無を検査するということは、このような心理的根拠にもとづいて成立しうるものであろう。

単純化ということも、宗教が大衆化する場合には、つねにそうなるといいうるであろう。西洋でも、たとえば十字をきったり、あるいはごく要約された文句で述べるということが行なわれている。だからこれは人類に普遍的な現象である。しかし、単純な象徴的表現のみを繰り返せばよいと教えたのは、おそらく日本人の宗教の顕著な特徴ではなかろうか。

以上に指摘した思惟傾向は今日でも決して失われていない。近年におけるわれわれ日本人のあいだにおける思想動向を少しく反省するならば、単純な象徴に対する全面的帰投の態度がいかに根強くはたらいているか、思いなかばに過ぎるものがあるであろう。

七　客観的秩序に関する知識追求の弱さ

人間関係をとくに重視し、人間関係から切り離して事物を客観的に問題としようとしない態度は、おのずから、客観的な領域をそれ自体として考察しようとする思惟態度を成立させないであろう。

まず言語表現についてみるに、第一に、多くの場合、日本語の表現は、すでに述べたように、客観的な事物についての正確な表現をさほどめざしていない。もちろん客観的秩序に関する認識を成立させうるような基盤が言語の表現形式のうちに用意されていないというのではない。このような認識を成立させうるひとつの縁を与える基盤として、われわれは、日本語においては名詞と形容詞とが峻別されているという事実を提示してよいであろう。古代インド語でもシナ語でも言語形式のうえでは両者は厳密には区別されていない。ゆえに単語の意味内容あるいは文脈における前後の関係によって、両者の区別を見分けるよりしかたがない。これらの言語においては包摂判断と内属判断とが言語の表現形式に関するかぎり、区別されないのである。しかるに日本語においては名詞は体言、形容詞は用言として区別されている。したがって日本語においては、個別的・基体的なものと普遍的・属性的なものとの区別が直ちに意識される。

この点は西洋の言語におけると同じである。ゆえに人をして客観的自然世界の秩序なり法則なりに注意をむけさせやすい言語形式であることも共通である。しかしながら日本人の場合には、先に掲げた思惟方法の特徴に促されて、秩序ないし法則は、客観的な事物についてではなくて、人間関係に即して、把捉されやすい傾きがある。ことに日本語の非論理的性格は、ますますこの傾向を強める。

したがって日本語の表現は、人間の思惟を客観的・論理的方向に純化発展させるのではなくて、むしろ個性の表現記述の方向におしすすめた。古来日本人の精神生活は、客観的知識よりも道徳と芸術とを主要関心事としていた。昔は、純粋の日本語をもって書かれた文芸および歴史書が非常に豊富であり優れた価値をもっているのに、同じく純粋の日本語をもって叙述された学問上の著作が割合にとぼしかった。理論的認識の方面では日本人は漢語漢文によって考え、漢語漢文をもって叙述した。

客観的認識への関心の弱かったことは、日本語の言語事実のうちに反映している。一般に主観に対立するものとしての対象を表わす語は、本来の日本語には存しない。「もの」は客観としての「物」を表わしうるとともに、また主観としての「者」をも意味しうる。こういう事情にあるため、「知る」という語が対象の認識という概念へ発展すべき契機は、はなはだとぼしいのである。むしろ「情を知る」「人と知り合う」というような用法に示された体験了解、人間のあいだの相互了解、の意味が重きをなし、人間的存在をあらわにすることを主たる方向としている。純粋の日本語には「知識」「認識」に相当する語がない。ゆえに客観的なものを主観に対立するものとして把捉するという意味の学問的自覚は、容易には起こらなかった。

このような思惟方法の特徴は、また構文のうえにもあらわれている。インド・ヨーロッパ語では名詞の中性・単数の主格と対格とは同形である。この事実は、インド・ヨーロッパ語では中性形で表示される語は、もとは主語としてたてられることがなくて主格形を欠いていたのであるが、のちに主語としてたてられるようになっても、新たに主格形をべつに作ることなく、対格形をそのまま主格に用いたということを示しているのである、と説明されている。ゆえに古くは客体的な事物が擬人視されないで、まさにそのものとして主語としてたてられることはなかったのであるが、インド・ヨーロッパ語はすでにはやくこの状態を経過しおわっている。ところが日本語はまだこのような思惟の状態を脱しきっていない傾きがある。日本語の文章における主語は、多くの場合、人間か、あるいは擬人視された行動主体である。また従来の日本文では、客観的事物あるいは行動の対象を主語としてたてるところの受動態（passive voice）構文の用いられる割合が少ない。

また日本人のあいだでは行動主体としての自己を客観的に表象するということも、さほど行なわれなかったらしい。日本語においては「みずから」というのは副詞であって名詞ではない。

つまりそれが抽象的な概念としては把捉されていなかったのである。「おのれ」という語は名詞的に用いられることはあるが、主格として用いられることはまれであろう。だから他の文化民族におけるように「われ」「おのれ」「みずから」などという語が哲学的術語として用いられることは、かつて起こらなかった。仏教哲学におけるこのような反省を表示するためには、日本人は「我《が》」「吾我《ごが》」というような漢訳仏典のうちの漢語を用いていた。

こういうわけで日本人の思惟方法の通性として、客観的現実を直視して自己の生活を反省するという点において薄弱であった。日本人は実践的であり、行動的技術に関して卓越しているといわれているが、行動意欲の貫徹に急なるあまりに、実践の成立する基盤に対する客観的考察が不十分となる傾きがあった。〔ただし現在は急激に変化しつつあるというべきであろう。〕日本人が古来無批判に外来思想に追従する傾向があるのも、ひとつにはこのような思惟方法にも由来するものであろう。

とくに、すでに指摘したように、日本人のあいだでは推理に関する十分な自覚があらわれていなかったということは注目すべきである。推理力が十分に発達していない場合には、つねに感覚のみにたよって目前の事実にのみ追われるのである。十六世紀にキリシタン宣教師として日本に来たフロイスによると、『眼に見、手に取るべき具体的見証でなければ承引しない』（フロイス著、高市慶雄訳『日本史』前編）というのが、一般日本人（とくに禅宗）のものの考えかたであったという。

このようにして過去の日本においては、製作に関しても、構成的思惟能力にもとづく学問的省察よりも、直観的な「勘」が重んじられた。機械を用いての精密な計量にたよるよりも、むしろ、ややもすれば特殊な技術労働者の熟練にたよろうとする。たとえば刀鍛冶にとっては、熱く鍛えた刀を湯のなかに浸す場合の湯加減は、秘中の秘に属する。それを盗み知ろうとする者があれば、その者の腕を切り落としたほどである。この奥義は、師から弟子に、直観によってのみ理解さるべきものとして、伝えられたのであった。

このような事情にあるため、本来の日本的地盤からはついに自然科学的思惟がほとんどあらわれなかった。このことはすでに日本においても先覚者の気づいていたところであった。司馬江漢は『吾国の人は万物を窮理する事を好まず。……浅慮短智なり』という（『春波楼筆記』）。自然科学的思惟は、蘭学の輸入によってはじめて日本に確立したのである。しかもその蘭学といえども、原理的に基本的原則にもとづいて構造的に理解されたのではなくて、主として実用本位の見地にたって移入された趣きがあるといわれている。そうしてその意義も容易には理解されなかった。本居宣長も「おらんだといふ国のまなび」が諸国に通ずる普遍的な学問であるということを承認しながら、しかも「皇国のすぐれたるほど」を主張している（『玉かつま』七）。ことに東洋における自然認識の学は、数学的基礎づけをもっていなかった。わが国では数学も、和算の学者が実際上の種々の難問に挑戦するという形で発展していったが、その発展は一般社会とは無関係に行なわれたから、社会からとくに支持を与えられることもなかった。江戸時代の代表的知識人である儒学者たちも多くは、数学や自然学には冷淡であった。江戸時代前半の朱子学者で自然学や数学を研究した人は、貝原益軒などのほかはほとんどいなかった。古学派の伊藤仁斎や荻生徂徠も、数学や天文学は特殊な技術であると考えて、一般知識人には用のないものであるときめつけていた。

ようやく西洋文明に接触するにいたってはじめて、福沢諭吉は『東洋の儒教主義と西洋の文明主義と比較して見るに、東洋になきものは、有形に於て数理学と、無形に於て独立心と此二点である』という。かれのいう「数理学」とは、近世の数学的物理学のことであるらしい。このような特徴は日本のみにはかぎらないが、過去において客観的自然界の秩序を合理的に把捉しようとする精神の欠如が、このような特徴をあらわしているのであろうと考えられる。

また日本人の日常使用する言語に関する学問的反省も一般的には起こらなかった。明治維新前には規範文典の組織が存在しなかった。また江戸時代には学校で国語文法についての教育の行なわれることもなかった。これはインドの場合とちょうど正反対である。インドでは文法の教育は相当にやかましく行なわれていた。ギリシア・ローマではインドほどではなくても、やはり文典によって民衆が国語の訓練を受け、陶冶を与えられていたという。

客観的知識を人間関係から切り離して抽象的に扱わないで、人間関係において把捉するという思惟方法は、インド論理学（因明）の受容のしかたにもあらわれている。このことは、すでに指摘しておいたとおりである。

〔ここにわずかばかり指摘したことは、従来、日本人の思惟の特徴としてあまねく認められていることである。ところが、仏教思想の受容に関しては、ちょうどこの特徴に適合するような資料や事実をなかなか見いだしえなかった。それは、少なくともシナの仏教文化そのものが、科学とは関係が薄かったために、日本に受容されるにあたっても、変容ということがなかったためであろう。インド仏教と科学との問題は独立に考究せねばならぬと思う。〕

第五章　シャーマニズムの問題

すでに指摘したような批判対決の精神の薄弱は、社会の変革期にあたって、当然捨て去られるべきものに対して徹底的な批判を行なわず、旧いもの・捨てられるべきものをもなお温存させるにいたる。日本においては、いくたの歴史的・社会的変動があったにもかかわらず、その変動は農村・山村の奥隅にまで浸透しなかった。そこで農村・山村の奥隅には、きわめて素朴な生活様式ときわめて原始的な思惟方法とがなお残存していて、なにかの機会に芽を出す可能性がある。そのうちでもっとも顕著な根強いもののひとつは、シャーマニズムである。

古代日本の宗教は、シャーマニズムであるといわれている。特定の人格が特殊の霊力をにない、精霊・悪霊との交渉をたもつと考える宗教形式は、アジア大陸において顕著に行なわれていたものであるということは、ひろく学者の認めるところであるが、わが日本においても、古代の宗教形式は、もっぱらこのシャーマニズムであった。

大陸の精神文化が移入される以前の日本の宗教においては、巫女が中心的位置を占めていた。巫女はかならず威力のあるなんらかの神の血統を引いたものであり、血統の繋がりから、その神もその巫女に依憑してくるし、またその神の霊威がその巫女の血のなかに存しているために、その巫女自身の力で悪霊悪神を退散させうるのだと信じられていた。ゆえに、このような巫女、ならびに巫女たりうる血統をもつ一家のものは、一般人からは特別の階級として尊崇されていた。一般民衆は、巫女の託宣指導を受けて、諸種の事件を処理していたのである。それと関連して禁厭・卜占の類も日本では最古代から行なわれていたという。

では、民族の宗教のもつこのような特徴が、仏教の受容をいかに規定したか。

本来の仏教はこのようなシャーマニズム的なものをすべて排斥していた。原始仏教は、呪術・祭祀をつかさどるバラモン階級の特別の霊威を否認した。また、呪術や魔法の類をかたく禁止した。占夢・占相・占星・鳥獣の声による占いにもたよってはならぬという。しかしながら仏教のこのような合理的性格は、日本の一般民衆の最下部にまでは改革的に浸透しなかった。これは、西洋におけるキリスト教の伝播の場合とは著しく異なっている。そこで農民層における支配的秩序の崩壊する歴史的変革期に、古くから潜在していた原始的なものが頭をもたげてくるのである。

次に歴史的に考察してみよう。まず、日本に仏教がはいってきたときにも、日本の一般民衆は依然としてシャーマニズム的な宗教様式に従っていたために、日本にひろまる仏教はやはりこのような性格を保存しているものでなければならなかった。伝統的保守的仏教（小乗仏教）としてのかたちをもっともよく保存していた律宗は、このような宗教形式と妥協しなかったので、日本にはあまりひろまらなかった。日本の一般民衆が歓迎したのは、民衆の宗教としてある程度まで民衆のシャーマニズム的傾向と妥協していたところの大乗仏教であった。仏教受容にあたってまず気づく現象は、当時の出家者のうちで尼僧の数が相対的に多いということである。これは、仏教渡来以前の日本の宗教が、一般にシャーマニズム的であって、神々に奉仕するものとしての巫女を中心としていたので、それに比すべきものとして尼僧がとくに重要視されたのであろうと推定されている。

　さて新たにはいった仏教は、祈祷による効験をもたらすものでなければならなかった。日本の仏教は一般に祈祷を主とするものであった。それは国家のための場合もあり、個人のための場合もあるが、いずれにもせよ、現世ならびに来世の利益を祈り福を求めることが主要目的であった。経典の講義でさえも祈祷的意義があると考えられた。哲学的な仏教諸派といえども、このような傾向と妥協しなければ、日本にその地歩を確立することができなかった。きわめて尖鋭な論理をもてあそぶ三論宗を伝えた慧灌でさえも、大旱の際には雨を祈って大雨を降らせた。そこで推古天皇に欣ばれて、かれは僧正に任ぜられたという。しかし哲学的な三論宗や法相宗は、けっきょく日本ではひろまらなかった。日本にひろまる仏教は、やはりシャーマニズム的あるいは呪術的なものでなければならなかった。

仏教が一般にひろまった経過を見るに、仏教は六世紀の中葉に、まず貴族の要求に対応するものとして迎えられた。当時貴族によって多数の寺院が建立されたが、その目的は貴族生活の繁栄と永続を祈願することにあった。仏菩薩のうちでは、釈迦・薬師・観音・弥勒・四天王などが礼拝されたのであるが、釈迦は、病気平癒と延命長寿、薬師は病気平癒、観音は災害除去を祈られている。ことに推古朝以来観音像が多くつくられた。経典にしても、『金光明経』『妙法蓮華経』(ことにそのうちの『観音経』)『仁王般若経』『薬師経』などが読誦されたが、それらは主としてそのもつ呪力を信じて、息災・延命・病気平癒を祈願するという程度にとどまっていた。日本で『大般若経』が重んじられ、古来その転読がさかんに行なわれたのは、その経典が邪悪なるものを「空ずる」その力に関係があるとされたためである。日本国家の集権的体制が完備したのちには、仏教が鎮護国家・聖朝平安・万民豊楽をめざすものであることがとくに強調されたが、それは経典を読誦したり写したり僧尼を供養したりすることのうちに不思議な呪力がこもり、その霊験によって国家がまもられ、人民の生活が安楽になると考えたのである。

平安時代にはいっても、事情は同様であった。しかし従前の仏教よりも以上に歓迎されたのは密教である。七、八世紀の頃に、現在知りうるだけでも、百三十七部の密教聖典が移入された。そのうちには、密教の根本聖典である『大日経』『金剛頂経』『蘇悉地《そしつじ》経』が含まれている。礼拝の対象の仏としては、上述の諸経典に説かれている諸仏・諸菩薩・諸天および諸神のほかに、十一面観音・九面観音・千手観音・不空羂索観音・馬頭観音・妙見観音・金剛蔵菩薩・孔雀明王菩薩、および五大力菩薩などの密教系諸菩薩が、信仰の対象として取り上げられた。

仏教の精神にもとづいて、殺生禁断の令や禁酒令の出たこともあるが、それは皇室に不例があったとか、大旱とか大水とか、国家の災異のあった場合にかぎられている。つまり最古代の日本における祭政一致の思惟方法が、仏教の場合にまで拡張されたのである。国家としてこのような善い行をなすことのうちに、呪術的な意義を認めたのである。宮中で種々の修法が行なわれたが、それは祝詞を唱えるのと同じ意義のものであった。その動機・目的においては、節会の儀式、大祓の儀式の場合と少しも変わらぬものであった。さらに日本においては、皇室および貴族が密教と密接な関係をもっていたことは、とくに注目すべきことである。皇室および公卿のうちからの帰依出家の事例はきわめて多く、とうていいちいち列挙しつくせないが、それは主として真言宗のみならず天台宗を含めての密教にかぎられていた。支配階級のこのような大規模な密教帰依は、インドでも、シナでも行なわれなかった。ここにわれわれは古代日本におけるシャーマニズム的祭政一致の傾向が、仏教的変装のもとにあらわれたのではないか、との疑問をもつのである。

こういうわけで、日本仏教のひとつの特徴は、少なくとも明治維新以前においては、真言密教が圧倒的に優勢であったことである。密教は一般仏教とは異なって、一般仏教では禁止されているところの呪法・卜占をつかさどるものであると認められている。真言密教は、もともとインドに起こってシナに伝わったものではあるけれども、シナ大陸ではすでにその伝統を絶ち、日本においてのみ密教の儀礼・習俗が残っている。日本密教の教学も、その素材はもとよりシナから得られたものではあるが、日本においては独自の発達をとげたので、そのためにその内容はほとんど創見に近いものである。

真言宗と対立的立場にある天台宗も、最初から密教を採用していたが、慈覚大師円仁、智証大師円珍以後には、密教的色彩はきわめて濃厚となった。そうして密教の学問としては、真言宗の東寺《とうじ》に伝わる「東密」と天台宗に伝わる「台密」との二系統が成立した。前者は華厳宗の教学を採用し、後者は天台宗の教学に依拠している。この二系統はおのおの正系と傍系とに分かれ、正系のなかにおいてもおのおの別義を生ずるにいたった。東密の系統を受けている人のうちでも、真興および叡尊は法相宗の唯識説によって密教を解釈した。これは「相密」と呼ばれる。また華厳宗の高弁は、華厳の教学によって真言密教を解釈した。これは「厳密《ごんみつ》」と呼ばれる。

また禅宗にも影響をおよぼし、栄西は台密を採用して「禅密」を創始し、円爾《えんに》は東密を加えた。だから現に臨済宗のうちには密教的行事が行なわれている。道元は密教的な観念を極力排斥していたにもかかわらず、瑩山紹瑾《けいざんじょうきん》（総持寺の開祖）以後は密教の行事を取り入れ、そうしてそのために曹洞宗教団は全国的に教線を拡張することができた。そうじて禅の密教化は室町時代以後さかんになり、密参伝授（ひそかに師に参じて法を伝えられること）が行なわれた。徳川時代の中期に臨済宗では白隠が改革を行なって、秘事的な要素を排除し、曹洞宗では、面山や卍山《まんざん》などが道元の精神への復古を唱えてから、祈祷的な要素はしだいに衰えたが、しかし今日でも決してなくなっていない。禅の本質とは関係のない呪術儀礼的なものが、日本では禅宗そのものを支えていたのである。全体的な傾向としていえることではあるが、後代には『正法眼蔵』や『永平清規』や『瑩山清規』からは想像もつかないほど、多数の儀軌や事相が長いあいだに成立し、そうしていまやしだいに縮小湮滅の過程にある。

密教の傍系としては修験道がある。それは台密にも東密にも存し、それぞれ真言修験および天台修験と呼ばれている。

一般民衆のあいだにひろまった仏教も、またこのような性格のものであった。いくたの真言がさかんに誦せられた。すでに古く奈良時代の孝謙天皇の治世には、百万塔と呼ばれる無数に多くの塔を建てて、そのなかに印刷した陀羅尼を納めた。鎌倉時代以後には諸種の真言が一般民衆のあいだで奉ぜられ、陀羅尼を書写して納める経塔や供養塔の類がいくつも建てられた。

また鎌倉時代には、江ノ島・厳島・竹生島・天川・箕面・背振山などに弁才天が勧請され、福神化した。『一度も、歩みを運ぶ輩は、三千界の内にまづ、無量福の宝を得、一期生の後に、早く不退転の位に至る。』（謡曲『江島』）荼枳尼《だきに》天・大黒天なども、福神としてさかんに信仰されるようになった。不動明王《ふどうみょうおう》や聖天《しょうてん》の崇拝が今日あまねく行なわれていることは、あえていう必要もないであろう。

このようにして密教的信仰は日本人一般の生活のなかにまで入り込んだのである。試みに明治維新以前の日本の文芸作品について見るがよい。そこにあらわれてくる仏教的観念の大部分は密教的なものである。

密教の主とするところは祈祷にあったが、祈祷の効果を卓絶ならしめるためには、山林修行が必要とされた。平安時代に祈祷者として有名であった平等院僧正行尊（一〇五四―一一三五）は『出家の後、住寺の間、一夜も住房にとどまらず、金堂の弥勒を礼拝して四五更を送りけり。……その間に大峯の辺地、葛城、その外霊験の名地ごとに、歩を運ばずといふことなし。かく身命を捨てて、五十有余に及ぶ』（『古今著聞集』）という。比叡山にはべつに廻峰行が成立して、今日までつづいている。

ことに日本の密教の特徴的な信仰のひとつとして、従前の密教に見られないものは、日本密教における弘法大師観である。弘法大師は承和二年三月二十一日、高野山の金剛峯寺で亡くなったが、真言宗の信仰によると、弘法大師はそのとき禅定にはいって、将来弥勒仏がこの世に下生する時を待っているのである。だから弘法大師は死んだのではない。いまなお生きているのである。だから特別の資格のある高僧が、時期を定めて、弘法大師がいまなお禅定に入って坐しているところの奥の院に入って、衣をかえてあげることになっている。では大師はいまどうなっているか、それは秘中の秘で凡俗の者に語ってはならぬとされている。日本においてのみこのような信仰が成立したということは、呪術的観念と前に述べた特定個人の霊威を重んじる日本民族の思惟方法に根ざしていると考えざるをえない。

次に鎌倉時代の仏教についてみるに、まず日蓮の宗教のうちには、もっとも多く旧仏教的要素が保存されている。かれは真言密教を口をきわめて排斥していたにもかかわらず、祈祷に関するかぎりめざすところは真言密教のそれと大差ないものとなっていた。かれは『法華経』による祈祷が、他の宗派で行なう祈祷よりもはるかにすぐれているということを強調する。『万民一同に南無妙法蓮華経と唱へ奉らば、吹く風、枝を鳴らさず、雨、壌《つちくれ》を砕かず、代は義農の世となりて、今生には不祥の災難を払ひ、長生の術を得、人法共に不老不死の理《ことわり》顕れん時を各各御覧ぜよ、「現世安穏」の証文疑ひあるべからざる者なり。』（『如説修行鈔』）かれのこのような思想は『法華経』に結びついているが、『法華経』のうちにはこのような趣旨の思想がいたるところに述べられているので、この点で日蓮の宗教は、密教的な民衆の思惟傾向と容易に結びつきえたのである。

日蓮の教学において祈祷の占める意義については、日蓮に由来する諸宗派のあいだに見解の相違があるが、現実には日蓮教徒は多くは祈祷を行なっている。『法華経』の題目を唱えるという自己暗示的な動作によって、恍惚の境地を味わうのである。そうして日蓮自身がみずから『法華経』のうちに予言されているところの上行菩薩であるとの確信をもって行動したことは、特定個人に霊威を認めようとする日本人一般の思惟方法と密接な連関があるのではなかろうか。ことに声をあげて一斉にお題目を唱え、うちわ太鼓を叩いて練り歩くという宗教的習俗が、インド仏教にもシナ仏教にも存しないものである以上、日本民族古来のシャーマニズム的傾向との連絡について考えてみなければならぬ。

シナでは禅宗は本来祈祷を行なわなかった。日本では禅宗が移入されてしばらくは、特別の場合のほかには祈祷を修していない。道元はもちろんのこと、蘭渓道隆・兀庵普寧《ごったんふねい》・大休正念・子元祖元などもほとんど祈祷を修せず、また檀越にしても、たとえば北条時頼・時宗の頃までは、決して禅僧に祈祷を強要するようなことはなかった。しかるに祈祷にたよろうとする日本人一般の思惟傾向は、この伝統を崩してしまった。すでに栄西およびその系統の禅には密教的、したがって祈祷的色彩が濃厚であった。また北条時宗以後の時代になると、檀越である貴族たちは、些細な事件に際会しても、さっそく寺院に祈祷を命じた。このように禅宗寺院は、顕密諸宗と同様に祈祷道場化していったのである。また曹洞宗を伝えた道元は祈祷・呪術の類を極力排斥していたために、一般民衆の支持が得られなかった。しかるにかれの死後数十年たって、瑩山紹瑾が密教的な修法を採用してから急激に全国にひろまるにいたったのである。

これに対して浄土教はもともと呪術・魔術の類を極力排除しようとする。このようなものにたよることは、無量寿仏の本願に反するからである。しかしながら現実の日本の浄土教には、呪術的な色彩が相当に強くまといついている。浄土教の本尊のことを「無量寿仏」とか「無量光仏」とかいう意味のわかる明確な名を用いないで、「阿弥陀」という異様なエキゾチックな難解な音写を用いるにいたったところに、シナ浄土教がのちに呪術的性格を強めるにいたった事実が認められるということを、すでに指摘しておいたが、いまの日本の場合についても同様にいうことができる。そうして日本の一般民衆のあいだにひろまった念仏は、著しくシャーマニズム的傾向の強いものであった。

平安時代の中期に空也上人は踊り念仏を創始した。それは、市中で、念仏を唱え、または和讃を詠じながら、鉦または太鼓を叩き、拍子を合わせて踊躍することである。これが当時の一般民衆のあいだにひろまった。空也は念仏行によって毒獣・毒蛇を退治し、また盗賊を追い退けたということが、当時の人々に讃嘆された。藤原兼実が源空（法然上人）に帰依した理由は、兼実自身が記しているように、源空が呪術的霊力をもっている（『有効験』）ためであった。これは源空自身の意図とおよそかけはなれたことであろう。そうして法然にはじまる浄土宗も後代にはおのずから密教的な色彩を帯びることになった。事実上関東の浄土宗の創始者である聖《しょう》冏《げい》は五重相伝という秘伝を作りあげた。浄土宗では今日なお「阿弥陀如来根本陀羅尼」という梵文を読誦している。これは真言宗で用いるものと同一で、一読しただけではなんのことかわからないが、邦訳すると、「三宝に帰命す。聖なる無量光如来、尊敬さるべき覚者に帰命する」からはじまって、「すなわち、オーム（om）、不死なるものよ、不死なる生よ、不死なる出現よ、不死なる胎よ、不死なる威光よ」などと列挙し、最後に「一切の業を順次に滅せんことを、スワーハー（svāhā）」と結んでいる。しかし意味もわからずに、むつかしい漢字だけを唱えるのだから、完全な呪文である。だから現実の浄土宗の実態は、多分に密教的・呪術的な要素を含んでいる。

鎌倉時代には、時宗の開祖一遍上人智真も踊躍念仏を行なった。『一返房といひし僧、念仏義をあやまりて、〔経典のうちに〕踊躍歓喜といふはをどるべき心なりとて、頭をふり足をあげて踊るをもて、念仏の行儀としつ。又直心即浄土なりといふ文につきて、よろづいつはりてすべからずとて、はだかになれども、見苦しき所をもかくさず、偏に狂人のごとくにして、にくしと思ふ人をば、はゞかる所なく放言して、これをゆかしく、たふとき正直のいたりなりとて、貴賤こぞりあつまりし事、さかりなる市にもなほこえたり。』（『野守鏡』上）これが事実であったかどうかは別として、ともかく一般民衆のあいだに踊り念仏がさかんに行なわれたことだけは、疑いないであろう。鉢叩きの宗教習俗は、徳川時代にもなお行なわれていた。ところでシャーマニズムのもとづくシャーマンとは「跳躍者」の意味である。しからば、ここにあらわれる踊り念仏こそ、まさに日本における浄土教のシャーマニズム的変容であると考えてさしつかえないであろう。

シャーマニズム的あるいは呪術的傾向に対してもっとも果敢に戦ったのは、浄土真宗である。「祭祀祈祷をなすべからず、吉日良辰を選ぶべからず」という主張をながいあいだ堅持していた。〔たとえば、浄土真宗の信仰のさかんな地方、たとえば三河ではお盆祭りも棚経も行なわないという。〕しかしそれにもかかわらず、信徒のうちには、別のかたちで呪術的シャーマニズム的傾向があらわれた。真宗の秘事法門（とくに御蔵《おくら》門徒）はこのような傾向の代表的なものであろう。踊り念仏も、真宗では禁止していたにもかかわらず、真宗信徒の一部に行なわれたこともあった。阿弥陀仏を拝めば病気がなおるというような異端説が、すでに足利時代にあらわれて、近年まで農村にゆきわたっている。法主の入浴の水を飲むというような習俗も、同じような傾向に属する。

口から出る音声に魔術的な作用能力があると考えること、つまり音声の神秘性を認めるということは、原始民族をはじめ多くの民族に共通であるが、インドにも古くからある思想であり、インド仏教ではとくに密教（七、八世紀以後）においてこの思想が展開された。ところで、このような考えかたが、無意識のうちに日本の諸宗派を支配しているわけである。

日本人は古来葬儀を重んじる傾向があり、それは近世初頭に日本に渡来した西洋人にとっても大きな驚異であった。今日の仏教においては、葬儀ということがきわめて重要な意義をもっている。しかし少なくとも原始仏教の時代においては、出家修行者が在俗信者のために葬儀を執行するということは決して行なわれなかった。インドでは一般に葬儀はバラモン僧侶が執行するものであった。仏教徒はその葬儀によってはなんら死者の救いは得られぬと考えていた。『バラモンたちの誦する呪文をひたすら嘲り罵る』（Saṃyutta-Nikāya, IV.）というのが、原始仏教における指導者たちの態度であった。原始仏教聖典によると、出家修行者が葬儀に参与することを釈尊自身がこれを禁止している。人が死んだ場合には、葬儀によるのではなくて、その人の徳性によって天に赴くともいう。葬儀は世俗的な儀礼であるから、出家修行者はこれにかかわることを欲しなかったのである。

ところが、仏教がシナを経て日本へくるとともに、仏教の形而上学的な性格のゆえに、いつしか死の現象と結びつけられ、亡霊の冥福は仏教の法力によってのみ得られるものであると考えられ、ついに今日では葬儀が仏教的行事の主要なものと見なされるにいたったのである。その歴史的な事情を考えてみると、仏教僧侶が葬儀や追善を行なうことは、寺院経済の維持のためにすこぶる有利であるために、平安朝以降において一部の僧侶が案出したものであり、徳川幕府がキリシタン禁制を励行するため全国民を強制的に寺院に結びつけた結果として、今日見るように一般化したのである。〔古来伝統を守っている奈良の大寺院では、今日なお世俗人の葬儀を執行しない。シナの大寺院の僧侶も同様である。〕だから皮肉にも、現実の日本の仏教教団は、原始仏教の修行者が無意義なりとして軽視したような事を、もっとも主要な社会的職務としているわけである。〔このような変化は他の世界的諸宗教にもあるであろうから、なお比較研究を必要とする。〕

すでに中華人民共和国では、葬儀や祖先崇拝は、仏教から切り離されている。わが国でもこのような動きがないわけではなかった。〔最近広島のほうで、主として浄土真宗を中心とした宗教運動をやっている人があり、会員もふえて、非常に成功して、堂舎を建てたりした。みな仲間はまじめに勤めていて、発展しているが、ただその堂舎の近くに霊園をつくるという動きが別のところから起こった。すると、指導者の人は強硬に反対したという。墓をつくるということと宗教とは別だというのである。けれども、会員の人々は主張した、――「実際問題として、高尚な教えを説いているだけだと、その指導者の偉い人が活動しているときは人が集まってくるだろうけれども、後はつづかないだろう。ところが、霊園をそこへつくってしまえば、どんな人でもとにかくお参りにくるから宗教との縁がつづく」と。そこで、一種の話し合いの妥協をして、まとまったという。日本ではそういうかたちで行なわれている。この点が中華人民共和国とは違うのである。」

しかも現代の仏教教団において、原始仏教とはまるで無関係なことがらが主要なつとめとなっているということは、一般民衆がそれを要求しているからにほかならない。日本でながいあいだ、法要のさいに経典が呉音のままで読誦されているということも、また呪術的な意義を有するものなのである。インド人は経典をサンスクリット語またはそれから転訛した種々の俗語で読誦していたのであるが、その内容を理解することができた。シナ人は、それをシナ文章語に訳したから、やはり内容を理解することができた。しかるに日本人は漢文のままで呉音でそれを読んでいたから、よほど学問のある者でなければ、その内容を理解することができなかった。そうして内容がなんのことだかわからず一定の抑揚や調子をつけて読誦することのうちに、一般日本人は呪術的な効験を見いだしているのである。

次にシナ思想の受容についてみるに、日本人はシナ思想をかならずしも忠実にそのまま取り入れたのではない。易姓革命を容認する思想のごときは、もとよりいうまでもなく、その極致とする天（上帝）をはじめ、もろもろの神祇に対する観念および祭祀の方法についても、日本古来の信仰習俗と一致しがたいものがあった。しかし『周礼』に神を分けて天神・地祇・人鬼の三種類としたこと、また『礼記』に祭祀の種類をあげたうちで祈と報との区別をたてて祈願と奉賽との主旨を明らかにしたことには、ある程度の適応性を認めることができた。ことに儒教が現世を主として家族制を基礎としている点では、日本人の民族性に一致していたので、容易に受容することができた。

しかしついには変容が行なわれた。儒教は元来シャーマニズム的な傾向や呪術を排斥するのであるが、しかしこのように方向づけられている日本人の思惟傾向を、儒学者といえどもまったく排斥することはできなかった。だから霊異的存在については黙して語らぬという孔子の根本的立場も、のちには一部の儒者によって変容して受容せられた。荻生徂徠は一種の鬼神崇拝に赴いた。『夫れ鬼神は聖人の立つる所なり。豈に疑を容れんや。故に「鬼なし」と謂ふ者は、聖人を信ぜざる者なり。』（『弁名』下）論語に『子は怪と力と乱と神を語らず』とあるのは、シナ人の解釈によれば、孔子は感覚を超えた世界のことを口にしなかった、という意味であるが、荻生徂徠によると「聖人とてもやはり人間である。化物の話に興味をもたないはずはない。孔子も日常の談話では化物の話にも触れたであろう。ただ教訓としてはそれを説かなかったまでである」と解した（吉川幸次郎『支那人の古典とその生活』）。

シナの典籍のうちで、礼についての学問は、日本ではたいしてはやらなかった。けれども易の学問は日本では非常に考究されたということも、以上に指摘した傾向と関係があると思う。

平安時代以後は神道も仏教もシナの陰陽道を採用している。陰陽道とは陰陽五行の理によって卜筮・天文・暦学・漏刻・観相などを究める方術であり、天一・太白・泰山府君などの神々を奉じ、属星・本命・三元などの祭事を行なうほか、符呪・禁厭の法をもつかさどる。天文を見、暦をつくって人心を指導し、霊符を頒ち祓を修して離災招福の法を講ずる。ところで日本に受容された陰陽道は、系統的教義を定めず、陰陽や五行に関しても明確な観念をもたず、単なる迷信として、貴賤・僧俗の別なく信奉せられた。風俗の方面でも宿命の説・方違えの風のごときは、顕著な影響の一例である。陰陽道が神道や仏教に採用された場合にも、行事・作法など実際の方面が主であった。

したがって仏教の受容形態について指摘しえた特徴が、またシナ思想の受容形態のうちにも部分的に認められるようである。

シャーマニズム的な、ないし呪術的な傾向は、今後自然科学的知識の普及につれてしだいに消滅するであろう。しかし敗戦後、西洋からの機械文明の圧力が支配的となった今日、なお呪術的傾向の著しい類似宗教の発生しつつある事態は、十分に検討されねばならない。

どこの国においても、いわゆる先進諸国においても、現実においては呪術的思惟が残っているし、東アジア諸国は、その宗教的寛容性のゆえに、呪術的思惟をまだ温存している傾向がある。だからとくに問題とすべきことではないのかもしれない。しかし韓国のある知識人のむけた鋭い次の批評は、われわれにぎくりとひびくものがある——「日本へ来ると驚きますね。韓国では高麗王朝まではいろんな迷信や呪術がさかんに行なわれていましたが、李王朝の成立とともに一掃されてしまった。ところが今日の日本では、まだ高麗王朝時代のような迷信がさかんに行なわれているのですから」。

呪術からの脱却（Entzauberung）は韓国のほうがはやかったというのである。われわれとしてはやはり考えねばならぬことであろう。

結語

いわゆる〈日本的〉と呼ばれる若干の特徴が、いわゆる知識人によってしばしば指摘され、自虐的に嘲笑されている。しかし、それにもかかわらず、いわゆる日本的な特徴はなかなか消失しないで、根強く残存している。それは、なぜなのであろうか？　われわれは、それらを単に嘲笑するだけでなく、それらの成立する根拠までも検討すべきではなかろうか？

日本人の思惟方法一般が、東洋人の思惟方法一般のうちでいかなる特徴を有するものであるかということは、以上において相互の連関を考慮しつつ部分的・個別的に指摘したところであり、また本選集（『中村元選集〔決定版〕』）第四巻『チベット人・韓国人の思惟方法』に載せる「結論」においてあらためて論じることとする。ただ、いまここでは次のことを注意しておきたい。

（一）以上に指摘した諸特徴は、日本人の思惟方法の特徴を全面的に網羅したものではない。

なお種種の観点から考究すべきであろうと思われる。

(二)また以上にあげた諸特徴はかならずしも日本にのみ特有のものではない。個別的には他の文化圏にも見られるものである。したがって他の文化圏にあらわれる類似した特徴と比較検討してみて、そこではじめて独自に日本的なものを取りだすことができるはずである。しかし以上の諸特徴がすべてそろってまとまってあらわれてくるのは、日本の場合だけではなかろうか。

(三)「日本の心」とか「日本的思惟」とかいっても、なにか固定的な実体があるわけではない。そのうちに相互に矛盾した要素を含みながら、たえず変化してある。それは発展である場合もあろうし、また退化である場合もありうる。

さて、以上において過去の日本人の精神的諸現象を客観的に考究検討した結果によると、「日本的」という観念は「東洋的」という観念といちおう区別して考えねばならぬこととなる。〔そもそも「東洋的」という観念が成立するかどうかということも問題となるが、これは本選集第四巻『チベット人・韓国人の思惟方法』に付した「結論」の部に譲ることとする。〕

戦前の日本人の一般的見解によると、日本思想は、東洋思想一般のうちでももっともすぐれたものであり、世界の諸思想のうちでもとくにすぐれたものであると考えられていた。今日ではもはやそのようなことをまともに考える人はいないであろうが、しかし、われわれは以上に指摘したような事実を手がかりにして、われわれ自身の思惟方法を反省してみなければならない。

戦後の反省期を経過して、経済的繁栄の現在になると、少なくともアジア諸民族のうちで日本民族がとくにすぐれているという思い上りが、一部の人々の心のなかに姿を現わしている。けれども決してそうはいえないということは、上述の反省からも明らかであろう。

また従来は、日本は東洋文化の精髄を摂取したと考えられているが、はたして精髄だけを摂取したのであるかどうか、あるいはそうだとしてもそれをゆがめて摂取していたのではないか、ということがおおいに問題になる。ついで言及したことではあるが、孔孟の思想が日本においてその精髄が保存されているというような従来の一部の漢学者の見解は、もはやとうてい維持されるべくもないであろう。現在では儒学は現実の社会的勢力としてはほとんど残っていないから、このような反省批判も比較的に摩擦なしに行なわれるが、仏教の場合にはもっと問題が複雑である。現実の仏教教団は日本における宗祖の権威を通じて釈尊の権威に結びついているので、どうしても釈尊の真趣意が日本にきて発揮されたといわざるをえないこととなっている。仏教が従前の日本人がもたなかったものを与えてくれたことはたしかな事実であるが、しかしまた仏教が日本にきて著しく変容されたものとなったことは、もはや以上の考究によって疑いもないところである。そうしてこのような変容が本来の高い価値を失ったものではなくて、むしろ今後の世界において積極的に生かされねばならぬ新しい価値創造の萌芽であることもまた可能である。この批判反省を通過しなければ、今後の宗教活動はとうてい期待されえないであろうし、ひいては日本文化の改造・発展ということも不可能となるであろう。

この書においては、著者の能力と知識を超えることであるので、西洋諸民族との比較は十分に行なうことができなかったが、その比較考察は非常に重要であり、今後の地球社会において日本的思惟がいかなる意味をもつかということも考究すべきであろう。

以上に述べたような批判反省は、いやでも日本人が通過せざるをえない難路であるとともに、また明日への希望の活路でもある。

普及版『日本人の思惟方法』は、『日本人の思惟方法』（『中村元選集〔決定版〕』第3巻）を、注記等を割愛し、読みやすくしたものである。

著者略歴

1912年　島根県松江市に生まれる
1936年　東京大学文学部印度哲学科卒
1943年　文学博士
1954年　東京大学教授
1970年　財団法人東方研究会設立
1973年　東方学院設立、学院長に就任。東京大学名誉教授
1977年　文化勲章受章
1984年　勲一等瑞宝章受章
1999年　逝去
著書に『中村元選集〔決定版〕』全40巻、『構造倫理講座』全3巻、『ブッダ入門』、『温かなこころ』、『中村元の仏教入門』（春秋社）、『論理の構造』全2巻（青土社）、『初期ヴェーダーンタ哲学史』全5巻（岩波書店）、『仏教語大辞典』全3巻（東京書籍）、ほか多数

日本人の思惟方法〈普及版〉

2012年9月20日　第1刷発行
2018年4月20日　第2刷発行

著者　中村元
発行者　澤畑吉和
発行所　株式会社春秋社
〒101-0021　東京都千代田区外神田2-18-6
TEL　03-3255-9611　振替　00180-6-24861
http://www.shunjusha.co.jp/
印刷・製本　萩原印刷株式会社
装幀　本田進

定価はカバー等に表示してあります
©ISBN978-4-393-13560-0

決定版　中村元選集　全32巻別巻8巻

第1巻　インド人の思惟方法　東洋人の思惟方法Ⅰ
第2巻　シナ人の思惟方法　東洋人の思惟方法Ⅱ
第3巻　日本人の思惟方法　東洋人の思惟方法Ⅲ
第4巻　チベット人・韓国人の思惟方法
　　　東洋人の思惟方法Ⅳ
第5巻　インド史Ⅰ
第6巻　インド史Ⅱ
第7巻　インド史Ⅲ
第8巻　ヴェーダの思想
第9巻　ウパニシャッドの思想
第10巻　思想の自由とジャイナ教
第11巻　ゴータマ・ブッダⅠ　原始仏教Ⅰ
第12巻　ゴータマ・ブッダⅡ　原始仏教Ⅱ
第13巻　仏弟子の生涯　原始仏教Ⅲ
第14巻　原始仏教の成立　原始仏教Ⅳ
第15巻　原始仏教の思想Ⅰ　原始仏教Ⅴ
第16巻　原始仏教の思想Ⅱ　原始仏教Ⅵ
第17巻　原始仏教の生活倫理　原始仏教Ⅶ
第18巻　原始仏教の社会思想　原始仏教Ⅷ
第19巻　インドと西洋の思想交流
第20巻　原始仏教から大乗仏教へ　大乗仏教Ⅰ
第21巻　大乗仏教の思想　大乗仏教Ⅱ
第22巻　空の論理　大乗仏教Ⅲ
第23巻　仏教美術に生きる理想　大乗仏教Ⅳ
第24巻　ヨーガとサーンキヤの思想
　　　インド六派哲学Ⅰ
第25巻　ニヤーヤとヴァイシェーシカの思想
　　　インド六派哲学Ⅱ
第26巻　ミーマーンサーと文法学の思想
　　　インド六派哲学Ⅲ
第27巻　ヴェーダーンタ思想の展開
　　　インド六派哲学Ⅳ
第28巻　インドの哲学体系Ⅰ　『全哲学綱要』訳註Ⅰ
第29巻　インドの哲学体系Ⅱ　『全哲学綱要』訳註Ⅱ
第30巻　ヒンドゥー教と叙事詩
第31巻　近代インドの思想
第32巻　現代インドの思想

別巻　世界思想史　全4巻
1　古代思想
2　普遍思想
3　中世思想
4　近代思想

別巻　日本の思想　全4巻
5　東西文化の交流
6　聖徳太子
7　近世日本の批判的精神
8　日本宗教の近代性